제1판 머 리 말

본 교통사고의 책은 음주운전, 도주치상, 무면허운전 등을 제외하고 <u>12대 중과실 교통사고 및 12대 중과실이 없는 '일반 교통사고의 형사사건'</u>이 발생한 **'가해운전자'**를 대상으로 정보를 제공하는 교재입니다(음주운전과 도주치상, 무면허운전 등의 형사범죄는 형사절차에 있어 전혀 다른 쟁점들을 구성하므로 별도의 책을 출간하여 설명하려고 합니다).

교통사고는 일상 속에서 누구나 마주할 수 있는 예기치 못한 사건입니다. 그러나 사고가 발생하는 순간부터는 단순한 '사고'가 아닌, '형사사건'으로 비화될 수 있습니다. 특히 12대 중과실에 해당하는 사고나, 피해자가 중상해를 입거나 사망한 경우, 특히 고령화 사회가 되면서 교통사고 피해자가 고령인 경우가 많고 사망하는 경우가 증가하고 있습니다. 운전자는 형사책임을 면하기 어렵고, 수사기관의 판단과 법원의 판결에 따라 인생의 방향이 크게 달라질 수 있습니다.

저는 대한변호사협회에 정식 등록된 교통사고전문변호사이자 형사전문변호사로서, 형사교통범죄를 처리하면서 다수의 교통사고 형사사건을 직접 변론하며 수많은 의뢰인들의 억울함과 절박함을 함께 겪어왔습니다. 또한 tbn 한국교통방송 라디오 생방송의 정규 패널로 출연하여, 실제 교통사고 사례와 판례를 바탕으로 대중에게 법적 조언과 안전 운전의 중요성을 전달해 오고 있습니다.

교통사고 사건은 단순히 운전자의 부주의만으로 평가될 수 있는 문제가 아닙니다. 또한 자동차보험에 가입이 되어 있으니 '괜찮겠지'라는 안이한 마음으로는 큰 코 다칠 수 있습니다. 형사처벌을 앞둔다는 것 자체가 큰 위기 상황입니다. 사고의 발생 경위, 피해자의 과실 여부, 도로 및 교통환경, 그리고 차량의 구조적 요인까지 세밀하게 검토되어야 합니다. 특히 12대 중과실이 인정되는지 여부, 운전자보험 가입여부 및 피해자와의 합의 여부, 피해자의 상해 정도, 그리고 운전자의 사후조치 등은 형사책임을 판단하는 핵심 요소로 작용합니다.

<u>저는 이 책을 통해 교통사고 형사사건에 연루된 분들이 스스로 사건의 구조와 법적 쟁점을 이해하고, 수사 및 재판 과정에서 합리적이고 실용적으로 대응할 수</u>

<u>**있도록 돕고자 합니다**</u>. 교통사고는 누구에게나 일어날 수 있지만, 그 이후의 대응과 결과는 전혀 다를 수 있습니다. 억울한 처벌을 막기 위해서는 사고 당시 상황을 객관적으로 복원하고, 자신의 과실 정도를 정확히 파악하는 것이 무엇보다 중요합니다. 또한 무죄를 주장하지 않더라도 과한 처벌을 받지 않기 위해서는 상대방의 과실비율, 피해 회복 노력, 사후조치의 성실성 등을 입증하는 것이 선처를 받는 핵심입니다.

이 책이 교통사고로 인해 수사나 재판을 앞두고 있는 분들에게 현실적이고 실질적인 도움이 되길 바랍니다. 여러분이 이 책을 통해 법의 언어로 자신의 입장을 설명할 수 있게 되고, 불필요한 오해나 과도한 처벌을 피할 수 있다면 그것이 저의 가장 큰 보람입니다.

2025년 11월
대한변호사협회 등록 교통사고전문변호사 및 형사전문변호사
tbn 한국교통방송 정규패널
법률사무소 나인(부산) 대표변호사 김 현 태

더욱 자세한 문의는 아래 QR코드를 통하여
네이버플레이스 내 네이버톡톡 '문의'주시면 답변드리겠습니다.

〈목차〉

1. 형사사건 중 교통사고 범죄만의 4가지 특이성

가. 교통사고? 기본적으로 과실범의 구조 및 피해자의 피해회복의 중요성

교통사고 범죄는 대부분의 형사사건이 고의범임과 달리 '**과실범(過失犯)**'이라는 구조적 특징을 가지고 있습니다. 즉, 운전자가 고의적으로 피해를 발생시킨 것이 아니라, 주의의무를 다하지 못해 결과가 발생했다는 점이 핵심입니다. 이러한 점에서 교통사고는 강도, 절도, 폭행 등 고의범 중심의 일반 형사범죄와는 본질적으로 다릅니다. 형법 제268조는 '업무상과실치사상'과 '중과실치사상'을 별도로 규정하여, 운전자가 주의의무를 위반했는지가 처벌의 출발점이 됩니다. 따라서 교통사고는 고의성이 인정되지 않는 만큼, 전반적으로 처벌이 비교적 낮은 경향을 보입니다. 그러나 그 형량은 결코 단순히 "실수였다"는 이유만으로 가볍게 끝나지 않습니다. <u>교통사고 사건의 형량을 결정짓는 가장 중요한 요소는 피해 결과, 즉 피해자의 상해 정도와 사망 여부입니다.</u> 피해자가 단순 타박상인지, 골절이나 후유장해가 남는 중상해인지, 또는 사망에 이르렀는지에 따라 양형이 현저히 달라집니다. **특히, 사고가 '12대 중과실'에 해당하는 경우에는 단순 과실범의 영역을 넘어 법률상 특례가 배제**되고, 일반 형사재판으로 기소되어 실형 선고 가능성도 커집니다. 12대 중과실에는 신호위반, 중앙선 침범, 제한속도 20km 초과, 보행자보호의무 위반, 어린이보호구역 안전운전의무 위반, 음주운전, 무면허운전 등이 포함됩니다. 이 중 하나라도 해당되면 '교통사고처리 특례법'의 공소권 제한 규정이 적용되지 않아, 피해자와 합의가 있더라도 처벌이 불가피해집니다.

다만 **교통사고는 '피해 회복'이 형사책임의 경중을 결정짓는 핵심 변수로 작용합니다.** 피해자의 치료비를 신속히 지급하고, 보험 접수 및 합의를 성실히 이행한 경우에는 반성의 진정성이 인정되어 실형이 집행유예나 벌금형으로 감경되는 경우가 많습니다. 반대로 피해자와의 합의가 이루어지지 않으면, 단순 과실사건이라도 형사재판에서 불리하게 평가됩니다.

만약 운전자의 과실이 없어 무죄를 주장하는 경우에는 피해자가 사망하거나 큰 상해를 입은 경우 수사기관은 대체로 "운전자가 조금만 더 조심했더라면 피할 수도 있지 않았을까"라는 전제를 두고 사건을 조사하는 경향이 있습니다. 결국 사회적으로 "사람이 다쳤는데 아무도 책임을 지지 않는 것은 부당하다"는 인식이 작용하면서, 결과가 중하면 운전자의 과실을 인정하려는 경향이 존재하는 것입니다. 이러한 구조적 현실 속에서 <u>형사교통사고 무죄를 인정받는 것은 매우 어렵고, 경찰초기</u>

<u>조사부터 적극적인 대응을 하여야만 가능합니다</u>. 피해자가 사망하거나 중상해를 입은 사건의 경우, 운전자가 아무리 주의의무를 다했다고 주장하더라도, 수사기관은 결과를 중시하는 관점에서 책임을 일부라도 묻는 방향으로 수사를 진행하는 경우가 많습니다. 더구나 <u>**형사교통사고의 경우 운전자는 대부분 다치지 않았기 때문에, 객관적으로 보았을 때 피해자만 존재하는 사건**</u>이 되며, 이때 경찰이나 검찰은 피해자의 신체적 피해의 결과를 우선적으로 고려하는 경향이 있습니다. 그 결과 현실에서는 운전자가 무죄를 주장하면서도 보험을 통해 피해자에게 치료비나 형사합의금을 지급하는 경우가 흔히 발생합니다(물론 형사합의금 지급 없이 무죄가 나오는 경우도 존재합니다).

결국 교통사고 범죄는 '고의가 아닌 실수에서 비롯되지만, 결과는 결코 가볍지 않은 범죄'입니다. 운전자의 일시적 부주의가 타인의 생명과 신체를 침해할 수 있기 때문에, 법원은 피해의 정도와 과실의 성질, 그리고 피해자에 대한 태도를 중심으로 형량을 정합니다. 따라서 피의자 입장에서는 과실이 있는 경우 자신의 과실을 인정하되, 불필요하게 불리한 자백은 피하고, 신속한 보험처리와 진정한 사과, 피해 회복 노력이 가장 효과적인 방어 전략이 됩니다. 교통사고는 과실범이라는 특성상 '책임의 경감 가능성'이 열려 있지만, 그 문은 오직 피해자 회복과 성실한 대응을 통해서만 열릴 수 있습니다.

나. 교통사고처리 특례법? 2가지 큰 특징

교통사고 범죄는 일반 형사사건과는 전혀 다른 구조로 작동합니다. 그 <u>**중심에는 교통사고처리 특례법**</u>이 있으며, 이 법은 교통사고의 성격을 고려해 형사처벌의 범위를 대폭 제한하고 있습니다. 즉, 운전자의 단순한 과실로 인한 사고에 대해 국가 형벌권이 과도하게 개입하지 않도록 조정한 것입니다. 이 법의 구조는 크게 두 가지 축으로 구분됩니다.

1) 12대 중과실이 아닌 경우 피해자와의 합의가 이루어진 경우 형사처벌이 되지 않는다는 점

교통사고처리 특례법 제3조 제2항은, 운전자가 업무상 과실 또는 중과실로 타인을 다치게 한 경우라도 <u>**'12대 중과실에 해당하지 않는 한', 피해자의 명시적인 의사에 반하여 공소를 제기할 수 없다고 규정하고 있습니다**</u>. 즉, 단순 과실로 인한 교통사고라면 피해자와 합의가 성립될 경우, 국가가 형사처벌을 할 수 없다는 뜻입니다.

이 조항은 피해자가 처벌을 원하지 않으면 형사절차를 개시할 수 없도록 하는 일종의 반의사불벌 규정으로, **피해자와의 합의가 이루어지는 순간 형사절차가 종결되는 것이 원칙**입니다(단, 사망 사고의 경우 피해자의 의사를 확인할 수 없으므로 반의사불벌죄 규정이 적용되지 않습니다). 따라서 교통사고 사건에서는 피해자와의 합의가 매우 결정적이며, 합의가 이루어지면 수사기관은 '공소권 없음'으로 사건을 종결하게 됩니다.

이와 달리 폭행·절도·성범죄 등 다른 형사사건에서는 피해자와 합의하더라도 단지 형량을 낮추는 참작사유에 불과하지만, 교통사고 사건에서는 합의 그 자체가 '형사처벌 배제 사유'로 작용한다는 점이 가장 큰 차이입니다.

2) 12대 중과실이 아닌 경우 자동차종합보험 등에 가입되어 있으면 형사처벌을 할 수 없다는 점

교통사고처리 특례법은 또 하나의 독특한 구조를 가지고 있습니다. 교통사고처리특례법 제4조는 **운전자가 자동차종합보험 또는 공제조합에 가입되어 있고, 사고가 12대 중과실에 해당하지 않으며, 피해자가 사망하거나 불구되거나 불치·난치 등 중상해에 이르지 않은 경우, 피해자의 합의 의사와 상관 없이** 수사기관은 아예 형사처벌을 할 수 없습니다.

이는 교통사고의 피해가 보험을 통해 충분히 배상될 수 있다면 국가가 다시 형벌을 가할 실익이 없다는 입법취지에서 비롯된 것입니다. 다시 말해, 경미한 과실사고의 경우 보험금 지급을 통한 피해 회복이 이루어지면, 형사제재는 불필요하다는 판단입니다.

다만 예외적으로 12대 중과실 사고, 피해자의 사망, 불구 또는 불치·난치 질병의 발생에 해당하는 경우에는 특례법의 적용이 배제되어 형사처벌이 가능해집니다. 여기서 불구·불치·난치 질병이란 신체의 영구적 손상이나 회복 불가능한 후유장해 상태를 말하며, 예컨대 팔·다리 절단, 척수손상으로 인한 마비, 시각·청각의 영구적 손실 등이 이에 해당합니다.

다. 증거구조의 특성 : 객관데이터 중심

교통사고 사건의 가장 큰 특이성 중 하나는 '증거의 객관성'이 매우 강하다는 점입니다. 다른 성범죄와 같은 형사사건은 피의자와 피해자의 진술 신빙성을 중심으로 판단되는 데 비해, 교통사고 사건은 대부분 물리적·기계적 데이터와 현장 증거를 통해 사실관계가 규명됩니다. 따라서 **교통사고는 '말싸움 사건'이 아니라 '데이터 사건'이라고 할 수 있으며, 초기 단계에서 어떤 증거를 확보하느냐가 사건의 결과를 결정짓는 핵심 요인**이 됩니다.

먼저 교통사고 사건에서 **가장 중요한 증거는 블랙박스 영상**입니다. 블랙박스는 사고의 순간뿐 아니라 사고 전후 운전자의 운전행태(속도, 차선 변경, 제동 여부, 방향지시등 사용 등)를 그대로 기록하므로, 과실의 경중을 판단하는 1차적 자료가 됩니다. 다만 일부 차량은 사고 순간 충격으로 영상이 덮어씌워지는 경우가 있으므로, 사고 직후 즉시 SD카드를 분리해 보전하는 것이 중요합니다.

또한 EDR(Event Data Recorder, 사고기록장치) 데이터는 차량의 속도, 브레이크 조작, 가속페달 개도량, 에어백 작동 여부 등 운전행동을 0.1초 단위로 기록합니다. 최근에는 국립과학수사연구원이나 민간 교통공학 전문가가 EDR을 분석해 운전자의 반응시간, 제동거리, 충돌각도 등을 감정하기도 하며, 법원은 이를 객관적 증거로서 높은 신뢰성을 인정하는 추세입니다.

여기에 현장 CCTV 영상, 도로교통공단 사고조사 자료, 노면상태(습윤, 결빙, 요철), 조도(야간 시야 확보 정도), 스키드마크(제동 흔적), 차량 파손 위치와 형태 등 사고역학적 자료가 종합적으로 고려됩니다. 예를 들어, 충돌지점의 위치나 파손 부위의 높낮이만으로도 속도 및 회피 가능성을 계산할 수 있어, 운전자의 주의의무 위반 여부를 구체적으로 입증하거나 반대로 반박할 수 있습니다.

또한 최근에는 운전 중 휴대전화 사용이 사고의 직접 원인으로 지목되는 사례가 많아, 통신기록이나 휴대폰 포렌식 결과가 함께 검토됩니다. 다만 단순히 통화나 데이터 송수신 기록이 존재한다는 이유만으로 운전 중 휴대폰 사용이 입증되는 것은 아니며, 실제 조작 시각·내용과 사고 발생 시점의 정밀 대조가 필요합니다.

이처럼 교통사고 사건은 객관적 데이터가 풍부하게 존재하기 때문에, 초기 증거보전 조치와 과학적 재구성(감정) 전략이 변론의 승패를 좌우합니다. 사고 직후 블랙박스 영상, CCTV 원본, 차량 EDR 데이터, 통신기록을 확보하지 못하면 이후에는 삭제되거나 복원이 어려운 경우가 많습니다.

결국 교통사고 사건의 증거구조는 객관데이터 중심의 사실확인형 구조이며, 이는 교통사고처리 특례법이나 특정범죄가중처벌법이 적용되기 위한 사실인정의 출발점이 됩니다. 즉, 진술보다 '기록'이, 감정보다 '데이터'가 더 강한 힘을 가지는 사건이 바로 교통사고입니다. 따라서 피의자 입장에서는 불리한 진술을 하기보다, **객관**

증거를 선점하고 해석하는 전략이야말로 가장 효과적인 방어수단이라 할 수 있습니다.

라. 자동차종합보험과 운전자보험으로 사고처리

교통사고가 발생하면 피의자가 가장 먼저 해야 할 일은 **자동차종합보험(대인·대물보험) 접수**입니다. 이는 피해자의 치료와 손해배상을 신속히 보장하고, 수사기관에서는 이를 성실한 피해회복 노력으로 평가해 형사절차상 유리한 정상으로 작용합니다. 사고 직후 보험사에 접수하면 대인·대물 담당이 각각 배정되며, 피해자나 병원에 보험접수번호를 즉시 전달하고 치료비 지급 여부를 꾸준히 확인해야 합니다.

한편, **운전자보험은 자동차보험과 달리 운전자 개인의 형사책임 부담을 보전하는 보험**입니다. 자동차보험이 피해자의 손해를 보상하는 민사적 기능이라면, 운전자보험은 형사합의금, 벌금, 변호사비용 등을 지원하는 형사적 기능의 제도입니다. 특히 중상해나 사망사고의 경우 운전자보험금으로 형사합의금을 마련하면 경제적 부담을 크게 줄일 수 있습니다.

다만, 운전자보험의 형사합의금·변호사비 청구 절차는 매우 까다롭고 서류가 많으며, 보험사에서 지급을 지연하거나 일부만 인정하는 경우가 많습니다. 실무상 보험금은 재판단계나 판결 후에 청구하는 경우가 대부분이며, 보험금 지급 과정에서 피의자가 단독으로 대응하기 어려운 사례가 많습니다.

따라서 운전자보험에 가입되어 있다면, 수사 초기 또는 재판 초기부터 변호사를 선임하는 것이 가장 유리합니다. 운전자보험에는 대부분 변호사비 지원 항목이 포함되어 있어, 변호사 선임비 역시 보험금으로 충당할 수 있습니다.

실무상 보험사를 상대로 보험금을 청구하고 지급받는 절차도 까다롭습니다. 변호사는 보험금 청구에 필요한 서류를 정확히 준비하고, 보험사와의 절차를 대신 진행해 피의자의 개인 자금 지출을 최소화하고 형사합의절차, 재판준비까지 원활하게 이끌 수 있습니다.

결국 교통사고 처리의 핵심은 **보험을 통한 피해자의 신속한 피해회복과 운전자보험을 통한 피의자의 경제적·법적 방어준비를 병행**하는 것입니다. 운전자보험을 제대로 활용하고 변호사의 도움을 받는다면, 실질적 선처(벌금·집행유예·형량감경)를 얻을 가능성이 높습니다.

2. 이 책의 활용방법

가. 반드시 알아야 하는 법률용어

형사사건에서 사용되는 법률용어는 자신의 사건을 이해하고 효과적으로 대응하기 위해 반드시 알아야 하는 중요한 개념들입니다. **본 책에서는 고소를 받은 사람을 위한 책으로서 '피고소인 또는 피의자, 피고인 등'을 통칭하여 '피의자 등' 또는 변호인을 선임한 것을 전제로 '의뢰인'으로 표현하겠습니다.** 아래는 피의자 등 입장에서 꼭 알아야 할 용어들에 대한 설명입니다.

■ 피해자
- 정의 : 교통사고로 신체·재산상 피해를 입은 사람(또는 유족).
- 의미 : 처벌불원 의사표시(합의서·처벌불원서)는 교통사고처리특례법(이하 '교특법') 적용 사건에서 공소제기 가능 여부와 양형에 직접 영향을 미칩니다.

■ 가해운전자(피의자 등)
- 정의 : 사고 발생에 관한 과실 혐의를 받는 운전자.
- 의미 : 형법 제268조(업무상과실·중과실 치사상), 교특법, 특정범죄가중처벌법(이하 특가법), 도로교통법 등 적용 여부가 쟁점입니다.

■ 고소인 · 신고인
- 정의 : 처벌을 구하거나 수사를 촉발하는 자. 교통사고에서는 피해자 본인, 보호자, 보험사 담당자(대리 신고)도 포함될 수 있습니다.
- 의미 : 단순 신고만으로도 수사는 개시되지만, 반의사불벌 구조가 적용되는 사안(교특법 제3조 제2항)에서는 피해자의 처벌의사가 분수령이 됩니다.

■ 피고소인
- 정의 : 고소로 특정된 사람.
- 의미 : 수사 착수 후 신분은 통상 피의자로 전환됩니다.

■ 피의자

- 정의 : 범죄 혐의로 수사 대상이 된 자.
- 의미 : 경찰 교통조사팀(교통사고전담계) 조사, 검찰 조사에 출석합니다. 초기 진술은 블랙박스·EDR 등 객관증거와 정합성을 맞추어야 합니다.

■ 피고인
- 정의 : 검사가 공소를 제기해 재판을 받는 자. 즉 피의자가 재판단계로 넘어가면 피고인으로 지칭됩니다.
- 의미 : 약식(벌금) 또는 정식 공판으로 진행됩니다.

■ 피의자신문조서/진술조서
- 정의 : 경찰·검찰에서의 피의자, 참고인·피해자 진술을 기록한 문서. 가해자를 조사한 조서는 피의자신문조서, 피해자의 진술을 조사한 조서는 진술조서.
- 의미 : 교통사고는 영상·데이터가 풍부하므로 진술은 반드시 객관증거와 모순되지 않게 관리해야 합니다.

■ 경찰의 송치결정/불송치결정
- 송치 : 기록을 검찰로 보내 기소 여부 판단을 요구.
- 불송치 : 혐의없음·죄안됨 등으로 종결. 피해자는 이의신청 가능.

■ 이의신청
- 정의 : 불송치 등에 대한 피해자의 불복 절차.
- 의미 : 경찰은 재검토하고, 필요시 검찰이 재수사 지휘를 할 수 있습니다.

■ 영장실질심사 · 구속적부심
- 영장실질심사 : 구속 전 피의자 심문.
- 구속적부심 : 구속 후 구속의 적법성 재심사.
- 비고 : 교통사고는 도주·증거인멸 우려가 크지 않으면 통상 불구속 원칙이나, 도주치사·음주사망 등 중대 사건은 예외가 있습니다.

■ 수사검사/공판검사
- 수사검사 : 기소 여부 판단, 보완수사 지휘.

- 공판검사 : 법정에서 유죄 주장·구형. 구형의 경우 판결선고와 구분되며 공판검사가 재판부에게 요청하는 형량을 말합니다.

■ 보완수사명령
정의 : 증거·사실 보강을 위한 검사의 경찰 지휘.
의미 : EDR 추출, CCTV 원본확보, 감정의뢰(사고재구성) 등이 대표적입니다.

■ 불기소결정
- 정의 : 기소하지 않는 처분(혐의없음·죄안됨·공소권없음 등).
- 의미 : 교특법 적용으로 공소권 없음이 자주 등장합니다.

■ 약식기소 · 구공판
- 약식 : 벌금형 서면 심리 청구(경미).
- 구공판 : 정식 재판 회부(중대).

■ 기소유예(조건부 포함)
- 정의 : 혐의는 인정되나 여러 사정 고려해 기소를 유예(교육·봉사 이수 등 조건 부과 가능).
- 의미 : 합의, 보험처리, 재발방지 계획이 중요합니다.

■ 블랙박스 원본
- 의미 : 속도, 제동, 차선이탈, 신호 준수 등 직접 판단 자료. 사고 직후 원본보전 필수.

■ EDR(사고기록장치)
- 의미 : 속도·브레이크·에어백·가속페달 등의 0.1초 단위 데이터. 사고재구성 감정의 핵심.

■ 현장 CCTV · 사고역학 자료
- 의미 : 충돌지점, 스키드마크, 노면·조도, 파손양상으로 속도·회피 가능성 산정.
- 비고 : 교통사고조사규칙에 따라 경찰은 현장 도면 작성 및 사고지점 표식 등을

확보해야 하며, 이를 근거로 사고역학 감정이 이뤄집니다.

■ 통신기록
- 의미 : 운전 중 휴대전화 사용 여부의 보조자료(시각 대조 필요).

■ 12대 중과실
- 정의 : 신호위반, 중앙선침범, 제한속도 20km 초과, 앞지르기·끼어들기 위반, 철
  길건널목 위반, 횡단보도 보행자 보호의무 위반, 무면허, 음주, 보도침범,
  승객추락방지의무 위반, 어린이보호구역 안전운전의무 위반, 화물고정조
  치 위반.
- 의미 : 교특법 특례 배제 및 중한 처벌로 연결.

■ 사고후미조치(도주)
- 정의 : 정차·구호·신고·인적사항 제공의무 위반.
- 의미 : 특가법 도주치상·치사 적용 가능, 중형 위험.

■ 위험운전치사상
- 정의 : 음주·약물 등으로 정상적 운전이 곤란한 상태에서의 치사상(특가법 제5조
  의11).
- 의미 : 단순 BAC(혈중알코올농도)가 아니라 운전능력 상실 여부가 쟁점.

■ 공소권 없음 · 공소기각
- 공소권 없음 : 법률상 기소 불가(교특법 요건 충족 등).
- 공소기각 : 이미 기소된 사건에서 소추 조건 흠결 등으로 재판절차 종료.

■ 합의서 · 처벌불원서
- 의미 : 피해자 의사표시 문서. 교특법 제3조 제2항 사안에서는 공소제기 자체를
  막는 실질적 효력.

■ 형법 제268조
- 업무상과실·중과실 치사상의 처벌규정

- **교통사고처리특례법 제3조 및 제4조**
- 12대 중과실·사망·불구·불치·난치 질병 등 예외를 제외하고 보험가입·피해자 의사에 따라 공소 제한을 규정

- **특정범죄가중처벌등에관한법률 제5조의3 · 제5조의11 · 제5조의13**
- 도주치상·치사, 위험운전치사상, 어린이 보호구역에서 어린이 치사상의 가중처벌 규정

- **도로교통법 제54조**
- 사고발생 시 조치의무를 규정

- **자동차손해배상보장법**
- 책임보험·손해배상 체계를 규율

- **교통사고조사규칙(경찰청 예규)**
- 교통사고 발생 시 경찰이 조사해야 할 절차, 서식, 감정의뢰 기준을 정한 규칙으로, 피의자 진술청취, 현장조사, 사고기록장치(EDR) 확보, 사고현장도 작성, 감정의뢰 절차 등이 모두 이 규칙에 근거합니다.
- 실무상 피의자 등은 자신의 진술 및 증거 확보 과정이 이 규칙을 준수했는지를 점검해야 하며, 규칙 위반이 있을 경우 조사 절차의 적법성 문제로 다툴 여지가 있습니다.

- **형사소송법**
- 형사절차 전반을 규율

나. 본 책을 본인의 '입장'과 '단계별 시기'에 맞는 '쟁점'별로 발췌하세요

교통사고로 형사절차에 연루되면, 사건의 성격과 결과(사망·중상해 여부, 12대 중과실 여부, 보험가입 여부 등)에 따라 처리기간이 달라집니다. **통상적으로 경찰에 사고가 접수되어 검찰 송치 후 법원 판결이 나오기까지 약 6개월에서 1년 정도가 소요됩니다.** 이 기간 동안 운전자는 피의자 또는 피고인으로서 수사와 재판 절차를 거치게 되므로, 본인의 입장(과실 인정 또는 다툼)과 사건의 진행 단계에 맞추어 필요한 부분만을 발췌하여 읽는 것이 가장 효율적입니다.

이 책은 교통사고로 형사사건에 연루된 운전자가 각 절차별로 어떻게 대응해야 하는지를 단계별로 안내하기 위해 구성되었습니다. 경찰 조사부터 검찰 송치, 법원 재판에 이르기까지 각 단계별로 유의해야 할 쟁점과 실무적 대응방법을 정리하였으므로, **모든 내용을 한 번에 이해하려 하기보다 현재 본인이 처한 절차 단계에 맞는 부분을 중심으로 읽어야 합니다.** 예를 들어, 경찰 단계에서는 '진술 시 유의사항과 과실 인정의 범위'를, 검찰 단계에서는 '불기소처분 또는 약식명령 대응방법'을, 법원 단계에서는 '최후진술서 및 반성문 작성요령'을 집중적으로 참고하면 됩니다.

책 활용의 기본 원칙

1. 입장 정하기 : 먼저 자신의 입장을 명확히 정해야 합니다. 본인의 과실을 인정하고 선처를 구할 것인지, 사고의 원인이나 과실이 없음을 다투어 무죄를 주장할 것인지에 따라 준비 방향이 완전히 달라집니다. 과실을 인정하는 경우(자백 사건)에는 피해자와의 합의, 보험처리, 반성문 제출이 핵심이고, 다투는 경우(부인 사건)에는 블랙박스·CCTV·EDR·현장조사 등 객관증거 확보 등이 중요합니다.

2. 단계별 활용 : 사건은 경찰 단계 → 검찰 단계 → 법원 단계로 순차적으로 진행됩니다. 각 단계마다 핵심이 달라지므로, 해당 시기에 맞는 내용을 발췌하여 대비해야 합니다. 예컨대 경찰, 검찰 단계에서는 "경찰 또는 검찰조사 받는 방법", 법원 단계에서는 "최후진술 준비방법"을 중점적으로 확인하십시오.

3. 쟁점별 회독 : 교통사고 사건은 단순 과실사고인지, 12대 중과실사고인지, 피해자의 상해 정도가 어느 정도인지, 합의 여부에 따라 결과가 달라집니다. 따라서

'필수적 대응지침', '피해자가 있는 경우 사죄편지 또는 사과메시지 작성방법', '피해자가 있는 경우 합의 하는 방법', '반성문 작성방법', '선처탄원서 작성방법' 등 본인의 상황에 해당하는 쟁점 부분을 중심으로 반복 회독하며 실무에 적용하시기 바랍니다.

3. 입장별 전체적인 절차 이해

가. 죄(과실)를 인정하는 피의자 형사소송절차의 전체적인 흐름

경찰	→	검찰	→	법원
①사고 직후 조치(:구호조치, 현장 보존, 증거확보) ------------------ ②자동차보험 접수 ③현장 경찰 출동 및 1차 진술(간이진술서 작성) ④피해자 병문안 및 사과 의사 표시 (⑤보완 현장조사) ⑥경찰출석 통보 ⑦피의자 조사(:정식 경찰조사)	①송치	(①형사조정절차)	①기소 [:㉠구공판, ㉡약식기소]	①운전자보험 접수(합의 및 변호사비 청구) ------------------ ②인정신문 ③공소사실낭독 ④공소사실인부 ⑤증거의견 (⑥합의를 위한 양형조사신청) ⑦공탁 ⑧구형 ⑨최후진술 ⑩선고기일 (⑪항소) (⑫가석방)

죄(과실)를 인정하는 것을 자백이라고 합니다. 자백 피의자의 경우 형사소송절차는 대체적으로 위 도표와 같이 진행되며, **자백사건**의 경우 사건 발생 후 1심 판결선고시까지 **짧으면 6개월에서 1년 정도 소요**된다고 생각하면 됩니다. 아래는 단계별 주요 절차에 대한 간략한 설명입니다.

1) 자백 피의자 등 경찰단계에서의 주요 절차

가) 사고 직후 조치(구호조치, 현장보존, 증거확보)

교통사고 발생 직후의 대응은 이후 형사책임의 경중을 좌우하는 가장 중요한 첫 단계입니다. 운전자는 도로교통법 및 교통사고처리특례법상 즉시 정차·구호의무를 이행해야 합니다.

(1) 구호조치

- 피해자가 다쳤다면 즉시 119에 신고하고, 가능한 경우 스스로 응급조치를 해야 합니다. 경찰에도 즉시 신고해야 하며, 피해자 이송 후에도 현장을 이탈하지 말아야 합니다.
- 이러한 구호조치가 없을 경우 도주치상죄(특가법 제5조의3)로 가중처벌될 수 있습니다.

(2) 현장 보존
- 사고현장을 함부로 정리하거나 차량을 이동시키지 말고,
- 2차 사고 위험이 없는 범위 내에서 차량의 위치를 그대로 유지합니다.
- 경찰이 도착하기 전까지 사고 경위를 기록하거나 휴대폰으로 사진을 남겨두는 것이 좋습니다.

(3) 증거 확보
- 블랙박스 영상, CCTV, 목격자 연락처, 도로 상황 사진 등을 확보합니다.
- 피해자 차량 번호, 보험사 정보 등도 즉시 교환해야 합니다.
- 추후 과실 다툼이 없는 사건이라 하더라도, 피해자 진술이 변동될 가능성에 대비해 반드시 증거를 남겨두는 것이 중요합니다.

나) 자동차보험 접수
사고가 발생했다면 가장 먼저 해야 할 일은 자동차보험 접수입니다.
이는 피해자의 치료를 원활하게 하는 동시에 피의자에게 형사상 유리한 정상으로 작용합니다.

(1) 보험사에 즉시 신고
- 자신의 자동차보험사(또는 렌터카 보험사)에 연락해 대인·대물 사고 접수를 합니다.
- 보험접수번호를 피해자 또는 병원에 알려 치료가 지체되지 않도록 합니다.

(2) 보험처리의 중요성
- 교통사고처리특례법 제3조에 따라, 보험을 통해 피해가 전액 보상되는 경우에는 대부분 형사처벌이 면제됩니다(단, 12대 중과실이나 음주·무면허운전 등은 예

외).

- 피해자가 병원비나 치료비로 불편함을 겪지 않도록 신속히 대응한 점은 이후 경찰·검찰에서 피해회복의 성실한 노력으로 평가됩니다.

(3) 보험사와의 협조
- 보험담당자에게 피해자 치료 경과를 수시로 확인하도록 요청합니다.
- 피해자와 직접 연락이 어려운 경우, 보험담당자를 통해 피해자의 상태를 파악하고 사과의 뜻을 전하는 것도 좋은 방법입니다.

다) 현장 경찰 출동 및 1차 진술(간이진술서 작성)
사고 직후에는 대부분 경찰이 현장에 출동하여 기본적인 사실관계를 확인합니다. 이때 작성하는 운전자 진술서(또는 교통사고사실확인서)는 단순한 초기 진술이지만, 이후 수사기록에 포함되므로 신중히 작성해야 합니다.

(1) 현장 출동 경찰의 절차
- 교통사고조사규칙은 경찰관이 사고현장에 도착하면 현장의 안전 확보, 관계자 구호, 교통 통제 후 즉시 **현장상황을 조사해야** 한다고 규정합니다.
- 경찰은 현장에서 운전자, 피해자, 목격자를 대상으로 기본적인 사고경위를 확인하고, "운전자 진술서" 또는 "교통사고사실확인서" 작성을 요청합니다.
- 이때 피의자는 자신의 신분증, 운전면허증 등을 제출해야 합니다.

(2) 피의자 입장에서의 유의사항
- 경찰의 현장조사는 이후 감정의뢰(도로교통공단 교통사고감정원)의 기초자료가 됩니다. 따라서 현장에서 경찰이 측정하는 지점, 거리, 차량 위치 등이 실제 상황과 다르면 즉시 이의를 제기해야 합니다.
- 단순히 경찰의 "여기쯤 부딪힌 거 맞습니까?"라는 질문에 무심코 "네"라고 답할 경우, 향후 **충돌지점**이 잘못 확정되어 불리한 과실 판단이 내려질 수 있습니다.
- 차량의 정차 위치, 보행자의 동선, 시야 방해요소(차량, 가로수, 표지판 등)는 사진이나 동영상으로 스스로도 기록해 두는 것이 좋습니다.

(3) 진술서 작성 요령

- "정확한 사고경위는 추후 조사 시 상세히 진술하겠습니다."라는 식으로 간략히 작성하는 것이 좋습니다.
- 불필요하게 세부 과실(예: 핸드폰 사용, 졸음, 커피를 마시고 있었다 등)을 기재할 필요는 없습니다. 이는 추후 중과실 판단의 근거가 될 수 있습니다.
- 단, 피해자 구호 및 신고조치 등 사고 후 조치 내용은 명확히 기재해두는 것이 유리합니다.

(4) 현장 자료 확보 병행
- 경찰이 확보하는 블랙박스 외에도, 피의자 스스로 영상·사진을 복사·백업해 두어야 합니다.
- 피해자 진술이 번복되거나 과장되는 경우, 객관적 자료로 방어가 가능합니다.
- 이때 경찰이 현장에서 블랙박스 영상을 즉시 복사해 가는 경우도 있지만, 경찰이 블랙박스가 있는지 여부만 확인하고, "나중에 피의자 조사 시에 영상 파일을 제출해 달라"고 안내하기도 합니다.

라) 피해자 병문안 및 사과 의사 표시
피해자에 대한 진심 어린 사과와 피해회복 의지는 수사단계에서 가장 중요한 선처 사유 중 하나입니다.

(1) 병문안 시도
- 피해자가 입원 중이라면 병문안을 가는 것이 바람직합니다.
- 다만 피해자 또는 보호자의 심리상태를 고려해 보험담당자를 통해 사전 문의를 하는 것이 안전합니다.
- "가해자가 직접 병문안을 가고 싶어 하는데 괜찮겠습니까?"라는 식으로 보험직원이 중재하도록 합니다.

(2) 피해자 거절 시에도 의미 있음
- 피해자가 병문안을 거절하더라도, 병문안을 가려는 의사 자체가 피해자에게 전달되면 "피의자가 진심으로 반성하고 있다"는 인식이 생깁니다.
- 이는 조사서나 검찰 의견서에 기재되어 선처에 영향을 미칩니다.

(3) 사과문 또는 편지 활용

- 직접 면회가 어렵다면 사과문, 문자, 손편지 형태로 보험담당자에게 전달을 부탁할 수 있습니다.
- 단, 표현은 진심 있게 작성하되, "ㅠㅠ", "^^" 등 감정표현 기호나 가벼운 표현은 피해야 합니다.

(4) 경제적 지원

- 피해자 치료비가 보험처리 외에 추가비용이 발생했다면 선지급하는 것도 좋습니다.
- "보험으로 처리되지만, 불편하시지 않도록 일부를 먼저 전달드립니다."라는 식으로 접근하면 효과적입니다.

마) 경찰 출석 통보

사고 이후 1~2주 정도 지나면 관할 경찰서 교통조사계(또는 교통범죄수사팀)로부터 정식 출석요구서를 받게 됩니다. 이는 형사절차상 '피의자 신분 조사' 단계로 넘어가는 신호입니다.

(1) 출석요구서 수령

- 일반 우편, 문자메시지, 전화로 통보됩니다. 다만 대부분 전화로 통보받습니다.
- "피의자 신분으로 출석해 진술을 받아야 한다"는 안내를 받습니다.

(2) 출석 전 준비

- 사고경위서, 보험접수번호, 피해자 치료비 지급내역, 사과문 또는 합의 시도 내역을 정리합니다.
- 피해자와 연락이 닿지 않았다면, 그간의 연락 시도 사실(보험담당자 통해 전달 등)을 증빙으로 남겨둡니다.

(3) 변호사 조력 고려

- 조사 과정에서 과실 정도, 중과실 해당 여부, 진술 내용의 법적 합의가 중요하므로 가급적 교통사고 전문변호사의 조력을 받아 진술 방향을 점검하는 것이 좋습니다.
- 경찰 조사 이후 진술을 번복하기는 어렵기 때문에, 첫 진술의 정확성이 매우 중

요합니다.

바) 보완 현장조사(임의)

- 보완현장조사는 사건의 쟁점이 불분명하거나 추가 검증이 필요한 경우에만 제한
적으로 실시되는 절차이며, 모든 교통사고 사건에서 일상적으로 이루어지는 것
은 아닙니다.
- 하지만 한 번 시행되면, 운전자의 시야 확보 가능성이나 회피 가능 거리 등 주
요 주장에 결정적인 근거가 될 수 있으므로, 피의자 또는 변호인 입장에서는 필
요시 적극적으로 요청하고 참여하는 것이 중요할 수 있습니다.

사) 피의자 조사(정식 경찰조사)

- 출석통보에 따라 경찰서에 출석하면 피의자신문조서 작성이 이루어집니다. 이
단계는 경찰단계 절차의 핵심이므로, 이후 별도 정리에서 상세히 다루는 것이
좋습니다(예: 진술 방향, 불필요한 자백 피하기, 피해회복자료 제출, 일관성 유
지 등).
- 블랙박스 영상의 경우 USB나 SD카드로 직접 제출하여 경찰이 복사하거나 복사
본을 미리 준비하여 경찰에게 제출 후 원본은 보관합니다. 영상의 전체 구간을
제출할 필요는 없습니다. 사고 전후 1~2분 구간만 제출해도 충분하며, 불필요한
사생활 노출 구간은 잘라내는 것이 좋습니다.
- 블랙박스 영상에 유리한 요소가 있다면 변호사와 상의 후 제출해야 합니다. 예
를 들어 피해자의 돌발 진입, 신호 착각, 보행자 부주의 등이 명확히 드러나는
경우는 즉시 제출이 유리하지만, 피의자의 명백한 과실이 담긴 경우(예: 휴대폰
조작, 속도 위반 등)는 제출 시점이나 방법을 전략적으로 판단할 필요가 있습니
다.

2) 자백 피의자 검찰단계에서의 주요 절차

가) 형사조정절차

- 교통사고 사건에서 피해자와의 합의가 이루어지지 않은 상태로 사건이 검찰로
송치되면, 검찰은 피의자와 피해자 사이의 합의 가능성을 고려하여 형사조정절
차를 진행할 수 있습니다(담당 검사의 재량사항).

- 형사조정은 검찰청 산하 형사조정위원회가 중립적인 입장에서 양측의 대화를 중재하고, 피해회복을 돕는 제도입니다.
- 즉, 수사기관의 처벌 중심 절차와 달리, 형사조정은 피해자에게는 실질적 보상을, 피의자에게는 형사상 선처의 기회를 제공하는 조정 중심의 제도입니다.
- 피해자에게 변호인이 있고 피의자에게도 변호인이 있는 경우에는 무용의 절차입니다.

나) 검찰의 처분 : 구공판(정식기소)

- 교통사고 사건에서 피해자의 상해 정도가 중하거나(중상해), 사망사고가 발생한 경우, 또는 12대 중과실(신호위반, 중앙선침범, 과속 등)에 해당하는 경우에는 검찰이 정식 재판(구공판) 절차를 청구합니다.
- 이는 사건의 중대성과 법적 쟁점이 많아 단순 서면 심리로는 판단하기 어렵다고 보는 경우에 해당합니다.
- 검사가 구공판 처분을 내리면 사건은 법원으로 송부되고, 피의자는 피고인 신분으로 정식 형사재판에 출석해야 합니다.
- 재판에는 판사, 검사, 변호인이 모두 참여하며, 검사는 교통사고의 과실 정도와 피해 결과, 운전자의 전과·사고 후 태도 등을 근거로 유죄 입증 및 형량 의견을 제시합니다.
- 이에 대해 변호인은 피고인의 사고 당시 상황, 피해회복 노력, 반성 태도, 합의 진행상황 등을 소명하며 양형 감경을 주장합니다.
- 판사는 이러한 사정을 종합적으로 판단하여 벌금형, 집행유예형 또는 실형 여부를 결정하게 됩니다.

구공판의 예
① 피해지기 중상해 이상인 경우
② 사망사고
③ 12대 중과실이 있는 경우
④ 음주운전·무면허운전·뺑소니 등 중대한 위법사안

다) 검찰의 처분 : 약식기소(약식명령 청구)

- 교통사고가 경미하고 피의자가 자신의 과실을 인징하며, 보험처리로 피해자의 치료비와 손해가 모두 보상된 경우에는 검찰이 약식기소를 선택할 수 있습니다.

- 약식기소란 검사가 법원에 정식재판 대신 서면심리로 벌금형을 선고해 달라고 청구하는 절차입니다.
- 약식기소가 되면 피의자는 법원에 직접 출석하지 않아도 되며, 법원은 검사가 제출한 수사기록과 자료만을 검토한 뒤 서면으로 약식명령서(벌금액 명시)를 송달합니다. 즉, 피의자는 법원의 약식명령서에 기재된 벌금액을 납부함으로써 사건이 종결됩니다.
- 다만, 피의자가 약식명령에 불복하거나 형이 과하다고 판단되면, (검찰이 약식기소를 한 날이 아닌) 법원의 약식명령 고지일로부터 7일 이내에 정식재판을 청구할 수 있습니다.
- 정식재판을 청구하면 사건은 다시 법정에서 직접 심리되며, 피의자는 변호인과 함께 선처를 위한 양형자료를 추가로 제출할 수 있습니다.

약식기소의 예
① 피해자의 상해가 경미한 경우(단순 타박상 등)
② 과실이 경미하고 재범 가능성이 낮은 경우
③ 12대 중과실이 없는 경우

3) 자백 피고인 법원단계에서의 주요절차

가) 운전자보험 접수(합의 및 변호사비 청구)

교통사고 사건에서 피고인이 형사재판을 앞두고 가장 먼저 검토해야 할 부분은 운전자보험의 활용 여부입니다. 운전자보험은 자동차종합보험과 달리 피해자에게 지급되는 것이 아니라, 운전자 개인의 형사책임 부담을 보전해주는 보험입니다.

(1) 형사합의금
- 운전자보험은 일반적으로 형사합의금, 변호사 선임비, 벌금, 교통사고처리지원금 등을 보장합니다. 특히 형사합의금 지원 항목은 재판단계에서 피해자와의 합의를 적극적으로 실천할 수 있도록 설계된 제도입니다. 따라서 피고인은 형사재판 중이라도 피해자와의 합의를 추진한 후, 그 합의금에 대해 운전자보험사에 청구절차를 밟는 것이 실무상 가장 중요합니다.
- 형사합의가 실제 이루어지지 않더라도, 피고인이 합의금 마련을 위해 공탁을 한 경우에는 공탁서 사본을 첨부하여 보험사에 청구할 수 있습니다(단, 보험상품에

따라 상이합니다).

　　　　　(2) 형사재판 변호사 선임료
- 운전자보험에서는 변호사 선임비 보장 항목도 매우 유용합니다. 피고인은 재판 초기에 변호사를 선임한 후 운전자보험사를 통하여 보험금으로 변호사비를 보전 받을 수 있습니다.
- 이 절차를 제대로 밟지 않으면 피고인 개인의 돈으로 변호사 비용을 모두 부담 해야 하므로, 재판단계에서 변호사비용 청구 절차를 함께 진행하는 것이 실무상 필수적입니다.
- 운전자보험의 세부 보장 범위와 지급 기준은 보험가입 시기, 보험사, 보험상품에 따라 다르며, 특히 최근 운전자보험상품과 달리 오래전에 가입한 상품의 경우 보험금 청구 가능 시점이 '기소 이후 재판단계'로 설정되어 있는 경우가 많습니다. 이 때문에 실무에서는 보험금이 재판 중에 바로 지급되지 않고, 판결 선고 이후(또는 형 확정 이후)에 지급되는 사례도 자주 있습니다.
- 따라서 피고인은 변호사와 상의하여 보험금 청구 가능 시점과 필요한 서류(공소 장 사본, 합의서, 판결문, 영수증 등)를 정확히 확인해야 합니다.

　　　나) 인정신문
- 재판이 시작되면 판사가 먼저 피고인의 신원을 확인합니다.
- 이 절차를 '인정신문'이라고 하며, 판사는 피고인에게 이름, 생년월일, 주소, 직 업 등을 묻습니다.
- 변호인이 있더라도 신원확인은 피고인 본인이 직접 답해야 합니다.
- 신원 확인이 끝나면 판사의 안내에 따라 자리에 앉게 됩니다.
- 교통사고 사건의 경우 재판부는 종종 "운전을 생업으로 하는 분입니까?", "사고 당시 상황을 이해하고 계십니까?", "보행자를 보지 못한 이유가 무엇입니까?" 등 운전 관련 기본 사항을 함께 묻기도 합니다.
- 첫 인상은 매우 중요하므로 법정에서는 단정하고 공손한 태도를 유지하고, 겸손 하고 반성하는 자세를 보여야 합니다.

　　　다) 공소사실 낭독
- 검사는 피고인에게 제기된 혐의 내용을 법정에서 낭독합니다.

- 이를 '공소사실 낭독'이라 하며, 검찰이 제출한 공소장을 바탕으로 사고 경위, 과실 정도, 피해결과(중상해·사망), 적용 법조문 등을 설명합니다.
- 예를 들어, 검사가 "피고인은 2025년 3월 5일 오후 8시경 부산시 해운대구에서 제한속도 시속 60km 도로를 약 90km로 주행하다 보행자를 충격하여 상해를 입혔다"는 식으로 사실관계와 법률적 평가를 낭독합니다.
- 이 절차는 검찰이 주장하는 '사실과 죄명'을 공식적으로 확인하는 단계입니다.

라) 공소사실 인부
- 공소사실 낭독이 끝나면 판사는 피고인에게 "공소사실을 인정하십니까?"라고 묻습니다.
- 피고인이 과실을 인정하는 경우에는 "네, 인정합니다"라고 답하면 됩니다.
- 변호인이 선임되어 있다면 변호인이 "공소사실은 모두 인정합니다"라고 진술하고, 판사가 피고인에게 "변호인 의견과 같습니까?"라고 묻는 경우가 많습니다.
- 이때 피고인은 "네"라고 간단히 대답하면 됩니다.
- 공소사실을 인정하면 재판은 주로 형량을 결정하는 양형심리(합의, 반성, 피해회복 정도) 중심으로 진행됩니다. 즉, 유무죄 판단이 아니라 얼마나 선처받을 수 있는지가 핵심 쟁점이 됩니다.

마) 증거 의견
- 검사는 피고인의 유죄를 입증하기 위해 사고현장사진, 블랙박스영상, 진단서, 보험금 지급내역 등 여러 증거를 법정에 제출합니다.
- 이에 대해 변호인은 각 증거를 검토한 뒤, "모두 증거로 인정합니다" 또는 "일부 증거만 인정합니다"라는 의견을 밝힙니다.
- 교통사고 사건에서 피고인이 과실을 인정하는 자백사건이라면, 보통 검찰 측 증거를 전부 동의하는 경우가 많습니다. 다만 피고인의 주장과 다른 사실(예: 속도, 신호위반 여부 등)이 있는 경우에는 그 부분에 한해 부동의 의견을 내고 부인하는 취지를 설명해야 합니다.

바) 합의를 위한 양형조사 신청(임의)
- 피해자와의 합의가 아직 이루어지지 않은 경우, 피고인 측 변호인은 법원에 양형조사 신청을 할 수 있습니다.

- 다만 피해자가 변호사가 선임되어 있는 경우에는 양형조사신청이 받아지지 않는 경우가 많습니다. 대부분의 교통사고 사건은 피해자가 손해사정사 또는 변호인을 선임하여 대응하는 경우가 많거나 보험사 직원을 통하여 피해자의 연락처를 알고 있는 경우가 많아 양형조사절차가 진행되는 경우는 많이 없습니다.
- 법원이 이를 허가하면 법원 조사관이 피해자에게 연락하여 합의 의사를 확인하고, 피해자가 원할 경우 피고인 변호인에게만 연락처를 조건부로 공개할 수 있습니다.
- 이를 통해 피해자 측과의 연락이 단절된 상황에서도 법원을 매개로 합의 시도를 다시 진행할 수 있는 기회가 열립니다.
- 교통사고 사건에서 피해자 합의는 형량 감경의 핵심 사유이므로, 이 절차를 통해 합의가 성사되면 집행유예 또는 벌금형 가능성이 크게 높아집니다.
- 설령 합의가 결렬되더라도, 피고인이 진지하게 합의 노력을 지속한 점만으로도 재판부의 긍정적 평가를 받을 수 있습니다.

※양형조사를 위한 '판결 전 조사'는 과실범이라는 이유로 재판부에서 기각되는 경우가 대부분입니다.

사) 공탁(임의)
- 피고인이 피해자에게 직접 합의를 하지 못했을 경우, 일정 금액을 법원에 맡기는 공탁 절차를 밟을 수 있습니다.
- 공탁은 법원에 예치하는 형사상 금전 보상 제도로, 합의와 동일한 법적 효과는 없지만, 피고인이 피해회복 의지를 실질적으로 보여주는 수단으로서 양형에 도움이 됩니다.
- 피해자가 공탁금을 수령하면 사실상 합의와 동일한 효력을 인정받게 됩니다.
- 실무에서는 공탁 후 공탁서 사본과 공탁사유서를 재판부에 제출하여, "피고인이 끝까지 피해회복을 위해 노력했다"는 점을 강조하는 것이 좋습니다.
- 변호인이 있는 경우 공탁절차 및 관련 서류를 재판부에 현출하는 것들을 전부 변호사 사무실에서 진행합니다.

아) 구형
- 모든 심리가 끝나면 검사가 구형을 합니다.
- 이는 검사가 법원에 "피고인에게 어떠한 형을 선고해 달라"고 요청하는 절차로, 예를 들어 "피고인에게 금고 1년을 구형합니다" 또는 "벌금 500만 원을 구형합

니다"라는 식으로 제시합니다.

- 검사는 사고의 중대성, 피해회복 여부, 전과 유무 등을 종합해 형량을 제시합니다.

- 피고인 또는 변호인은 구형 후 판사에게 참작사유 의견서나 양형의견서를 제출하여 구형보다 낮은 형을 선고해 달라는 취지로 반박자료를 낼 수 있습니다.

자) 최후진술

- 판결 전 마지막 절차로, 판사가 피고인에게 직접 "마지막으로 하고 싶은 말이 있습니까?"라고 묻습니다.

- 이때 피고인은 진심 어린 태도로 자신의 잘못을 인정하고, "다시는 이런 일이 없도록 하겠습니다. 피해자분께 진심으로 사과드립니다."와 같이 반성과 재범방지 의지를 구체적으로 표현해야 합니다.

- 피고인의 태도와 말 한마디는 판사의 양형 판단에 영향을 미치므로, 사전에 변호인과 함께 진술 내용을 준비하는 것이 좋습니다.

- 특히 교통사고 사건에서는 "운전자의 부주의로 돌이킬 수 없는 결과를 초래했다"는 점을 인정하고, "피해자와 가족에게 용서를 구하며 평생 경각심을 가지고 살겠다"는 태도가 진정성 있게 전달되면 형량 감경에 실질적으로 도움이 됩니다.

차) 선고기일

- 모든 심리가 종료된 뒤 통상 약 3~4주 후에 판결 선고기일이 지정됩니다.

- 이날 판사는 피고인의 유무죄 및 형량을 선고합니다.

- 교통사고 사건에서 사망사고나 중상해사건의 경우 실형이 선고될 가능성이 있으나, 피해자와 합의가 이루어졌거나 피해자의 부상이 경미한 경우에는 집행유예가 선고되는 경우가 많습니다.

- 벌금형, 집행유예형은 구속되지 않으며, 실형이 선고될 경우 원칙적으로 선고 즉시 법정구속이 이루어집니다. 집행유예의 경우 사회봉사 등이 부가되는 경우가 있습니다.

- 다만 피고인이 반성하고 합의가 진행 중이거나 합의가능성이 있는 경우라면 실형 선고 후 구속유예를 하는 사례들도 많습니다.

- 벌금형의 경우 운전자보험 상품에 따라 보험회사에서 보험금 지급이 되는 경우

가 있습니다. 일반적으로 벌금을 피보험자가 기지급 후 보험사에서 보험금을 청구할 수 있습니다.

카) 항소(임의)

- 1심 판결에 불복할 경우 판결선고일로부터 **7일** 이내에 항소장을 제출해야 합니다. 피고인은 형량이 지나치게 무겁다고 판단될 때 양형부당 사유로 항소할 수 있습니다.
- 항소기간이 도과하는 경우 항소권이 소멸되므로 매우 큰 주의가 필요합니다. 항소법원으로부터 소송기록접수 통지를 받은 날로부터 **20일** 이내에 항소이유서를 항소법원에 제출해야 합니다. 항소이유서 제출기한이 도과한 경우 항소심은 항소기각을 하여 항소심 재판을 받을 기회를 박탈합니다.
- 검사 역시 형량이 너무 가볍다고 판단하면 항소할 수 있습니다.
- 항소심에서는 담당 재판부와 담당 검사 등이 전부 교체되며, 새로이 구성된 재판부에서 심리하며 사건의 유무죄보다는 형량의 적정성, 피해회복 정도, 반성 태도 등을 중심으로 심리됩니다.
- 항소를 제기하면, 판결문이 확정되기 전에 형이 집행되지 않으므로, 피고인은 항소심이 진행되는 동안 추가적인 합의나 반성문 제출 등 선처를 위한 노력을 이어갈 수 있습니다.

타) 가석방(임의)

- 만약 실형이 확정되어 교도소에서 복역 중이라면, 피고인은 일정 요건을 충족할 경우 형기의 일부를 남기고 가석방을 신청할 수 있습니다.
- 통상 형기의 1/3 이상을 복역하고 모범적인 태도를 보이면 심사대상이 되며, 가석방심사위원회는 재범위험성, 사회복귀 가능성, 피해회복 노력 등을 종합적으로 검토합니다.
- 가석방이 허가되면 조건부로 사회생활을 재개할 수 있으며, 복역 중에도 성실한 태도와 봉사활동 참여, 가족의 탄원서 제출 등이 매우 중요합니다.

나. 무죄를 주장하는 피의자 등 형사소송절차의 전체적인 흐름

경찰	→	검찰	→	법원
①사고 직후 조치(:구호조치, 현장 보존, 증거확보) ------------------ ②자동차보험 접수 ③현장 경찰 출동 및 1차 진술(간이진술서 작성) (④별도 일정 현장조사 통지 및 참여 실무) ⑤피해자 병문안 및 사과 의사표시 ⑥경찰출석 통보 ⑦피의자 조사(정식 경찰조사)	①송치 또는 ②불송치 ※불송치의 경우 피해자 이의신청권 있음.	(①추가조사) (②보완수사명령)	①기소 [:㉠구공판, ㉡약식기소]	①운전자보험 접수(합의 및 변호사비 청구) ------------------ ②인정신문 ③공소사실낭독 ④공소사실인부 ⑤증거의견 (⑥증인신문) ⑦구형 ⑧최후진술 ⑨선고기일 (⑩항소)

무죄를 주장하는 피의자 등의 경우 형사소송절차는 대체적으로 위 도표와 같이 진행되며, 무죄를 주장하는 사건을 **부인(否認)사건**이라 합니다. 부인 사건의 경우 사건 발생 후 1심 판결선고시까지 **짧으면 1년에서 1년 6개월 정도 소요**된다고 생각하면 됩니다. 아래는 단계별 주요 절차에 대한 간략한 설명입니다.

1) 무죄주장 피의자 경찰단계에서의 주요 절차

가) 사고 직후 조치(구호조치, 현장보존, 증거확보)

교통사고 직후 조치는 무죄 주장 사건에서도 동일하게 핵심입니다. 구호의무를 충실히 이행하되, 과실 인정으로 해석될 수 있는 사적 평가·감정 표현을 피하고 사실 중심으로 움직이셔야 합니다.

(1) 구호조치
- 119와 112를 즉시 신고하고, 가능한 범위 내 응급조치를 하십시오. 이는 법적 의무이자 향후 재판에서의 기본 전제입니다.

- 피해자 이송 후에도 현장을 임의 이탈하지 마시되, 2차사고 방지를 위한 안전조 치는 하십시오.
- 현장에서의 대화는 사실 전달로 제한하십시오. "제 잘못입니다, 부주의였습니다" 와 같은 평가·자백성 문구는 피하고, "사고가 발생했습니다, 구호가 필요합니다" 수준으로만 말하십시오.

(2) 현장 보존
- 차량 위치·파손 상태·제동거리·유류 흔적·노면 상태(젖음, 요철, 공사)·조도·역광· 차로표지·신호등 위치를 그대로 보존하고 광각 사진을 즉시 채증하십시오.
- 대시라이트, 안개등, 와이퍼 작동 여부 등 가시성 관련 스위치 상태도 촬영하십 시오.
- 불가피한 차량 이동이 필요하면 이동 전 전후·좌우·상공 각도 사진을 충분히 촬 영한 뒤, 이동 경위를 휴대폰 메모로 남기십시오.

(3) 증거 확보
- 블랙박스 원본 보전 : 원본 SD카드를 즉시 분리해 쓰기금지 보관하고, 별도로 복제본을 만드십시오. 편집본은 제출용으로만 활용하고, 원본 보관은 철저히 하 십시오.
- 주변 CCTV 보전요청 : 상가, 건물관리실, 지자체, 버스·택시 차내 CCTV 등 보 관기한이 짧으므로 즉시 보전요청서를 접수하고 접수증을 확보하십시오.
- 목격자 확보 : 중립적 목격자의 성명·연락처를 받아 두고, 현장 진술을 녹취·영 상으로 임의 채증하지 마십시오(진술 왜곡 시 오히려 불리). 연락처만 확보 후 변호인을 통해 진술서 확보가 바람직합니다.
- 신호·교통공학 자료 : 도로관리청의 신호운영기록(현시·주기·오프셋), 공사·점멸 이력, 가로등 점·소등 기록, 제한속도 변경 공고 등 객관자료의 존재를 메모하 고, 이후 공식 촉탁·정보공개 청구로 확보하십시오.
- 차량·운전자 데이터 : EDR(이벤트 데이터 레코더) 보전, 최근 정비기록·타이어 마모·ABS 작동 이력 등 차량결함 부존재나 속도·제동 관련 객관치 확보를 준비 하십시오. 휴대전화는 임의제출을 자제하고, 통신사 사용내역 등 범위 제한적 자료로 '사고 시점 무시용'을 증명히는 방향이 인전합니다.
- 보험 커뮤니케이션 유의 : 보험 접수는 피해 치료용 민사조치이며 형사상 과실

인정이 아닙니다. 보험사·병원과의 통화·문자에서 "제 과실" 같은 표현을 피하고, 사실 확인 범위로만 응대하십시오. 보험기록이 수사기록에 편철될 수 있습니다.

나) 자동차보험 접수(무죄를 주장하는 경우)

교통사고가 발생했을 때는 자동차보험 접수를 신속히 진행해야 합니다(**죄가 없다고 생각을 하여도 보험접수를 하는 것이 원칙입니다. 단 비접촉 교통사고의 경우에는 보험접수를 하지 않는 경우가 있습니다**). 다만, 무죄를 주장하는 경우에는 보험 접수가 곧 형사상 과실이나 책임을 인정하는 행위로 오해받지 않도록 주의해야 합니다. 보험 접수는 피해자의 치료비와 손해배상을 위한 민사적 절차일 뿐, 피의자가 형사적으로 잘못을 인정하는 것은 아닙니다.

  (1) 보험사에 즉시 신고
- 자신의 자동차보험사(또는 렌터카 보험사)에 대인·대물 사고 접수를 즉시 합니다.
- 보험접수번호를 피해자 또는 병원에 알려 치료가 지체되지 않도록 하는 것은 법적 의무이자 인도적 조치입니다. 다만 보험사와의 통화나 서면 내용에서 "제 과실입니다", "제 잘못으로 발생한 사고입니다" 등의 책임을 인정하는 표현은 절대 사용하지 않아야 합니다.
- 보험기록은 수사기록에 편철될 수 있으므로 모든 의사표시는 "사고 경위는 조사에서 명확히 소명하겠습니다"라는 식으로 한정하는 것이 안전합니다.

  (2) 보험처리의 실질적 의미
- 교통사고처리특례법 제3조에 따라, 12대 중과실이 없는 경우 보험으로 피해가 전액 보상된 경우에는 형사절차가 종결되거나 선처가 가능하지만, 이는 '과실이 인정된 경우'의 특례일 뿐, 무죄 주장을 하는 사건에는 형사책임을 전제로 한 제도와 구분해야 합니다.
- 따라서 무죄를 다투는 경우에도 피해자의 치료비는 도의적·민사적 범위에서 보험으로 처리하되, 보험 접수가 곧 형사상 유죄를 전제하는 행위로 해석되지 않도록 문서와 진술의 표현을 철저히 관리해야 합니다.
- 피해자가 병원비로 불편함을 겪지 않도록 지원하는 것은 형사방어와 별개의 문

제이며, 이는 향후 재판에서도 피고인의 사회적 책임감과 성실한 태도로 긍정 평가될 수 있습니다.

(3) 보험사와의 협조

- 보험담당자에게 피해자 치료 경과를 확인하도록 요청하되, 사고 원인이나 과실 비율에 대한 언급은 하지 말아야 합니다.
- 피해자나 보호자와의 직접 접촉은 감정 대립을 심화시킬 위험이 있으므로, 가능하면 보험담당자를 통해 간접적으로 치료 상황만 확인하는 것이 바람직합니다.
- 필요하다면 변호사를 통해 보험사와의 커뮤니케이션 문구를 검토받거나, 보험 관련 대응을 대리하도록 하는 것이 안전합니다.

다) 현장 경찰 출동 및 1차 진술(간이진술서 작성)

교통사고 발생 직후에는 대부분 경찰이 현장에 출동하여 사고의 기본적인 사실관계를 확인합니다. 이때 작성하는 운전자 진술서(교통사고사실확인서)는 단순한 초기 진술처럼 보이지만, 이후 경찰·검찰 단계에서 피의자의 최초 진술로 수사기록에 편철되어 매우 중요한 증거자료로 활용됩니다. 따라서 무죄를 주장하는 경우에는 한 문장, 한 단어도 신중하게 작성해야 합니다.

(1) 현장 출동 경찰의 절차

- 교통사고조사규칙은 경찰관이 사고현장에 도착하면 현장의 안전 확보, 관계자 구호, 교통 통제 후 즉시 **현장상황을 조사해야** 한다고 규정합니다.
- 경찰은 현장에서 운전자, 피해자, 목격자를 대상으로 기본적인 사고 경위를 확인하고, "운전자 진술서" 또는 "교통사고사실확인서" 작성을 요청합니다.
- 운전자는 신분증과 운전면허증을 제시해야 하며, 경찰의 질문에는 사실관계만 간결하게 답변해야 합니다.
- "잘못했습니다", "제가 부주의했습니다"와 같은 감정적이거나 과실을 인정하는 표현은 절대 사용하지 말아야 합니다.
- 현장에서는 "사고 경위는 현재 명확히 확인 중이며, 추후 조사에서 구체적으로 말씀드리겠습니다."라는 식으로만 진술하는 것이 안전합니다.

(2) 피의자 입장에서의 유의사항

- 경찰의 현장조사는 이후 감정의뢰(도로교통공단 교통사고감정원)의 기초자료가 됩니다. 따라서 현장에서 경찰이 측정하는 지점, 거리, 차량 위치 등이 실제 상황과 다르면 즉시 이의를 제기해야 합니다.
- 단순히 경찰의 "여기쯤 부딪힌 거 맞습니까?"라는 질문에 무심코 "네"라고 답할 경우, 향후 **충돌지점**이 잘못 확정되어 불리한 과실 판단이 내려질 수 있습니다.
- 차량의 정차 위치, 보행자의 동선, 시야 방해요소(차량, 가로수, 표지판 등)는 사진이나 동영상으로 스스로도 기록해 두는 것이 좋습니다.

(3) 진술서 작성 요령
- 진술서는 "정확한 사고 경위는 추후 정식 조사 시 상세히 말씀드리겠습니다."라는 문장으로 마무리하고, 필요 최소한의 사실(날짜, 시간, 장소, 진행방향, 사고 상황의 개요)만 간단히 기재합니다.
- "신호를 위반했다", "전방주시를 소홀히 했다" 등의 문장은 법적 과실을 스스로 인정하는 진술로 해석될 수 있으므로 기재하지 않습니다.
- 경찰이 "간단히 적으시면 됩니다"라고 하더라도, 그 간단한 한 문장이 재판에서 불리한 자백 증거로 작용할 수 있습니다.
- 반대로, 피해자 구호조치나 119 신고, 경찰 신고 등의 객관적 조치 내용은 분명하게 적어두는 것이 좋습니다. 이는 '구호의무 이행'으로, 형사절차상 오히려 긍정적인 평가로 작용할 수 있습니다.

(4) 현장 자료 확보 병행
- 경찰이 블랙박스, CCTV 등 증거를 확보하더라도, 피의자 스스로 반드시 별도의 복사본을 확보해야 합니다.
- 경찰이 확보한 영상은 피의자에게 즉시 제공되지 않으며, 일부 구간만 발췌되어 증거로 제출될 수 있기 때문입니다.
- 사고 전후 1~2분의 블랙박스 영상을 USB나 외장하드에 복사하고, 해당 영상의 원본 파일 이름·날짜·시간 정보를 별도 메모해두면 증거의 신빙성을 확보할 수 있습니다.
- 경찰이 현장에서 "영상은 나중에 조사 시 제출하세요."라고 안내하는 경우가 있으므로, 변호인과 상의하여 유리한 시점에 제출하거나, 필요 시 법원 감정 신청을 통해 제출하는 전략적 접근이 바람직합니다.

- 피해자 측 진술이 과장되거나 번복될 가능성에 대비해, 현장 주변 사진(조도, 신호등 위치, 가로등 상태, 노면 상태, 시야 확보 정도)도 반드시 확보해야 합니다.
- 이는 훗날 재판에서 "인지 가능성이 없었다"거나 "피해자의 돌발행동이었다"는 점을 입증하는 데 결정적 근거가 됩니다.

라) 별도 일정 현장조사 통지 및 참여 실무(임의)

(1) 통지·일정
- 사건 담당 교통조사계는 초기 출동과 별도로, 후속으로 현장검증·재현을 위한 일정을 잡아 피의자·대리인에게 통지하는 경우가 있습니다. 이는 교통사고조사규칙상 현장조사·현장검증 서식과 사진·도면 첨부 기준에 따라 진행되며, 통상 참여 의사를 확인합니다. **참여 여부는 선택이지만, 쟁점이 큰 사건일수록 변호인과 함께 참여하여 측정 항목과 조건을 명확히 해두는 것이 안전**합니다.

(2) 참여 시 확인·요청 체크리스트
- 목적과 범위 : 충돌지점 특정, 시야확보, 신호 동작, 제동거리, 차간거리 등 측정 항목과 재현 조건(속도·차량·보행 동선·조도)을 사전 서면으로 요청합니다.
- 채증 : 수사 방해가 되지 않는 범위에서 휴대폰 사진·영상 채증이 가능한지 문의합니다. 불허 시 사유 기재를 요청합니다.
- 측정·표시 : 측정지점 표식(콘, 분필, 줄자 위치)과 거리 산출 방식, 기준점(노면 도색, 포장 이음매 등)을 기록으로 남겨 달라고 요구합니다.
- 이견 기재 : 재현 조건이 실제와 다르거나 쟁점(예: 역광, 가려짐, 돌발 보행)이 반영되지 않으면 즉시 이견을 구두로 밝히고, 현장검증조서 말미에 피의자 의견으로 기재해 달라고 요청하거나 피의자조사시에 진술을 합니다. 현장검증조서·사진·도면은 이후 증거 판단에 직접 사용됩니다.

(3) 불참·대리·추가 검증
- 불가피한 사정으로 불참해도 절차는 진행될 수 있습니다. 이 경우 사전에 서면 의견서(측정 항목·재현 조건·이견)와 질의서를 제출하고, 필요하면 추가 현장검증을 요청합니다. 추후 송치 후에는 열람·등사 절차에서 현장검증조서·사진·도면·측정표를 확인한 뒤 반박 의견서를 추기 제출합니다.

마) 피해자 병문안 및 의사 표시(무죄를 주장하는 경우)

교통사고에서 무죄를 주장하더라도, 피해자가 부상을 입었다면 **인도적 차원**에서 피해자의 치료와 회복을 존중하는 태도를 보이는 것이 중요합니다. 다만, 병문안이나 사과 과정에서 피의자가 사고의 책임을 인정하는 듯한 표현을 사용하면, 수사기관이 이를 자백으로 해석할 위험이 있습니다. 따라서 **무죄를 주장하는 사건에서는** **'사과' 보다 '유감과 안부 표시' 중심으로 접근해야 합니다.**

(1) 병문안 시도 시 주의사항
- 피해자가 입원 중이라면, 직접 방문보다는 보험담당자나 변호인을 통해 **간접적으로 안부 의사를 전달하는 것이 안전**합니다.
- 방문 의사를 밝힐 때는 "사고로 인해 불편을 드려 안타깝습니다. 빠른 쾌유를 바랍니다." 정도의 중립적이고 인도적인 표현만 사용해야 합니다.
- 무죄를 주장하고 있음에도, "제가 잘못했습니다.", "제 부주의로 다치셨습니다." 와 같은 표현은 형사상 과실을 인정하는 발언으로 기록될 위험이 있으므로 절대 피해야 합니다.
- 피해자나 보호자가 병문안을 거절한 경우, 그 결정을 존중하고 추가적인 접촉을 시도하지 않는 것이 오히려 바람직합니다.

(2) 유감 표시와 연락 방법
- 피해자의 심리상태나 감정이 예민한 경우, 직접적인 연락은 피하고 보험담당자 또는 변호인을 통해 간접적으로 전달합니다.
- 메시지나 편지를 전달할 경우, "사고로 인해 놀라시고 불편을 겪으셨을 텐데, 빠른 회복을 바랍니다." 정도로 감정적 공감만 표현합니다.
- "사과드립니다"라는 문구는 법적 책임을 인정하는 취지로 해석될 수 있으므로 지양합니다.
- 문체는 정중하되, 감정표현 기호("ㅠㅠ", "^^")나 과한 미사여구는 피하고, 간결하고 객관적인 어조를 유지해야 합니다.

(3) 치료비 지원 시 유의점
- 무죄를 주장하더라도 피해자가 치료를 받는 동안 보험처리를 통해 필요한 비용

을 지원하는 것은 민사상 의무에 해당하며, 형사책임 인정과는 별개입니다.

- 단, 피해자 측에 금전을 직접 전달하거나 개인적으로 현금합의를 시도하는 것은 형사상 '과실 인정의 근거'로 오해받을 수 있으므로, 반드시 보험사 또는 변호사를 통하여 공식적인 절차로 처리해야 합니다.

- 다른 형사범죄와 달리 교통사고 범죄의 경우 무죄를 주장하더라도 형사합의를 함께 진행하는 경우가 많습니다. 합의를 하더라도 죄를 인정하는 것은 아니며, 재판부에서도 인도적 차원의 합의의 의미로 해석하는 경우도 많습니다.

- "치료비가 필요하시면 보험을 통해 바로 처리될 수 있도록 하겠습니다." 정도로 표현하며, "제가 보상하겠습니다.", "책임지고 처리하겠습니다." 등의 표현은 피해야 합니다.

바) 경찰 출석 통보 (무죄를 주장하는 경우)

교통사고 발생 후 약 1~2주가 지나면 관할 경찰서 교통조사계 또는 교통범죄수사팀으로부터 피의자 신분 출석요구서를 받게 됩니다. 이는 형사절차상 정식 조사 단계로 넘어가는 신호이며, 이후의 진술은 사건의 유무죄 판단에 직접적인 영향을 미치므로 매우 중요합니다. 무죄를 주장하는 경우, 경찰 출석은 단순한 의무적 절차가 아니라 자신의 결백을 입증하기 위한 핵심 대응 단계입니다.

(1) 출석요구서 수령
- 경찰 출석 통보는 우편, 문자, 전화 등 다양한 방식으로 이루어지며, 실무상 대부분 전화로 안내받게 됩니다.

- 통보 시 "피의자 신분으로 출석해 조사를 받으셔야 합니다."라는 설명을 듣게 되며, 이는 유죄 전제가 아닌 조사 절차상의 통상적 안내이므로 위축될 필요는 없습니다.

- 통보를 받은 즉시 변호인에게 일시와 담당 수사관 정보를 공유하고, 조사 전 변호인과 사전 상담을 거쳐 진술 전략을 확립해야 합니다.

(2) 출석 전 준비사항
- 무죄를 주장하는 사건에서 경찰 출석 전 준비는 "주관적 진술"이 아니라 객관적 근거를 제시할 자료 정리에 초점이 맞춰져야 합니다.

- 사고 당시 상황 정리서(사고경위서) : 단순히 "나는 잘못이 없다"는 주장보다,

신호·속도·시야·조도·노면상태·상대방의 돌발행동 등 객관적 환경 요인을 구체적으로 정리합니다.

- 증거자료 준비 : 블랙박스 영상, CCTV 확보 요청내역, 차량 EDR(이벤트 데이터 기록장치), 도로 상황 사진, 목격자 진술 등 "피해자의 과실 또는 돌발행동 가능성"을 보여주는 자료를 선별하여 정리합니다.
- 보험 관련 자료 : 보험 접수는 피해자의 치료 지원을 위한 민사적 절차이므로, 형사책임 인정과는 무관하다는 점을 명확히 인식합니다. 보험사와의 통화·서류에서 "과실"이나 "잘못"이라는 표현을 사용하지 않도록 주의해야 합니다.

(3) 변호사 조력의 필요성

- 무죄를 주장하는 사건에서는 경찰 진술이 향후 재판의 방향을 결정짓는 핵심 증거가 되므로, 출석 전부터 교통사고 전문 변호사의 조력을 받는 것이 필수적입니다.
- 변호사는 진술 방향(사실 중심 vs 법적 평가 구분)을 설정하고, 경찰 조사 시 검사나 재판부가 나중에 오해할 수 있는 표현을 사전에 걸러냅니다.
- 또한 경찰이 확보한 블랙박스, CCTV, 목격자 진술 등 수사기록 중 피의자에게 불리한 부분을 사전에 점검하고 반박 논리를 준비할 수 있습니다.
- 경찰조사 이후에는 진술 내용의 부족한 부분이 있을 수 있으므로 조사내용을 토대로 추가적인 변호인 의견서 또는 변론요지서의 접수가 필요한 경우가 있습니다.

사) 피의자 조사(정식 경찰조사 - 무죄를 주장하는 경우)

경찰 출석 통보에 따라 경찰서에 출석하면 정식 피의자신문조서 작성 절차가 진행됩니다. 이 단계는 수사기관이 피의자의 유무죄를 판단할 핵심 근거자료를 확보하는 단계이므로, 무죄를 주장하는 사건에서는 첫 진술의 방향 설정과 표현의 정확성이 무엇보다 중요합니다.

(1) 진술 방향 설정

- 피의자신문조서는 이후 검찰과 법원 단계에서도 그대로 인용되므로, 한 번의 진술이 사건 전체의 방향을 결정짓는다고 생각해야 합니다.
- 무죄를 주장할 때는 "저는 잘못했습니다.", "제 과실이 있었습니다." 등 책임을

인정하거나 감정적인 표현을 절대 사용하지 말고, 오직 사실관계 중심으로 진술해야 합니다.

- 예를 들어 "신호 위반이 아닙니다.", "전방주시를 하고 있었으나 보행자가 돌발 진입했습니다."처럼 객관적 상황 묘사 중심으로 표현해야 합니다.
- "정확한 사고 원인은 추가 자료(블랙박스·CCTV 등) 확인 후 말씀드리겠습니다." 라는 문장을 활용해, 불리한 추정을 방지하는 것도 좋은 방법입니다.

(2) 블랙박스 및 증거 제출 요령

- 경찰은 블랙박스 영상 제출을 요구할 수 있으나, 모든 구간을 제출할 의무는 없습니다.
- 불필요한 사생활 노출 구간이나 피의자에게 불리한 부분까지 포함된 전체 영상을 제출하면 오히려 불리하게 작용할 수 있습니다.
- 일반적으로 사고 전후 1~2분 구간만 편집하여 제출하면 충분하며, 원본 영상은 반드시 개인이 별도로 보관해야 합니다(경찰에 제출 시에는 복사본만 제출하고, "원본은 동일하게 보관 중입니다."라고 명시하십시오).
- 영상 제출 시점과 방식은 반드시 변호사와 상의해야 합니다.
- 블랙박스에 피해자의 돌발 진입, 무단횡단, 신호 착각, 어두운 시야, 가로등 미점등 등 유리한 요소가 명확히 드러나는 경우에는 즉시 제출이 유리하지만, 경찰이 이미 피의자의 과실을 단정하고 있는 상황이라면 영상의 일부만 발췌되어 불리하게 해석될 수 있으므로 제출 시점과 범위를 전략적으로 조정해야 합니다.
- 또한, 사고 후 시간이 경과하면 영상 데이터가 덮어쓰기 되어 삭제될 수 있으므로 즉시 복사본을 USB 또는 외장하드에 보관하고, 파일의 생성일자 및 원본 여부를 증명할 수 있도록 관리해야 합니다.

(3) 조사 태도와 주의사항

- 경찰조사는 검사나 판사가 나중에 사건을 평가할 때 가장 먼저 확인하는 기록이므로, 진술 태도 또한 중요한 평가요소로 작용합니다.
- 침착하고 일관된 어조로 사실을 설명하고, 경찰의 질문이 불명확하거나 유도성일 경우 "그 부분은 자료를 확인한 후 말씀드리겠습니다." 또는 "정확히 기억나지 않습니다."라고 신중히 답변해야 합니다.
- 추정이나 감정 표현, 단정적인 판단은 피하고, "당시 제 시야에는 보행자가 보이

지 않았습니다.", "제한속도 내에서 주행 중이었습니다." 등 객관적으로 입증 가능한 사실만 진술하는 것이 좋습니다.

2) 무죄주장 피의자 검찰단계에서의 주요 절차

가) 추가조사
- 검찰이 경찰에서 송치된 사건을 검토한 후, 증거가 부족하거나 진술의 신빙성을 확인하기 위해 직접 추가적으로 피의자, 고소인, 참고인을 조사하거나 새로운 증거를 확보하는 절차를 말합니다.
- 검찰이 직접 추가조사를 하는 경우는 ①경찰 수사 단계에서 다루지 못한 핵심 증거를 확인해야 할 때, ②피의자의 주장과 고소인의 진술이 충돌하는 경우, ③ 새로운 증거나 참고인이 등장한 경우, ④법적 쟁점에 대한 추가 설명이나 보완이 필요한 경우 등입니다.
- 검찰의 추가조사가 있는 경우에는 ①초기 진술과 일관성 유지를 해야 하며, ② 변호인과 준비를 철저히 하고, ③신규 증거를 제출하거나 기존 증거에 대한 설명을 강화하며, ④진술을 최대한 구체적이고 논리적으로 해야 합니다.

나) 보완수사명령
- 검찰이 사건을 검토한 결과, 경찰 수사에서 부족한 부분이 있다고 판단될 때 경찰에 추가적인 수사를 명령하는 절차입니다.
- 검찰이 보완수사명령을 하는 경우는 ①증거가 불충분하여 혐의를 입증하기 어렵다고 판단된 경우, ②경찰의 수사가 미흡하거나 누락된 부분이 있을 때, ③고소인의 진술 신빙성을 검증하거나, 피의자의 추가 주장을 확인할 필요가 있을 때 등입니다.
- 검찰의 보완수사명령이 있는 경우에는 ①초기 진술과 일관성 유지를 해야 하며, ②변호인과 준비를 철저히 하고, ③신규 증거를 제출하거나 기존 증거에 대한 설명을 강화하며, ④진술을 최대한 구체적이고 논리적으로 해야 합니다.

다) 검찰의 처분 : 불기소결정
- 불기소결정이란 검찰이 사건을 검토한 결과, 피의자를 기소하지 않기로 결정하는 처분을 말합니다. 이는 검찰이 사건을 종결시키는 행위로, 피의자에 대해 형

사소송을 제기하지 않는다는 의미를 가집니다.

- 불기소결정의 유형으로는 ①혐의없음, ②죄가 안 됨, ③공소권 없음, ④기소유예 등이 있지만 무죄를 주장하여 불기소결정이 되는 경우 보통 혐의없음의 불기소 결정이 내려집니다.

- 다만 교통사고의 경우 부상을 당한 피해자가 존재하기 때문에 애매한 경우에는 기소를 하여 재판부의 판단에 맡기는 경우가 많습니다.

라) 검찰의 처분 : 구공판(정식기소)

- 구공판이란 정식 재판을 청구하는 기소 형태로 검찰이 혐의가 인정된다고 판단 한 경우입니다. 특히, 실무상 교통사고의 경우 혐의를 부인하는 경우 약식기소 보다는 구공판이 이루어집니다.

- 검사가 사건을 법원으로 송부하고, 피의자는 판사, 검사 등이 모두 출석하는 정 식 재판에 출석하여 사건에 대한 심리를 받게 됩니다.

- 재판 과정에서 검사는 피고인의 혐의를 입증하고, 변호인은 피고인을 변호하며, 판사는 이를 종합적으로 판단하여 유·무죄를 결정하며 유죄선고시 형량을 결정 합니다.

마) 검찰의 처분 : 약식기소(약식명령 청구)

- 검찰의 약식기소는 "과실이 있다고 전제한 결정"이므로, 무죄를 주장하는 경우 에는 반드시 정식재판을 청구해야 합니다.

- '법원'의 약식명령서를 받은 날(고지일)로부터 7일 이내에 '정식재판청구서'를 법 원에 제출해야 하며, 이 기한이 지나면 약식명령이 확정되어 더 이상 다툴 수 없습니다.

- 정식재판으로 넘어가면 사건은 공판절차로 진행되며, 피의자는 변호인과 함께 블랙박스·CCTV·교통공학감정자료·현장사진·EDR분석자료 등을 제출해 사고 당시 과실이 없음을 적극 입증할 수 있습니다.

3) 무죄주장 피고인 법원단계에서의 주요 절차

가) 운전자보험 접수(합의 및 변호사비 청구)

무죄를 주장하는 교통사고 사건에서 형사재판을 앞두고 가장 먼저 검토해야 할 사항은 운전자보험의 활용 여부입니다. 운전자보험은 자동차종합보험과 달리 피해자에게 지급되는 보상금이 아니라, 운전자 개인이 형사절차에서 부담하는 방어비용을 보전하기 위한 보험입니다. 즉, 유죄 여부와 관계없이 운전자보험은 피의자(또는 피고인)의 법률비용 부담을 최소화하기 위한 방어 수단입니다.

(1) 형사합의금 항목의 실질적 의미

- 교통사고 사건에서 피의자가 무죄를 주장하더라도, 피해자와의 형사합의는 매우 중요하고 실질적으로 안전한 대응 방식입니다. 왜냐하면 형사합의는 단순히 "잘못을 인정한다"는 의미가 아니라, 피해자의 피해회복을 위한 인도적 조치로서 법원과 검찰 모두가 긍정적으로 평가하기 때문입니다.
- 무죄를 다투는 피고인이라 하더라도, 피해자에게 발생한 상해나 재산상 손해가 존재한다면 그 치료비나 위로금을 "법적 책임과는 별개로 인간적인 도리 차원에서 지급한다"는 취지로 합의를 진행하는 것이 바람직합니다(단 비접촉 교통사고에서 무죄를 주장하는 경우에는 합의가 불필요한 경우도 있습니다).
- 이러한 형사합의는 오히려 재판에서 피고인의 성실하고 책임 있는 태도로 평가되어 무죄 가능성을 높이는 요소가 됩니다. 또한, 만약 무죄주장이 받아들여지지 않아 유죄가 선고되는 경우에도, 이미 피해자와의 합의가 이루어져 있다면 형량이 대폭 감경되는 핵심 참작사유로 작용합니다.
- 운전자보험의 형사합의금 항목은 이러한 합의를 실질적으로 뒷받침하기 위한 제도입니다. 즉, 피고인은 재판이 진행 중이라도 피해자와 합의한 후, 그 금액을 운전자보험사에 청구할 수 있습니다.

(2) 형사재판 변호사 선임료

- 무죄를 주장하는 피의자에게 운전자보험의 가장 중요한 기능은 '변호사 선임비 보장'입니다.
- 운전자보험에는 대부분 형사절차에서의 변호사 선임비 보상 항목이 포함되어 있으며, 이 보험금으로 변호사 비용을 충당할 수 있습니다.
- 이 절차를 활용하지 않으면 피의자가 모든 법률비용을 개인 자금으로 부담해야 하는 상황이 생기므로, 재판 초기부터 변호사 선임과 동시에 보험금 청구 절차를 병행하는 것이 필수적입니다.
- 운전자보험의 세부 보장 범위와 지급 기준은 보험가입 시기, 보험사, 보험상품에

따라 다르며, 특히 최근 운전자보험상품과 달리 오래전에 가입한 상품의 경우 보험금 청구 가능 시점이 '기소 이후 재판단계'로 설정되어 있는 경우가 많습니다. 이 때문에 실무에서는 보험금이 재판 중에 바로 지급되지 않고, 판결 선고 이후(또는 형 확정 이후)에 지급되는 사례도 자주 있습니다.

나) 인정신문
- 재판이 시작되면 판사가 먼저 피고인의 신원을 확인합니다.
- 이 절차를 '인정신문'이라고 하며, 판사는 피고인에게 이름, 생년월일, 주소, 직업 등을 묻습니다.
- 변호인이 있더라도 신원확인은 피고인 본인이 직접 답해야 합니다.
- 신원 확인이 끝나면 판사의 안내에 따라 자리에 앉게 됩니다.
- 교통사고 사건의 경우 재판부는 종종 "운전을 생업으로 하는 분입니까?", "사고 당시 상황을 이해하고 계십니까?" 등 운전 관련 기본 사항을 함께 묻기도 합니다.
- 첫 인상은 매우 중요하므로 법정에서는 단정하고 공손한 태도를 유지하고, 겸손하고 반성하는 자세를 보여야 합니다.

다) 공소사실 낭독
- 검사는 피고인에게 제기된 혐의 내용을 법정에서 낭독합니다.
- 이를 '공소사실 낭독'이라 하며, 검찰이 제출한 공소장을 바탕으로 사고 경위, 과실 정도, 피해결과(중상해·사망), 적용 법조문 등을 설명합니다.
- 예를 들어, 검사는 "피고인은 2025년 3월 5일 오후 8시경 부산시 해운대구에서 제한속도 시속 60km 도로를 약 90km로 주행하다 보행자를 충격하여 상해를 입혔다"는 식으로 사실관계와 법률적 평가를 낭독합니다.
- 이 절차는 검찰이 주장하는 '사실과 죄명'을 공식적으로 확인하는 단계입니다.

라) 공소사실 인부(무죄를 주장하는 경우)
- 공소사실 낭독이 끝나면 판사는 피고인에게 "공소사실을 인정하십니까?"라고 묻습니다.
- 무죄를 주장하는 경우에는 "아닙니다. 공소사실을 인정하지 않습니다."라고 명확히 답변해야 합니다.

- 변호인이 선임되어 있다면 변호인이 "공소사실을 전부 부인합니다."라고 진술하고, 판사가 피고인에게 "변호인 의견과 같습니까?"라고 묻는 경우 "네"라고 답하면 됩니다.
- 공소사실을 부인하면 재판은 유무죄 판단 중심으로 진행되며, 피고인은 과실이 없다는 점을 증거로 입증해 나가야 합니다.

마) 증거 의견(무죄를 주장하는 경우)
- 검사는 피고인의 과실과 인과관계를 입증하기 위해 사고현장사진, 블랙박스영상, 진단서, 교통공학 감정서 등 다양한 증거를 제출합니다.
- 이에 대해 변호인은 각 증거를 검토한 후, 재판부에 "증거목록 1번은 증거로 인정하지 않습니다" 또는 "일부만 인정합니다."라는 의견을 밝힙니다.
- 무죄를 주장하는 사건에서는 속도, 신호, 시야 확보, 피해자 돌발행동 여부 등 쟁점 부분에 대해 증거 부동의 의견을 내고, 그 사유를 논리적으로 설명해야 합니다.
- 변호인이 선임되어 있는 경우, 증거인부서에 해당하는 증거 의견은 대부분 재판 전에 변호인의견서에 이미 정리·제출되어 있어 법정에서는 이를 간단히 확인하는 절차로 진행됩니다.

바) 증인신문(임의)
- 법정에서 증인(피해자, 목격자, 경찰관, 교통사고조사관 등)이 출석하여 사고 당시의 사실관계에 대해 진술하는 절차입니다.
- 검찰과 변호인이 차례로 증인에게 질문하며, 사고의 원인·신호상황·속도·시야 확보 여부 등 핵심 쟁점을 명확히 합니다. 판사도 필요할 경우 직접 질문할 수 있습니다.
- 무죄를 주장하는 교통사고 사건에서는 피해자나 목격자의 진술이 유죄·무죄를 가르는 핵심 요소가 되므로 증인신문이 실시될 수 있습니다. 단 유죄의 입증은 합리적 의심이 없이 검찰에서 입증하는 것이므로 현재 증거기록 상태만으로는 무죄입증이 힘들 것 같다고 판단되는 경우에는 전략적으로 증인신문을 실시하지 않는 것이 득이 되는 경우도 있습니다(이러한 경우에는 증거를 전부 동의를 하여 재판부의 유·무죄 판단을 받습니다). 실제로 증거를 전부 동의하고도 무죄를 받는 사례가 있습니다.

- 증인의 진술이 모순되거나 객관적 증거(블랙박스, CCTV)와 불일치하는 부분이 있다면, 그 내용을 즉시 변호인에게 알려 반대신문 시 활용할 수 있도록 해야 합니다.
- 검찰이 신청하는 증인은 대부분 피고인에게 불리한 증인들입니다. 따라서 변호인과 상의하여 피고인에게 유리한 증인(현장 목격자, 교통전문가 등)을 직접 신청해 사실관계를 뒷받침할 수 있습니다.
- 증인신문은 형사재판에서 사실을 최종적으로 확인하는 핵심 절차이며, 그 결과가 무죄 판단에 결정적인 영향을 미치기도 하므로, 증인 발언의 일관성, 객관적 자료와의 차이, 사고현장의 실제 가능성 등을 면밀히 대비하여 철저히 준비해야 합니다.

사) 구형
- 모든 심리가 끝나면 검사가 구형을 합니다.
- 이는 검사가 법원에 "피고인에게 어떠한 형을 선고해 달라"고 요청하는 절차로, 예를 들어 "피고인에게 금고 1년을 구형합니다" 또는 "벌금 500만 원을 구형합니다"와 같이 제시합니다.
- 무죄를 주장하는 교통사고 사건에서는, 검찰이 여전히 피고인의 과실을 인정하고 처벌을 요구하는 경우가 많으므로 구형 내용이 유죄 전제를 바탕으로 한 주장임을 인식해야 합니다.
- 이에 대해 변호인은 피고인의 무과실을 입증하는 증거와 논리를 다시 정리한 변론요지서나 의견서를 제출하여, 검사의 논리적 허점을 지적하고 "합리적 의심이 남는다"는 점을 강조해야 합니다.
- 검사가 제시하는 구형 이유에서 논리적으로 약한 부분을 찾아내 변호인과 함께 반박 자료를 참고서면으로 선고기일 전에 제출할 수 있습니다(단 새로운 증거 등을 제출하는 경우에는 공판기일이 종결되기 전에 제출해야 합니다).

아) 최후진술(무죄를 주장하는 경우)
- 판결 전에 피고인이 직접 판사에게 자신의 입장을 진술하는 절차입니다.
- 판사는 재판을 마치기 전 반드시 피고인에게 최후진술의 기회를 부여하며, 변호인이 먼저 진술한 후 피고인이 직접 발언합니다.
- 무죄를 주장하는 교통사고 사건에서는, 억울함만을 강조하기보다는 사고로 인해

피해자가 겪었을 불편이나 고통에 대해 인간적으로 유감의 뜻을 밝히는 것이 좋습니다.

- 다만, **그와 별개로 "당시 정상적인 운전 상태였으며, 과실이나 법적 책임이 없다" 는 점을 사실과 증거에 기반해 침착하고 논리적으로 설명해야** 합니다.

- 감정적 호소보다 객관적 근거와 진지한 태도로 자신의 입장을 일관되게 유지하는 것이 신뢰를 높이며, 재판부가 피고인의 무죄 주장을 설득력 있게 받아들이게 하는 핵심 요소가 됩니다.

자) 선고기일

- 선고기일은 판사가 피고인의 유무죄를 결정하고 판결을 선고하는 날입니다. 통상 마지막 공판기일이 끝난 후 약 3~4주 뒤에 선고기일이 지정됩니다.

- 무죄를 주장하는 교통사고 사건의 경우, 판사는 제출된 블랙박스 영상, 감정의견서, 목격자 진술 등을 종합해 피고인에게 과실이 있었는지 여부를 판단하게 됩니다.

- 무죄 판결이 선고되고 항소기간(선고 후 7일)이 경과하면 사건은 즉시 확정되어 종결되고, 형사처벌이나 전과기록이 남지 않습니다.

- 만약 유죄 판결이 선고될 경우에는 변호인과 즉시 항소 여부를 검토해야 하며, 항소를 통해 사실오인이나 법리오해를 다툴 수 있습니다.

- 판결 결과와 상관없이 선고기일에는 차분하고 성실한 태도로 임하는 것이 중요하며, 유죄가 선고되더라도 즉시 항소 절차를 준비하는 것이 교통사고 무죄 사건의 일반적 실무 대응입니다.

차) 항소(임의)

- 1심 판결에 불복하여 상급 법원에 재판을 다시 요청하는 절차입니다.

- 항소이유로는 ①사실관계 판단이 잘못된 경우(사실오인), ②무죄가 선고되어야 함에도 유죄가 선고된 경우(법리오해), ③형량이 과도한 경우(양형부당) 등이 있습니다.

- 무죄를 주장하는 교통사고 사건에서 항소는 1심 재판부가 증거를 잘못 해석했거나, 사고의 원인을 피고인에게 잘못 귀속한 경우에 제기하는 것이 일반적입니다.

- 항소는 판결 선고 후 **7일** 이내에 제기해야 하며, 항소기간이 지나면 항소권이 소멸하므로 반드시 기한 내 제출해야 합니다. 항소법원으로부터 소송기록접수

통지를 받은 날로부터 **20일** 이내에 항소이유서를 제출해야 하며, 이를 넘기면 항소심에서 재판을 받을 기회를 잃게 됩니다.

- 항소심에서는 새로운 증거(블랙박스 원본, CCTV, 교통공학 감정의견서 등)를 추가로 제출할 수 있으므로, 전문감정 결과나 1심에서 다뤄지지 않은 객관자료를 보강해 무죄 입증을 강화해야 합니다.

- 항소심은 담당 판사와 검사가 전부 교체되므로, 새로운 시각에서 사실관계를 다시 판단받을 수 있는 기회입니다. 따라서 2심에서는 1심의 논리적 오류를 명확히 지적하고, 과학적 증거로 피고인의 무과실을 입증하는 전략이 중요합니다.

다. 절차별 공통적으로 변호인이 할 수 없고, 피의자 등만이 할 수 있는 일

① 사실관계 정리
② 피해자와의 인도적 접촉 및 사과 의사표현
③ 경찰 및 검찰조사시 진술
④ 법원출석의무, 인정신문과 피고인 최후진술

1) 사실관계 정리

교통사고 사건에서 사실관계는 변호인이 대신 구성할 수 없는 부분으로, 사고 당시의 구체적 상황을 가장 정확히 기억하고 있는 사람은 운전자 본인입니다. **사고의 시간, 장소, 도로 형태, 신호 상태, 속도, 시야 확보, 피해자의 움직임 등은 피의자 스스로 가장 잘 알고 있는 사실**이므로, 이를 체계적으로 정리하는 것은 피의자의 핵심 역할입니다.

교통사고 사건은 진술의 일관성과 구체성이 매우 중요하며, 특히 블랙박스·CCTV·신호운영기록 등 객관자료와 진술 내용이 일치해야 신빙성을 확보할 수 있습니다. 기억은 시간이 지나면서 흐려지므로, 사고 직후부터 날짜별·시간순으로 사건 경위를 문서화하고, 도로 상황·기상조건·차량상태 등을 사고직후에 구체적으로 기록해 두는 것이 필요합니다. 이렇게 정리된 사실관계를 토대로 변호인은 법리적 검토를 진행하고, 피의자의 무과실 입증 논리를 구성하게 됩니다.

2) 피해자와의 인도적 접촉 및 사과 의사표현

교통사고에서 과실을 인정한다면 진심 어린 사과와 피해자 회복 노력이 선처의 핵심 요소입니다. **사과는 반드시 피의자 '본인'이 직접 해야 하며, 변호인을 통해 형식적으로 전달하면 피해자의 반감을 살 수 있습니다.** "사고로 큰 불편을 드려 죄송합니다. 빠른 회복을 바랍니다."와 같이 진정성 있는 표현을 사용하고, 금전적 합의나 조정은 변호인을 통해 간접적으로 진행하는 것이 안전합니다. 이러한 태도는 법원에서 피해회복 노력과 반성의 진정성으로 인정되어 형량 감경에 크게 기여합니다.

과실이 없다고 주장하더라도 피해자가 다쳤다면 인도적 유감 표명은 반드시 필요합니다. "사고로 놀라셨을 텐데 빠른 쾌유를 바랍니다."처럼 법적 책임을 인정하지 않으면서도 인간적인 예의를 보여야 합니다. 사과나 안부는 피의자가 직접 전하되, 합의·공탁 등 법적 절차는 변호인을 통해 진행하는 것이 바람직합니다. 무죄를 주장하더라도 이러한 인도적 태도는 재판부의 신뢰를 높이고, 혹시 유죄 판단이 내려질 경우 형량 감경 사유로 작용할 수 있습니다.

3) 경찰 및 검찰 조사 시 진술

교통사고 사건에서 피의자 진술은 사실상 사건의 방향을 결정짓는 가장 중요한 요소입니다. 변호사는 조사에 동석하여 피의자가 불리한 질문을 받지 않도록 조력하지만, **수사관의 질문에 대한 답변은 피의자 본인이 직접 해야 합니다**.

변호사가 대신 진술할 경우 수사방해로 지적될 수 있으며, 결국 진술의 신빙성과 일관성은 운전자 본인의 책임으로 평가됩니다. 따라서 피의자는 변호사의 조언을 받은 후, 사고 당시의 시야 확보 정도, 신호상태, 피해자의 행동, 차량 속도, 제동 시점 등 객관적 사실 중심으로 명확하게 진술해야 합니다.

감정적 표현이나 추정성 발언("아마 그랬던 것 같습니다.", "보지 못했지만 그런 것 같습니다.")은 피해야 하며, "확실히 기억나지 않습니다."라는 명확한 표현이 오히려 신뢰를 줍니다. 변호사는 조사 도중 부당한 질문이 있으면 즉시 이의를 제기할 수 있으며, 조사가 끝난 후 진술서 내용을 검토하고 필요한 경우 변호인의견서(또는 변론요지서)를 제출하여 보완할 수 있습니다.

결국 수사기관의 질문에 대한 모든 답변은 피의자가 직접 해야 하며, 진술의 정확성·논리성·일관성이 무죄 입증의 핵심입니다.

4) 법원출석의무, 인정신문과 피고인 최후진술

법원 단계에서는 피고인이 공판기일마다 직접 출석해야 하며, 첫 공판기일에 판사는 피고인의 신원확인을 위한 인정신문을 진행합니다.

이때 피고인은 판사의 질문에 따라 자신의 이름, 주소, 직업, 연령 등을 직접 밝히게 되며, 이는 재판의 기초 절차입니다. **재판의 마지막 부분에서는 '최후진술'을 통해 피고인이 직접 자신의 입장을 밝힐 수 있습니다**.

무죄를 주장하는 교통사고 사건의 경우, 단순한 억울함 호소보다는 "정상적인 운전이었으며 과실이 없었다는 점"을 구체적 사실과 증거에 근거해 침착하고 논리적으로 설명하는 것이 중요합니다. 다만 피해자의 부상이나 불편에 대해서는 인도적 차원의 유감 표현을 함께 하는 것이 재판부의 신뢰를 얻는 데 도움이 됩니다.

신고기일에는 반드시 법정에 출석해아 하며, 무죄가 선고되면 즉시 사건이 종결되지만, 유죄가 선고될 경우에는 즉시 항소 여부를 결정해야 합니다.

형사재판은 민사재판과 달리 법원출석의무를 소홀히 하면 구속영장이 발부될 수 있으므로, 모든 공판기일과 선고기일에 성실히 출석하는 태도가 필수적입니다(단, 약식명령에 대해 피고인 스스로 정식재판을 청구한 사건의 경우 선고기일은 피고인이 불출석하여도 판결선고 가능하고, 공소기각을 선고하는 선고기일에는 피고인이 불출석 상태에서 판결선고 가능합니다).

라. 교통사고 형사사건에서 변호사가 하는 일

① 의뢰인과의 소통
② 평균 1년 소요되는 형사사건 관리 및 부담감소
③ 의견서 및 변론요지서 작성
④ 수사기관 조사 동석 및 보조
⑤ 수사기관 조사 후 조서 검토 및 의견서 제출
⑥ 수사 진행 중 법적 조언
⑦ 기소 후 증거기록 열람·복사 및 분석
⑧ 증거기록 분석 후 증거인부서 작성 및 의견서 작성
⑨ 합의 절차 및 양형자료 준비
⑩ 운전자보험 관련 서류 준비 및 보험사 소통
⑪ 공탁 업무
⑫ 증인신문 절차 진행
⑬ 변호인 최후진술
⑭ 형사판결문 열람
⑮ 항소 절차 진행

1) 의뢰인과의 소통

교통사고 사건에서는 의뢰인과 변호인 간의 긴밀한 소통이 사건 결과를 좌우합니다. 사고 직후나 조사 단계에서 경찰·검찰로부터 연락을 받으면, 즉시 변호사에게 내용을 전달하고 상담 후 대응해야 합니다. 운전자의 단독 판단이나 즉흥적인 진술은 과실을 인정하는 방향으로 해석될 수 있으므로, **모든 진술·자료 제출·피해자 접촉은 반드시 변호사의 조언을 받은 뒤 진행해야 합니다.**

특히 교통사고 사건은 **경찰, 검찰, 법원, 보험사, 피해자 대리인 등 다양한 기관이 동시에 관여**하므로, 변호사가 사건 전체 흐름을 통합 관리할 수 있도록 모든 일정과 연락사항을 투명하게 공유하는 것이 필수적입니다.

수사기관으로부터 오는 모든 통보·우편·전화 내용을 즉시 변호사에게 전달해야 불필요한 실수나 대응 지연을 예방할 수 있습니다. 이러한 체계적 소통을 통해 변호사는 상황을 신속히 점검하고, 무죄 입증 또는 형량 감경에 가장 유리한 전략을 세울 수 있습니다.

2) 평균 1년 이상 소요되는 교통사고 형사사건 관리 및 부담 감소

교통사고 형사사건은 경찰 조사부터 검찰 송치, 법원 재판까지 평균 약 1년 이상 소요되며, 사망사고나 중상해 사건처럼 쟁점이 복잡할수록 기간은 더 길어집니다. 특히 교통사고 사건은 **일반 형사사건과 달리 보험사(자동차보험 · 운전자보험)의 관여가 필수적이며, 피해자 측에서도 손해사정사나 변호인을 선임해 별도의 법적 대응을 하는 경우가 많습니다**. 이처럼 다수의 주체가 얽혀 있는 상황에서 피의자나 피고인이 혼자 모든 절차를 관리하기는 현실적으로 어렵습니다.

변호사는 수사기관뿐 아니라 보험사·피해자 측 대리인과의 실무 조율을 함께 담당하며, 운전자보험 청구 절차, 피해자 측 합의 협상, 공탁 등 복잡한 법적·실무적 과정을 대신 관리합니다. 또한 **피의자는 생업을 유지하면서 장기적인 수사와 재판, 보험 처리로 인한 정신적 부담**이 큰데, 변호사는 이러한 부담을 줄이고 사건의 흐름을 통합적으로 관리하여 보험·형사절차·합의 절차가 유기적으로 맞물려 최선의 결과가 도출되도록 조정하는 핵심 역할을 합니다.

3) 의견서 및 변론요지서 작성

변호사는 교통사고 조사기록, 블랙박스 영상, 현장사진, 교통공학 감정자료 등을 바탕으로 사고의 사실관계와 **법적 쟁점을 정리하여 의견서나 변론요지서를 작성**합니다. 여기에는 **법원의 판례 등 법리적인 주장이 포함**되게 됩니다.

의견서는 경찰이나 검찰에 제출되어 피의자의 무과실 주장 근거 또는 과실을 인정하더라도 정상참작이 가능한 사정을 구체적으로 설명하며, 변론요지서는 재판 과정에서 사고 원인, 주의의무 이행, 피해자 과실, 피해회복 노력 등 핵심 쟁점을 체계적으로 정리해 법원에 제출됩니다.

이러한 서면은 피의자의 입장을 명확히 전달하여 무죄를 입증하거나, 죄를 인정하더라도 최대한의 선처를 이끌어내는 핵심 자료로 활용됩니다.

4) 수사기관 조사 동석 및 보조

교통사고 사건의 경찰 또는 검찰 조사 시, 변호사는 피의자 옆에서 동석하여 부당한 질문이나 압박성 수사로부터 피의자의 진술권을 보호합니다.

또한, 수사관의 질문이 모호하거나 과실을 인정하는 방향으로 유도될 경우 즉시 이의를 제기하고, 피의자가 불리한 진술을 하지 않도록 사실 중심의 진술 방향을 조언합니다. 변호사는 조사 과정에서 피의자의 긴장을 완화시키고, 진술거부권·조서 열람권 등 법적 권리가 제대로 보장되도록 즉각적인 법률적 조력을 제공합니다.

5) 수사기관 조사 후 조서 검토 및 의견서 제출

교통사고 사건에서 조사가 종료된 직후, 변호사는 피의자신문조서의 내용을 열람하여 진술이 정확히 기록되었는지를 꼼꼼히 확인합니다. 조서에 과실을 인정하는 표현이나 사실과 다른 내용이 포함되어 있으면, 즉시 수정 요청을 하거나 보완 의견을 준비합니다.

또한, 필요 시 **피의자신문조서 정보공개청구를 통해 공식 조서 사본을 확보하여 향후 검찰 단계 대비 자료로 활용**합니다. 변호사는 진술 과정에서 누락된 부분이나 오해 소지가 있는 표현을 바로잡고, 블랙박스 영상·현장사진·교통공학 감정자료 등 객관적 근거를 토대로 의견서를 작성하여 수사기관에 제출합니다.

이 의견서는 단순한 보충자료가 아니라, 수사기관이 사고의 경위를 객관적으로 재검토하도록 유도하고, 피의자의 과실 여부에 대한 시각을 교정하는 핵심 서면으로 작용합니다. **해당 조서는 이후 검찰, 법원에서도 동일하게 확인할 수 있는 것이므로 초기 서류로서 중요한 역할을 합니다**.

6) 수사 진행 중 법적 조언

교통사고 형사사건에서 변호사는 수사 진행 과정 전반에 걸쳐 사건의 방향과 법적 쟁점에 대한 전략을 수립하고, 피의자가 올바르게 대응할 수 있도록 조언합니다.

특히 경찰이나 검찰의 조사에서 피의자가 불필요하게 과실을 인정하거나 불리한 진술을 하지 않도록 진술 방향을 사전에 지도합니다.

또한 피해자 측의 주장이나 보험사 진술이 사건에 어떤 영향을 미칠 수 있는지 설명하고, 블랙박스 영상·감정결과 등 객관자료를 언제, 어떤 방식으로 제출해야 유리한지 구체적인 대응 방안을 제시합니다.

이를 통해 피의자는 수사과정에서 안정적으로 대응하며, 변호사는 사건이 불리하게 흐르지 않도록 전체 절차를 조율합니다.

7) 기소 후 증거기록 열람·복사 및 분석

기소 후에는 비로소 피해자·목격자 진술조서, 교통사고분석서, CCTV·블랙박스·EDR(차량운행기록장치) 자료, 신호운영기록, 보험 및 손해사정서 등 모든 증거기록을 열람·복사할 수 있습니다.

변호사는 이를 면밀히 검토하여 진술의 모순·일관성 부족·증거 수집 절차의 위법 여부를 분석하고, CCTV 영상과 블랙박스 데이터를 통해 속도, 신호, 제동거리, 시야확보, 회피 가능성 등 객관적 사실을 재구성합니다.

무죄를 주장하는 경우, 변호사는 이 자료를 근거로 피고인에게 과실이 없거나 사고의 직접원인이 피해자 측에 있었음을 입증하는 논리를 마련합니다.

반대로 피고인이 과실을 인정하는 경우라도, 증거기록을 토대로 사고의 불가피성, 피고인의 주의의무 이행, 피해자의 일부 과실이나 과도한 피해 확대 요소를 분석하여 법원에서 형량을 낮출 수 있는 정상참작 사유를 체계적으로 정리합니다.

이 단계는 향후 재판 전략의 출발점으로, 변호사는 확보된 모든 기록을 바탕으로 무죄 입증 또는 형량 감경에 유리한 핵심 쟁점들을 선별·정리하여 피고인에게 가장 유리한 방향으로 사건의 흐름을 설계하는 중요한 역할을 수행합니다.

8) 증거기록 분석 후 증거인부서 및 의견서 작성

교통사고 형사사건에서 기소 후 변호사가 수행하는 핵심 단계는 증거기록 분석을 토대로 증거인부서와 의견서를 작성하는 일입니다. **증거인부서는 검사가 제출한 증거목록을 기준으로, 각 증거에 대해 '동의' 또는 '부동의' 여부를 표시하는 공식 서면**으로서 피고인의 방어전략을 구체화하는 출발점이 됩니다.

특히 교통사고 사건에서는 블랙박스·CCTV·교통사고분석서·EDR 데이터 등 디지털 증거의 진정성·수집 절차·분석 방식에 따라 증거능력이 달라질 수 있습니다.

따라서 단순히 피고인이나 가족이 임의로 결정할 수 있는 사안이 아니며, 변호사가 위법수집증거 배제법칙이나 증거능력 판단 기준을 검토한 후 법적으로 부동의가 가능한 범위 내에서만 부동의를 표시해야 합니다.

변호사는 증거인부서를 작성하면서 동시에 피고인의 입장을 의견서(또는 변론요지서)로 정리합니다.

피고인이 공소사실을 인정하는 경우라면, 증거기록을 분석하여 참작사유(피해자 일부 과실, 사고 불가피성, 보험처리, 피해회복 노력 등)를 구체적으로 정리하고, 피해자 합의서·반성문·운전자보험 처리 내역 등 양형자료를 함께 제출하여 선처를 이끌 전략을 마련합니다.

반대로 무죄를 주장하는 경우에는 단순히 억울함을 호소하는 것이 아니라,
교통공학 감정·속도·신호·시야 확보 등의 과학적 근거를 통해 과실이 없음을 논리적으로 제시해야 합니다. 또한 블랙박스 영상의 분석 결과가 수사기록과 다르거나,

사고재현 결과가 불합리할 경우에는 증거조사 방식의 오류나 절차 위반을 지적하여 신빙성을 다투게 됩니다.

결국 증거인부서와 의견서는 단순한 형식적 절차가 아니라, 법원에 피고인의 입장과 변호인의 법리적 주장을 공식적으로 전달하는 핵심 서면입니다.

변호사는 모든 증거기록을 분석해 사건의 쟁점을 정리하고, 피고인의 무죄 입증 또는 형량 감경에 유리한 법리적 근거를 체계적으로 제시함으로써 재판의 주도권을 확보하는 중요한 역할을 수행합니다.

9) 합의 절차 및 양형자료 준비

교통사고 형사사건에서 피해자와의 합의는 형량에 직접적인 영향을 미치는 핵심 절차입니다. **변호사는 피해자 측과의 협상을 주도**하되, 교통사고 사건의 특성상 피해자 측이 손해사정사나 변호인을 대리인으로 선임하는 경우가 많으므로, 이들과 직접 만나거나 피해자 본인을 직접 접촉하여 합의 절차를 진행해야 합니다(손해사정사가 합의절차를 직접 진행하는 것은 변호사법에 저촉됩니다).

이 과정에서 변호사는 피고인 대신 사과의 진정성을 전달하고 합의금 지급 조건을 조율하며, 법적 절차를 안정적으로 이끌어갑니다. 합의가 단순히 금전 지급으로 끝나는 것이 아니라, 보험사와의 연계 절차가 필수적이라는 점도 중요합니다.

변호사는 피해자 측과의 합의가 이루어진 후, **보험사에 합의금 청구를 위한 서류(합의서, 치료비 내역, 손해사정서 등)를 정리·검토하여 향후 보험금 지급 과정에서 절차상 문제가 발생하지 않도록 관리**합니다.

또한 합의서에는 피해자와 피고인의 법적 입장을 모두 반영하면서 보험금 청구가 원활히 이루어질 수 있도록 문구를 조정해야 합니다. 변호사는 동시에 재판부에 제출할 양형자료(피해회복 노력, 재범방지 서약, 사회적 유대관계 등)를 준비하여 합의의 진정성이 형량에 반영될 수 있도록 체계적으로 정리합니다.

이처럼 교통사고 사건에서 변호사는 단순한 합의 협상가가 아니라, 피해자·보험사·법원 간의 복잡한 절차를 조율하여 의뢰인의 법적 위험과 부담을 최소화하는 역할을 수행합니다.

10) 운전자보험 관련 서류 준비 및 보험사 소통

교통사고 형사사건에서 피의자가 운전자보험에 가입되어 있는 경우, 변호사는 **보험사에 변호사비와 형사합의금 지급을 청구하기 위한 서류를 준비하고 절차를**

총괄합니다. 보험사에서는 공소장, 변호사 선임계, 합의서, 진단서, 판결문 등 다양한 서류를 요구하므로, 변호사는 운전자보험 담당자와 긴밀히 소통하여 미비서류를 보완하고 변호사비 보험금이 지연 없이 지급될 수 있도록 조율합니다.

또한 피해자와의 합의금 역시 보험사를 통해 지급되는 경우가 많으므로, 합의서·진단서·보험금 청구서 등 관련 서류를 정확히 정리하여 보험금 지급 절차에 문제가 생기지 않도록 관리해야 합니다.

특히 운전자보험을 통한 합의금이 제때 지급되지 않으면, 피해자 측에서 합의 효력을 부인하거나 법원에서 "실질적 피해회복이 이루어지지 않았다"고 판단하여 형이 무거워질 위험이 있습니다.

따라서 변호사는 운전자보험 담당자와의 지속적인 소통을 통해 합의금과 변호사비 지급이 모두 적법하고 원활하게 이루어지도록 관리하는 업무를 수행합니다.

11) 공탁 업무

교통사고 형사사건에서 피해자와 합의가 이루어지지 않거나 피해자가 합의를 거부하는 경우, 변호사는 피고인을 대신하여 형사공탁 절차를 진행합니다.

공탁은 피해자의 신원을 알 수 없거나 직접 합의가 어려운 경우에도 가능하며, 변호사는 공탁금 산정, 공탁서 작성, 관할 공탁소 확인, 공탁 진행 및 완료 후 증빙 자료를 재판부에 제출하는 전 과정을 대리합니다.

또한 교통사고 사건에서는 공탁금의 출처가 운전자보험금이나 본인 자금일 수 있으므로, 변호사는 보험사와의 연계 절차를 점검하여 공탁금 지급이 적법하게 이루어지고 법적 효력이 유지되도록 관리합니다.

이러한 공탁 절차는 피해자와의 직접 합의가 이루어지지 않더라도 피고인의 피해회복 의지를 입증하여 형량 감경에 긍정적으로 반영되는 중요한 절차입니다.

12) 증인신문 절차 진행

교통사고 형사사건에서 증인신문은 주로 **무죄를 주장하는 경우**에 한해 선택적으로 진행되는 절차입니다.

증인신문은 피해자, 목격자, 교통조사관, 감정인 등이 법정에 출석해 진술하는 절차이지만, 모든 무죄 사건에서 반드시 필요한 것은 아니며, 사건의 성격과 쟁점에 따라 진행 여부를 신중히 판단해야 합니다. 변호사는 증인신문의 필요성이 인정되는 경우, 사전에 질문사항을 정리하고 검찰 측 질문에 대비해 진술의 모순·객관적 불일치 부분을 집중적으로 검증합니다.

반면, 블랙박스 영상·CCTV·교통공학 감정 등 객관적 증거만으로 사실관계를 충분히 입증할 수 있는 경우에는 증인신문 없이도 무죄 판결이 가능합니다. 실제로 필자는 모든 증거를 동의하고 증인신문을 생략한 상태에서도 교통사고 사망사건(부산지방법원 동부지원 2024고단1858)에서 무죄판결을 이끌어낸 경험이 있습니다.

따라서 변호사는 사건의 특성과 증거의 완성도를 검토한 후, 증인신문의 필요 여부를 전략적으로 판단하여 불필요한 절차를 줄이고 효율적인 방어 전략을 세우는 역할을 수행합니다.

13) 변호인 최후진술

교통사고 형사사건의 마지막 절차에서는 변호인의 최후진술과 피고인의 최후진술이 각각 1회씩 이루어집니다.

변호인은 최후진술을 통해 재판 과정에서 제시된 증거와 진술을 종합하여, 피고인의 무과실을 입증하거나 과실을 인정하더라도 최대한 선처를 받을 수 있는 사정을 논리적으로 정리해 재판부에 전달합니다. 필요 시 변호인은 최후변론요지서를 미리 서면으로 제출하여 재판부가 판결문 작성 시 참조할 수 있도록 정리된 의견을 남기기도 합니다.

또한 변호인은 피고인이 직접 진술할 최후진술 내용을 함께 준비하여, 법적 책임을 부인하면서도 피해자에 대한 인도적 유감과 성실한 태도를 함께 표현할 수 있도록 조언합니다. 이 단계에서의 변호인 역할은 사건 전체를 종합하여 재판부에 최종 인상을 남기는 중요한 절차로, 실질적인 무죄 판단이나 형량 감경에 큰 영향을 미칩니다.

14) 형사판결문 열람

교통사고 형사사건에서 변호사는 판결 선고 후 판결등본을 신속히 확보하기 위해 판결문 열람·등본교부 신청을 진행합니다. **선고기일에 형사판결문을 피고인에게 낭독만 하고 서류를 제공하지 않습니다. 형사재판의 항소기간은 선고일로부터 7일 이내로 매우 짧기 때문에, 판결문 열람신청을 하여 조기에 확보하는 것은 항소 여부와 항소이유서 작성에 있어 결정적인 절차**입니다.

변호사는 판결 신고 직후 법원에 열람신청을 접수하고, 판결 이유와 사실인정 근거, 증거채택 여부, 법리판단의 오류 가능성을 검토합니다. 일반적으로 판결 선고일로부터 3일 이내에 판결문을 수령할 수 있으나, 사건 규모나 법원의 처리 일정에 따라 시일이 다소 달라질 수 있습니다.

변호사는 판결문을 확보한 후 즉시 의뢰인과 함께 내용을 분석하여 항소 필요성, 항소 전략 등을 판단합니다.

15) 항소 절차 진행

변호사는 1심 판결에 대해 다투기 위해 항소장을 제출하고, 항소이유서를 작성하여 항소심 절차가 진행될 수 있도록 돕습니다. 특히, **항소장은 선고 후 7일 이내**에 접수가 되어야 하며, **항소이유서는 항소심 법원으로부터 소송기록접수통지서를 받은 날로부터 20일 이내에 제출**해야 하므로 촉박하게 움직여야 합니다.

4. 모든 피의자 등의 필수적 대응지침(필독★)

가. 교통사고로 형사소송절차를 받는 피의자의 대응지침 총정리 도표

★교통사고 피의자 등의 공통된 대응지침★	
① 자동차종합보험 신속 접수의 중요성	
② 피해자 안부 확인 및 병문안의 중요성	
③ 전문 변호사 초기 상담 및 조력 필요성	
④ 본인의 입장 정리(과실 인정 여부 결정)	
⑤ 사고 경위 및 사실관계 시간순 정리(★필수)	
⑥ 블랙박스·CCTV·현장사진 등 객관적 증거 확보	
⑦ 운전자보험 및 자동차보험 관련 자료 관리	
⑧ 유리한 증거 및 양형자료 계속 수집	
⑨ 일관된 진술 유지	
⑩ 거짓말·과장 진술 금지	
죄를 인정하는 피의자 등 대응지침	**무죄를 주장하는 피의자 등 대응지침**
⑪ 사죄편지 작성 및 전달	⑪ 객관적 증거(영상·감정자료 등) 확보 및 검증자료 수집
⑫ 반성문 작성 및 제출	⑫ 과실범의 성립요건 및 주요 쟁점 기본 이해
⑬ 피해자와의 합의 노력 및 금전적 준비(★)	⑬ 본인의 진술과 증거를 일치시키기(★)
⑭ 합의 불발시 형사공탁 준비	⑭ 무죄 주장 경찰 및 검찰조사 준비
⑮ 선처탄원서 준비	⑮ 법원재판 준비 : 증인신문(임의), 최후진술(필수)
⑯ 기타 양형자료 준비	
⑰ 선처를 위한 경찰 및 검찰조사 준비	
⑱ 법원재판 준비 : 최후진술(필수)	

나. 공통된 대응지침의 내용

① 자동차종합보험 신속 접수의 중요성
② 피해자 안부 확인 및 병문안의 중요성
③ 전문 변호사 초기 상담 및 조력 필요성
④ 본인의 입장 정리(과실 인정 여부 결정)
⑤ 사고 경위 및 사실관계 시간순 정리(★필수)
⑥ 블랙박스·CCTV·현장사진 등 객관적 증거 확보
⑦ 운전자보험 및 자동차보험 관련 자료 관리
⑧ 유리한 증거 및 양형자료 계속 수집
⑨ 일관된 진술 유지
⑩ 거짓말·과장 진술 금지

1) 자동차종합보험 신속 접수의 중요성

교통사고 사건은 피의자가 과실을 인정하든 부정하든 관계없이, 상대방이 부상이나 재산 피해를 입은 사건입니다. 따라서 형사절차 이전에 **가장 먼저 해야 할 일은 자동차종합보험에 사고를 신속히 접수하여 대인 · 대물 보상이 즉시 이루어지도록 하는 것**입니다.

이는 법적 의무일 뿐만 아니라, 피해자의 치료가 지체되지 않도록 하는 가장 기본적이고 필수적인 조치입니다. 보험 접수를 늦게 하거나 미루면, 피해자의 병원 치료가 중단되거나 비용 부담이 발생하여 피해자의 불만과 감정이 커지고, 이로 인해 합의가 어려워질 수 있습니다. 반대로, 사고 직후 바로 보험을 접수해 피해자가 불편 없이 치료를 받게 하는 경우, 피의자는 수사기관과 법원으로부터 성실하게 피해 회복에 노력한 사람으로 평가받을 수 있습니다.

자동차종합보험은 대인(사람의 상해)과 대물(차량·시설물 손상)로 구분되어 있으며, 각 항목이 신속히 진행되어야만 피해자 측이 보험사로부터 치료비·수리비를 즉시 지급받을 수 있습니다.

피의자는 자신의 보험사 담당자에게 사고 내용을 정확히 전달하고, 피해자나 병원에 보험접수번호를 빠르게 안내해야 합니다. 또한, 대인·대물 담당자가 배정된 후에는 정기적으로 진행 상황을 확인하고, 보험사와 피해자 측의 소통이 원활하게 이루어지도록 관리해야 합니다. 교통사고 사건에서는 보험처리의 신속성 자체가 피의자의 태도와 반성 정도를 평가하는 간접 지표가 됩니다.

설령 피의자가 무죄를 주장하더라도, 보험을 통한 치료비 지급은 법적 책임 인정이 아니라 피해자 회복을 위한 인도적 조치로 해석되므로, 지체 없이 보험을 접수하는 것이 가장 현명한 대응입니다(단 비접촉 교통사고의 경우에는 자동차보험 접수 자체를 하지 않는 경우가 있습니다).

결국, 교통사고 사건에서 빠른 보험 접수는 법적 방어와 별개로 피해자의 신뢰를 얻고, 향후 합의와 선처로 이어지는 출발점입니다. 즉시 보험을 접수하고, 피해자가 불편 없이 치료를 받을 수 있도록 조치하는 것이 교통사고 피의자가 가장 먼저 해야 할 핵심 대응입니다.

2) 피해자 안부 확인 및 병문안의 중요성

교통사고 사건은 **피의자가 과실을 인정하든 부정하든, 상대방이 다쳤다는 사실 자체로 피해가 존재**합니다. 따라서 사고 직후 피의자가 가장 먼저 해야 할 일은 피해자의 상태를 확인하고 안부를 전하는 것입니다.

이는 법적 책임을 인정하는 것이 아니라, 인간으로서의 기본적인 예의이자 이후 재판에서 피의자의 태도를 평가하는 중요한 요소가 됩니다. 피해자가 입원 중이라면 직접 병문안을 가거나, 직접 방문이 어려울 경우 보험담당자 등을 통해 피의자의 안부 의사를 전달하는 것이 바람직합니다. 이때 "사고로 놀라셨을 텐데 빠른 회복을 바랍니다."처럼 중립적이고 인도적인 표현을 사용하는 것이 좋습니다.

반면, 사건에 따라서 "제 잘못으로 다치게 해서 죄송합니다."와 같은 표현은 법적 책임을 인정하는 진술로 오해될 수 있으므로 주의해야 합니다. 이러한 안부와 관심 표현은 피해자나 그 가족의 감정 완화에 큰 도움이 되며, 추후 합의 성사에도 긍정적으로 작용합니다.

피의자가 인간적인 태도로 진심을 전하면, 피해자 측이 "가해자가 예의 있고 책임감 있다"고 평가하여 합의 과정이 훨씬 원민해지고 형사처벌 수위도 낮아질 가능성이 높습니다.

결국, 교통사고 사건에서 피해자 안부 확인과 병문안은 단순한 형식이 아니라 법적·심리적으로 모두 유리한 조치입니다. 이러한 태도는 피해자에게 원망을 줄이고, 법원에서도 "피의자가 도의적 책임을 다했다"는 긍정적인 인상으로 이어져 결과적으로 선처를 받는 데 결정적인 역할을 하게 됩니다.

3) 전문 변호사 초기 상담 및 조력 필요성

교통사고 형사사건에 연루된 경우, 사건 초기부터 교통사고 전문변호사와 상담하는 것이 가장 중요합니다. 교통사고 사건은 일반 형사사건과 달리 보험사, 운전자보험, 손해사정사, 피해자 측 변호인 등이 동시에 개입하는 복합 구조를 가지므로, 전문지식 없이 혼자 대응하면 진술이나 서류 작성 과정에서 결정적인 실수를 할 위험이 높습니다. **특히 교통사고 분야는 폐지된 사법시험이나 현재 시행 중인 변호사시험에서 다루지 않는 전문영역으로, 교통사고법리·보험실무·손해사정 절차·판례 해석 등은 실무 경험을 통해서만 습득할 수 있는 영역입니다.** 따라서 대한변호사협회에 정식으로 등록된 교통사고전문변호사와 상담하는 것이 가장 바람직하며, 교통사고전문변호사가 없을 경우에도 최소한 형사전문변호사의 조력을 받는 것이 안전합니다.

일반 형사사건과 달리, 교통사고 사건은 보험사 처리와 형사절차, 그리고 합의가 밀접하게 연동됩니다. 예를 들어, 운전자보험금 청구나 피해자 합의 과정에서 작성되는 서류 한 장이 향후 형사재판에서 피의자의 과실 인정 진술로 해석될 수 있는 위험이 있습니다. 또한, 사고 초기 대응이 미흡하여 블랙박스·CCTV 영상 등 핵심 증거를 확보하지 못하면 무죄를 주장하기 어렵거나, 실제보다 과중한 처벌이 선고되는 결과로 이어질 수 있습니다. 교통조사과 담당수사관은 초동 조사 과정에서 "보험처리만 하면 끝납니다.", "벌금형으로 마무리될 겁니다.", "이런 단순 사고는 변호사 없어도 됩니다."와 같은 말을 하는 경우가 있지만, 이는 피의자의 경계심을 낮추기 위한 통상적인 수사 관행일 뿐이며 결과는 전혀 다른 경우도 많습니다.

수사관은 사건의 결론을 최종결정하는 권한이 없으며, 초기 진술에서 부주의하게 한 발언이 나중에 조서로 남아 피의자에게 불리하게 작용하는 경우가 많습니다.

결국, 교통사고 형사사건의 초기 단계는 사건의 방향을 결정짓는 핵심 시기입니다. 전문 변호사의 조력을 받으면, ①사고 당시 핵심 증거 확보(블랙박스·CCTV 등), ②경찰 및 보험사 진술 조정, ③운전자보험금 청구 절차 지도, ④피해자 측과의 합의 전략 수립, ⑤형사재판준비 등 모든 절차를 일관되고 안전하게 진행할 수 있습니다. 형사소송은 한 번의 진술, 한 장의 서류가 결과를 바꿀 수 있는 과정입니다. 따라서 교통사고 사건에 연루되었다면, 수사기관의 말만 믿고 대응하지 말고, 교통사고전문변호사 또는 형사전문변호사의 초기 상담을 받는 것이 피의자의 권리와 결과를 지키는 가장 확실한 첫걸음입니다.

4) 본인의 입장 정리(과실 인정 여부 결정)

교통사고 형사사건에서 본인의 과실 여부에 대한 입장을 명확히 정하는 것은 초기 대응 단계에서 가장 중요합니다. 초반에 입장을 불분명하게 유지하면 조사나 재판 과정에서 진술이 흔들리고 신뢰를 잃어 형사처벌이 더 무거워질 위험이 있습니다. 따라서 변호사와 충분히 상담하여 사고 경위, 블랙박스·CCTV 등 객관적 증거, 피해자의 상해 정도, 12대 중과실 해당 여부를 종합적으로 분석한 후 명확한 방향을 정해야 합니다.

다만 **실무상 교통사고 사건에서 무죄를 주장하는 경우는 드물고, 대부분은 일정 부분 과실을 인정하되 선처(벌금형·집행유예)를 받는 전략으로 진행됩니다**. 특히 12대 중과실(신호위반, 중앙선침범, 과속, 횡단보도 사고 등)에 해당하는 경우에는 법리상 과실을 완전히 부정하기 어렵기 때문에, 억지로 무죄를 주장하면 재판부가 진정성 없는 태도로 판단해 오히려 불리한 결과를 초래할 수 있습니다.

다만, 자신의 과실을 과도하게 확대하거나 불필요하게 책임을 떠안는 것은 바람직하지 않습니다. 실제 사고에서 피해자 측의 부주의나 돌발 행동, 교통신호 위반, 무단횡단 등 상대방에게도 일정 부분 과실이 존재한다면 이를 명확히 드러내는 것이 중요합니다. 이는 변명이나 책임회피가 아니라, 사고의 객관적 경위를 바로잡아 정당한 법적 평가를 받기 위한 방어권 행사에 해당합니다.

따라서 변호사와 함께 증거기록을 면밀히 검토하여 피해자 측 과실 및 사고의 불가피성에 대한 자료(블랙박스, 감정서 등)를 적극적으로 현출해야 합니다.

결국 교통사고 형사사건의 현실적 대응 전략은 무리한 무죄 주장보다는 인정할 부분은 인정하되, 과도한 과실 인정은 피하고, 피해자 측 과실을 함께 제시하며 선처를 이끌어내는 것입니다.

이처럼 자신의 입장을 명확히 세우고, 이후 진술과 대응을 일관되게 유지하는 것이 형사재판에서 가장 합리적이고 효과적인 방어전략입니다.

5) 사고 경위 및 사실관계 시간순 정리(★필수)

교통사고 사건은 운전자의 진술과 객관적 증거(블랙박스, CCTV, EDR 데이터 등)가 얼마나 일치하느냐에 따라 결과가 크게 달라집니다. 따라서 사고 당시의 상황을 **날짜별·시간순으로 구체적으로 정리**하는 것이 매우 중요합니다. 사건이 발생한 시점과 재판이 끝날 때까지는 통상 수개월에서 1년 이상이 걸릴 수 있으므로, 시간이 지날수록 기억이 흐려져 진술의 신빙성이 약화될 수 있습니다.

이를 방지하기 위해 피의자는 **사고 전후의 모든 상황(날씨, 도로상태, 속도, 신호,**

시야, 피해자 위치, 조향·제동 시점 등)을 구체적으로 문서화해야 합니다.

사실관계를 정리할 때는 단순히 "사고가 났다."고 적기보다, 예를 들어 "오전 8시 45분경, 제한속도 60km 도로에서 약 55km로 주행 중이었으며, 앞차가 정차한 상태에서 갑자기 피해자가 차 사이로 뛰어나왔다."처럼 시간, 위치, 행동, 인식 순서를 구체적으로 기술해야 합니다. 이는 조사나 재판에서 진술의 신빙성을 높이고, 운전자가 충분한 주의의무를 다했음을 입증하는 데 큰 도움이 됩니다.

반면, 사실관계를 모호하게 정리하거나 진술이 일관되지 않으면 경찰·검찰·법원은 피의자의 과실을 더 무겁게 판단할 수 있습니다. 예를 들어 "속도는 잘 모르지만 빨리 간 것 같습니다."라는 표현보다는 "제한속도 60km 구간에서 약 55km로 주행했으며, 전방 40m 지점에서 피해자가 돌발 진입했습니다."라고 객관적 근거를 제시해야 합니다. 또한 정리된 내용은 반드시 블랙박스·CCTV 영상, EDR 기록, 신호운영표, 목격자 진술 등 객관자료와 일치해야 합니다. 예컨대, 피의자가 "피해자가 신호위반을 했다."고 주장하면서도 CCTV상 피해자가 신호를 지켰다면 진술의 신빙성이 무너집니다. 따라서 모든 진술은 객관적 자료를 기반으로 정리하고, 실제 자료와의 불일치를 철저히 점검해야 합니다.

교통사고 사건에서 가장 핵심이 되는 부분은 사고 직전, 사고 순간, 사고 직후의 운전자의 인식과 행동입니다. 예를 들어 "언제 피해자를 처음 인식했는가, 당시 조향·제동 반응은 어땠는가, 피해자는 어떤 행동을 했는가"를 세밀히 정리해야 합니다. 이 부분이 불명확하면 법원은 "운전자가 주의의무를 다하지 않았다"고 판단할 가능성이 높습니다. 결국 사고 경위 정리는 단순히 시간표를 만드는 작업이 아니라, 사고의 과실 여부를 판단하는 핵심 증거의 틀을 구성하는 작업입니다.

사건 초기부터 변호사와 함께 구체적이고 객관적인 사실관계를 정리해 두면, 향후 경찰 조사나 법정 진술 시에도 흔들리지 않고 신뢰성 있는 진술로 방어권을 강화할 수 있습니다.

6) 블랙박스·CCTV·현장사진 등 객관적 증거 확보

교통사고 사건은 '증거재판주의'가 철저히 적용되는 대표적인 분야입니다. 즉, 백마디의 진술보다 단 한 건의 객관적 영상·사진·기록자료가 사건의 결론을 좌우할 가능성이 큽니다. 특히 블랙박스·CCTV 영상, 현장사진, 목격자 진술, 차량의 EDR(주행기록장치) 데이터 등은 사고의 원인, 속도, 신호, 피해자 위치, 시야 확보 가능성 등을 입증할 수 있는 핵심 증거입니다. 이러한 자료는 시간이 지나면 삭제되거나 덮어쓰기되어 소멸될 가능성이 매우 높으므로, 사고 직후 즉시 확보해야 합니다. 예를 들어, 인근 상가나 버스, 교통신호등에 설치된 **CCTV 영상은 통상 7~14일 내외로 자동 삭제**되므로 본인이 직접 현장에 방문하여 촬영 위치를 확인하고, 필요한 경우 영상 보전 요청서를 신속히 제출해야 합니다.

또한 **현장사진은 사고 당시의 도로 구조, 차량 위치, 가로등·신호등 작동 상태, 시야각, 제동거리 흔적 등을 세밀히 촬영해 두어야** 하며, 이는 이후 교통공학 감정이나 법정 현장검증 시 핵심 자료로 활용됩니다.

반대로 이러한 객관적 증거를 제때 확보하지 못하면, 수사기관과 법원은 피해자 진술이나 경찰의 사고분석 결과를 중심으로 판단하게 되어 피의자에게 불리한 추정이 작용할 위험이 큽니다. 예컨대, 블랙박스 영상이 없으면 "피의자가 신호를 위반했다"거나 "전방주시를 게을리했다"는 경찰의 분석을 반박할 근거가 사라집니다.

반대로, 사고 당시 블랙박스에 피해자의 돌발 진입이나 예기치 못한 상황이 담겨 있다면, 이는 무죄 입증 혹은 형량 감경의 결정적 근거가 됩니다.

또한, 과실을 인정하는 경우에도 객관적 증거는 매우 중요합니다. 피해자 측이 사고 경위를 과장하거나 부풀려 진술하는 경우가 많으므로, 블랙박스와 CCTV, 차량 감정자료를 확보해 사고의 실제 상황을 정확히 설명할 근거를 마련해야 합니다. 이는 단순히 방어를 위한 자료가 아니라, 피의자의 진술 신빙성을 높이고 선처를 이끌어내는 핵심 자료가 됩니다.

결국, 교통사고 사건의 초기 대응은 증거 확보 속도와 체계적 정리 능력에 달려 있습니다. 사고 직후부터 가능한 한 빨리 영상·사진·기록 자료를 수집하고, 이를 변호사와 공유하여 증거의 보전·제출·활용 절차를 전문적으로 관리하는 것이 사건의 향방을 결정짓는 필수 조건입니다.

7) 운전자보험 및 자동차보험 관련 자료 관리

교통사고 형사사건에서 운전자보험과 자동차보험 관련 자료를 체계적으로 관리하는 것은 사건 대응의 핵심입니다. 교통사고는 대부분 보험이 개입되는 사건이므로, 보험 접수 내역, 보험금 지급 현황, 합의서, 손해사정서, 담당자 연락처, 보험금 청구 관련 서류를 정확히 정리해 두어야 합니다. 이 자료들은 단순한 행정서류가 아니라, 형사재판에서 피해회복 노력과 피의자의 성실한 태도를 입증하는 양형자료로 활용될 수 있습니다.

운전자보험에 가입되어 있다면, 형사합의금이나 변호사비 보장을 받기 위해 공소장, 합의서, 판결문, 진단서 등 제출 서류를 신속히 준비해야 합니다. 보험사가 요청하는 서류를 제때 제출하지 않거나, 일부 누락되는 경우 합의금이 제때 지급되지 않아 합의 효력이 무력화되거나 형량이 가중될 위험이 있습니다. 따라서 변호사는 보험사 담당자와 지속적으로 소통하며 보험금 지급 절차가 원활히 진행되도록 관리해야 합니다.

또한 자동차보험의 대인·대물 보상 절차와 운전자보험의 형사보장 절차는 서로 다르므로, 피의자는 두 보험의 역할을 정확히 이해해야 합니다. 자동차보험은 피해자의 손해를 배상하기 위한 것이고, 운전자보험은 피의자 본인의 형사책임(형사합의금, 변호사비, 벌금 등)을 보장하기 위한 것입니다. 이 구분을 명확히 이해하고, 각 보험의 진행 상황을 문서로 관리해야 보험 처리의 신뢰성과 법적 증거 효력을 모두 확보할 수 있습니다.

결국 교통사고 사건에서 보험자료 관리는 단순한 금전문제가 아니라, 형사절차상 유리한 정황을 입증하고, 합의금 및 보험금 지급이 차질 없이 이뤄지도록 하는 방어전략의 핵심입니다. 따라서 피의자는 변호사의 지시에 따라 보험사와의 모든 서류 및 통신기록을 체계적으로 정리·보관해야 합니다.

운전자보험 사건 피해자와의 합의 및 보험금청구 관련 일반적인 필수서류
① 본인의 가족관계증명서(주민번호 '뒷자리'까지 공개)
② 본인의 주민등록등본 및 초본(주민번호 '뒷자리'까지 공개)
③ 교통사고사실확인원(검찰에 송치 후 지구대 등 발급가능)
④ 운전자보험증권 사본(운전자보험사 고객센터에 연락하여 발급가능)
⑤ 민사 자동차종합보험 보험증권(자동차보험사 고객센터에 연락하여 발급가능)
⑥ 민사 자동차종합보험상 피해자에게 지급된 금전내역(지급결의서, 추후 보험사고 담당자에 요청) ※형사재판에 도움이 됩니다.
⑦ 주민등록증 등 신분증 사본(사진촬영 무방)
⑧ 인감증명서상의 인감도장(사건 종료 후 반환)
⑨ 인감증명서 3~5통

8) 유리한 증거 및 양형자료 계속 수집

교통사고 사건은 사고 당시뿐 아니라 이후에도 새로운 증거나 자료가 지속적으로 발생하는 경우가 있습니다. 이러한 자료들은 피의자의 과실 여부를 다투거나, 죄를 인정하더라도 형량을 줄이는 데 결정적인 역할을 할 수 있습니다. 예를 들어, 사고 이후 새롭게 확보된 추가 블랙박스 영상, 주변 CCTV, 목격자 진술, 경찰의 현장 재분석 보고서 등은 사고 당시 피의자가 주의의무를 다했음을 입증하거나 피해자의 돌발행동 가능성을 보강할 수 있습니다.

또한, 피해자의 치료 경과, 진단명 변경, 병원 치료 종료 사실, 보험금 지급 내역 등은 피해회복이 충분히 이루어졌음을 보여주는 양형상 유리한 자료로 활용될 수 있습니다. 특히 피해자 측이 사고 이후에도 원만한 태도를 보이거나 추가 합의 의사를 표시한 경우, 그 정황을 문자, 통화기록, 보험사 통신내역 등으로 확보해 두면 진정성 있는 피해회복 노력의 근거가 됩니다.

반대로, 이러한 자료를 제때 확보하지 않으면 피의자는 경찰 조사나 재판 과정에서 피해자 주장에 반박할 근거를 잃게 되어 불리한 결과로 이어질 수 있습니다.

예컨대, 사고 당시 현장 CCTV가 일정 기간 후 자동 삭제되거나, 피해자의 치료종결서를 확보하지 못한 경우 "피해자가 장기간 치료를 받고 있다"는 주장에 대응하기 어렵게 됩니다. 따라서 사건이 진행되는 동안에도 새로운 증거나 자료가 발생할 때마다 변호사에게 즉시 전달하고, 정리하여 관리하는 습관이 필요합니다.

이는 피의자의 진술 신빙성을 높이고, 피해자의 주장에 논리적으로 대응하며, 동시에 형량 감경이나 선처를 받는 근거 자료로 활용될 수 있는 중요한 대응 지침입니다.

9) 일관된 진술 유지

교통사고 형사사건에서는 경찰, 검찰, 법원 어느 단계에서든 진술의 일관성이 신뢰를 결정짓는 핵심 요소입니다. 교통사고는 블랙박스, CCTV, EDR 등 객관적 증거가 존재하지만, 피의자의 말이 이 자료들과 일치해야만 법원은 진술을 신뢰합니다. 따라서 사고 직후부터 사고경위서를 작성해 속도, 신호색, 시야 확보, 피해자 인식 시점, 제동 거리 등 구체적인 사실을 정리해 두는 것이 중요합니다. 수사 단계에서 진술이 흔들리면 "사고 경위를 왜 바꿨느냐"는 의심을 받아 불리해질 수 있습니다. 기억이 불명확할 때는 추측으로 단정하지 말고 "정확히 기억나지 않습니다. 영상 확인 후 말씀드리겠습니다."라고 말하는 것이 좋습니다.

또한, 경찰·검찰 조사뿐 아니라 보험사 통화, 병원 또는 피해자와의 대화에서도 동일한 사실관계와 표현을 유지해야 합니다. 보험 기록은 수사기록으로 편철될 수 있어, 과실을 과도하게 인정하는 발언은 나중에 불리한 증거로 사용될 수 있습니다.

진술의 일관성은 수사 단계뿐 아니라 양형단계의 반성문, 법원 최후진술 등에서도 동일하게 적용됩니다.

재판부는 피의자의 태도와 발언을 종합적으로 평가하기 때문에, 초기 진술과 반성문 내용, 마지막 최후진술의 방향이 일치해야 신빙성과 진정성이 인정됩니다. 예를 들어, 초기에 "전방주시가 부족했다"고 진술해놓고 반성문에서는 "과실이 없었다"고 적으면 진정성을 잃게 됩니다. 결국 교통사고 사건에서 진술의 일관성은 과실 여부를 떠나 피의자의 신뢰도와 선처 가능성을 좌우하는 기준입니다. 모든 단계에서 동일한 사실관계와 태도를 유지하는 것이 가장 안정적이고, 이는 무죄 주장 시에는 설득력을, 유죄 인정 시에는 진정성 있는 반성으로 인한 형량 감경을 가능하게 합니다.

10) 거짓말·과장 진술 금지

교통사고 사건에서는 피의자의 진술보다 블랙박스, CCTV, EDR(차량운행기록장치) 등 객관적 증거의 신뢰도가 훨씬 높습니다. 따라서 수사기관과 법원은 운전자의 진술보다 영상·기록 등 객관적 자료에 근거해 판단하기 때문에, 피의자가 객관적 사실과 명백히 다른 진술을 하게 되면 즉시 신빙성을 잃고 사건이 불리하게 진행될 가능성이 큽니다. 예를 들어, 블랙박스 영상에 신호위반 장면이 명확히 촬영되어 있음에도 "신호가 초록불이었다."거나, 시속 80km 이상으로 주행한 기록이 EDR에 남아 있는데 "60km 이하로 달렸다."고 진술하는 경우, 그 한마디로 인해 피의자의 모든 진술이 신뢰를 잃고, 법원은 반성 없는 피고인으로 판단할 위험이 있습니다. <u>교통사고는 영상·기록으로 대부분의 사실관계가 확인되므로, 뻔히 드러날 거짓 진술은 해서는 안 됩니다.</u> 진술 과정에서 불리한 부분이 있더라도, 변명이나 왜곡 대신 사실관계를 있는 <u>그대로 진술하고 그 사유를 설명하는 태도가 훨씬 유리합니다.</u> 예를 들어 "속도가 다소 높았지만, 당시 시야가 확보되지 않아 피해자를 미처 보지 못했습니다."처럼 사실을 인정하면서 사고 당시 상황을 구체적으로 설명하면, 재판부는 진정성 있는 태도와 책임감 있는 피고인으로 평가할 가능성이 높습니다.

반대로, 두려움에 거짓말을 하거나 과장된 진술을 하면, 나중에 영상이나 감정결과로 반박될 때 그동안의 일관된 진술까지 모두 거짓으로 보일 수 있습니다. 교통사고 사건은 "누가 더 설득력 있게 진실을 뒷받침하느냐"의 싸움이기 때문에, 거짓 없이 객관적 사실에 근거한 진술을 유지하는 것 자체가 신뢰와 선처를 얻는 가장 확실한 방법입니다.

5. 각 죄명별 성립요건 및 반드시 확인해야 하는 주요쟁점

가. 서설

교통사고 사건(음주운전, 도주치상, 무면허운전 등 제외)은 대부분 과실을 전제로 한 범죄로, 그 행위가 형사처벌로 이어지기 위해서는 법률이 정한 일정한 요건을 충족해야만 합니다. 특히 교통사고처리특례법은 단순한 과실로 인한 사고라 하더라도, 피해자의 상해 정도나 특정한 중대한 과실이 있는 경우에 한해 형사처벌이 가능하도록 규정하고 있습니다. 따라서 피의자나 피고인은 본인의 행위가 법적으로 어떤 요건을 충족할 때 '죄'로 인정되는지 명확히 이해하는 것이 무엇보다 중요합니다.

일반 교통사고 사건이라 하더라도, 사고의 발생 경위와 피해자의 과실 정도, 과실 비율의 산정은 수사기관과 법원의 판단에 결정적인 영향을 미칩니다. 즉, 무죄를 주장하지 않더라도 상대방의 과실 여부나 쌍방 과실의 비율이 인정되는 정도에 따라 처벌의 경중이 달라질 수 있습니다. 이는 검찰의 기소 여부, 구형의 수준, 나아가 법원의 양형 판단에까지 직접적인 영향을 미칩니다.

따라서 **피의자나 피고인은 '자신의 행위가 교통사고처리특례법상 처벌대상이 되는지', '12대 중과실에 해당하는지', '피해자의 과실이 병존하는지' 등을 종합적으로 점검해야 합니다.** 특히 12대 중과실(예: 신호위반, 중앙선침범, 과속, 앞지르기 위반 등)은 교통사고처리특례법 제3조 제2항에 규정되어 있으며, 이 중 어느 하나라도 해당될 경우 보험가입 여부와 무관하게 형사처벌을 받게 되므로 주의가 필요합니다. 반면, 12대 중과실이 없는 일반 과실사고의 경우에는 원칙적으로 종합보험에 가입되어 있다면 형사처벌을 면할 수 있습니다(교통사고처리특례법 제4조 참조).

결국 교통사고 사건에서 중요한 것은 단순히 '사고가 났다'는 사실이 아니라, 그 사고가 '법률상 처벌 가능한 과실'로 인정될 수 있는지 여부입니다. 이 점을 명확히 인식해야만 경찰조사나 검찰조사 단계에서 불필요한 진술로 불이익을 초래하지 않고, 재판에서도 유리한 결과를 얻을 수 있습니다.

이 책에서는 교통사고처리특례법 및 관련 형법 조항을 중심으로, 일반 교통사고와 12대 중과실 사고 각각의 법적 성립요건과 주요 쟁점을 정리하였습니다. 이를 통해 피의자 또는 피고인이 본인의 행위를 객관적으로 점검하고, 과실의 유무와 정도, 그리고 상대방의 과실 가능성을 법적 관점에서 분석할 수 있도록 돕고자 합니다.

결국 교통사고 형사사건에서 '죄의 성립요건'을 숙지하는 것은 단순한 법률 지식의 문제가 아니라, 억울한 처벌을 방지하고, 불가피한 처벌의 경우에도 형량을 최소화하기 위한 가장 현실적이고 실질적인 방어 전략의 출발점입니다.

나. 교통사고처리 특례법
1) 서설

교통사고처리특례법은 1981년 제정된 이후, 운전 중의 과실로 타인에게 상해나 사망을 입힌 경우의 형사처벌 기준을 완화하고, 보험 가입을 통한 피해 회복을 유도하기 위해 제정된 특별법입니다. 즉, **운전자가 보험 또는 공제에 가입되어 있고, 피해자와의 합의가 이루어진 경우에는 원칙적으로 공소를 제기하지 않는 '면책특례'를 인정하는 구조**입니다(형사처벌을 특별히 면제해준다는 의미입니다).

이 법의 핵심은 '형사면제와 피해보상 간의 균형'이며, 특히 12대 중과실 사고, 사망사고, 중상해(불구·불치의 질병)는 예외적으로 형사처벌이 가능하다는 점에서 중요합니다.

교통사고처리 특례법의 경우 도로에 관한 규정이 없고, 단지 '교통사고'에 대하여 '차의 교통으로 인하여 사람을 사상하거나 물건을 손괴하는 것을 말한다.'고 하여 도로가 아닌 곳에서도 교통사고가 가능함을 염두에 두고 있습니다. 즉 운전장소의 무제한성을 규정하여 장소불문 교통사고로 사람이 사상하게 되는 모든 경우에 교통사고처리 특례법이 적용됩니다.

2) 운전자의 업무상 과실 및 인사피해 발생
가) 법 규정

■교통사고처리 특례법

제3조(처벌의 특례) ①차의 **운전**자가 **교통사고로 인하여** 형법 제268조(업무상 과실·중과실 치사상)의 죄를 범한 때에는 5년 이하의 금고 또는 2천만 원이하의 벌금에 처한다.

■형법

제268조(업무상과실·중과실 치사상) 업무상과실 또는 중대한 **과실로 인하여 사람을 사상(死傷)에 이르게** 한 자는 5년 이하의 금고 또는 2천만원 이하의 벌금에 처한다.

자동차 운전은 법적으로 단순한 개인적 행위가 아닌 '업무'로 평가됩니다. 형법 제268조는 '업무상 과실치사상죄'를 규정하면서, 여기서 말하는 '업무'란 사람의 생명·신체·재산에 위해를 초래할 가능성이 있는 사무를 반복적·계속적으로 수행하는 것을 의미합니다. 자동차의 운전은 그 대표적인 예로, 운전자는 단순한 이동수단 조작자가 아니라 사회적으로 생명과 신체의 안전을 책임지는 업무종사자로서의 지위를 가집니다.

따라서 운전자는 일반인보다 훨씬 높은 수준의 주의의무를 부담하며, 교통법규와 안전수칙을 준수해야 할 법적 의무가 있습니다. 이러한 주의의무를 게을리하여 사고가 발생한 경우에는 형법 제268조에 따라 '업무상 과실'로 평가됩니다. 예컨대 신호위반, 전방주시 태만, 안전거리 미확보, 보행자보호의무 위반, 차로이탈 등은 모두 업무상 주의의무를 다하지 않은 대표적인 사례로서 형사책임의 대상이 됩니다.

이와 같은 운전자의 과실로 인하여 사람에게 상해 또는 사망의 결과가 발생한 경우에는 형법 제268조의 '업무상과실치상죄' 또는 '업무상과실치사죄'가 성립하게 됩니다. 특히 이러한 교통사고가 '자동차의 운전 중'에 발생하여 사람의 생명이나 신체에 피해를 준 경우에는, 형법과 더불어 교통사고처리특례법이 함께 적용되어 형사처벌의 근거가 됩니다.

교통사고처리특례법은 자동차의 운전으로 인하여 사람을 사망 또는 상해에 이르게 한 경우, 일정한 요건 하에 처벌의 특례를 두는 특별법으로, 교통사고 사건의 대부분은 이 법에 근거하여 수사와 재판이 이루어집니다. 이 법은 자동차 운전행위가 본질적으로 사회적 위험성을 내포하고 있다는 점에서, 운전자의 주의의무 위반을 단순한 부주의가 아닌 '업무상 주의의무 위반'으로 규정하고 있는 것입니다.

결국 교통사고는 단순히 실수나 순간적인 부주의의 문제가 아니라, 법적으로는 업무상 주의의무를 위반한 결과로 평가됩니다. 운전자는 자신의 행위가 사회 전체의 안전과 직결된다는 점을 항상 인식해야 하며, 이를 소홀히 할 경우 형법상 업무상 과실치사상죄와 교통사고처리특례법에 따른 형사처벌을 피할 수 없다는 점을 유념

해야 합니다.

3) 교통사고 면책특례
가) 제3조 제2항 : 반의사불벌죄

■교통사고처리 특례법

제3조(처벌의 특례) ② 차의 교통으로 제1항의 죄 중 업무상과실치상죄(業務上過失致傷罪) 또는 중과실치상죄(重過失致傷罪)와 「도로교통법」 제151조의 죄를 범한 운전자에 대하여는 **피해자의 명시적인 의사에 반하여 공소(公訴)를 제기할 수 없다.**

■도로교통법

제151조(벌칙) 차 또는 노면전차의 운전자가 업무상 필요한 주의를 게을리하거나 중대한 과실로 다른 사람의 건조물이나 그 밖의 재물을 손괴한 경우에는 2년 이하의 금고나 500만원 이하의 벌금에 처한다.

교통사고로 사람이 다치거나 사망한 경우, 형법상 업무상과실치사상죄(형법 제268조)가 성립하더라도 실제 형사처벌 여부는 교통사고처리특례법의 적용을 받습니다. 특히, 교통사고처리특례법 제3조 제2항은 처벌의 특례로서 일종의 면책규정을 두고 있습니다.

즉, 교통사고가 발생하였더라도 피해자가 가해운전자의 처벌을 원하지 않는다는 의사를 명확히 표시한 경우, 법률상으로는 처벌이 금지되며, 이를 반의사불벌죄라고 합니다. 반의사불벌죄란 피해자이 명시한 처벌의사에 반하여 국가가 함부로 처벌할 수 없는 범죄를 말하며, 피해자가 "처벌을 원하지 않는다"고 하면 검사는 공소를 제기할 수 없습니다.

만약 이미 검사가 공소를 제기한 이후라도, 피해자가 그 이후에 처벌을 원하지 않는다는 의사를 표시하였다면, 법원은 더 이상 유죄판결을 할 수 없고, 공소기각 판결을 선고해야 합니다(형사소송법 제327조 제6호 참조). 실무상 피해자가 처벌을 원하지 잃는다는 의사표시는 대부분 합의가 이루어졌다는 것을 의미합니다. 띠리서 교통사고 사건에서의 합의는 단순한 민사적 손해배상 합의를 넘어, 형사처벌 자체를 막는 실질적인 효과를 가지게 됩니다. 따라서 민사 합의와 형사 합의는 구분되며 피해자로부터 형사처벌을 원하지 않는다는 의사가 확인이 되어야 합니다. 이는 민사합의를 하면서 함께 형사합의까지 하는 경우도 있지만, 실무적으로는 교통사고의 경우 민사합의와 형사합의를 별도로 진행하는 경우가 많습니다.

또한 교통사고 사건에서는 기소 후 재판이 진행되는 도중에 합의가 이루어지는 경우가 많습니다. 이때 합의서가 재판부에 제출되면, 법원은 통상 사건을 종결한 뒤 별도의 선고기일을 지정하여 공소기각 판결을 선고하는 절차를 밟습니다. 다만, 교통사고 사건의 특성상 단순한 과실이 명백하고 피해자의 처벌불원 의사가 재판 전부터 확인된 경우에는, 첫 재판기일에 즉시 공소기각 판결(즉일선고)을 하는 사례도 적지 않습니다.

다만, 유의해야 할 점은 피해자의 처벌불원 의사(합의의사)는 법원의 종국적인 판결이 확정되기 전까지는 철회가 가능하다는 점입니다. 따라서 합의금이 아직 완전히 지급되지 않았거나, 피해자가 단순한 감정 변화로 인해 "처벌을 원하지 않는다"는 의사를 1심 판결선고 전에 번복할 경우, 법원은 여전히 처벌의 의사가 존재한다고 판단하여 유죄판결을 선고할 수도 있습니다.

결국 교통사고처리특례법상 반의사불벌죄 제도는, 피해자와의 합의 여부가 형사절차의 결과를 결정짓는 핵심적인 요소임을 의미합니다. 가해운전자는 단순히 사과나 감정적 화해에 그치지 않고, 반드시 서면합의서의 제출과 합의금의 완전한 지급을 통해 피해자의 처벌불원 의사가 명확히 유지되도록 하는 것이 중요합니다.

나) 제4조 : 보험·공제 가입

■교통사고처리 특례법

제4조(보험 등에 가입된 경우의 특례) ① **교통사고를 일으킨 차**가 「보험업법」 제4조(보험업의 허가), 제126조, 제127조 및 제128조, 「여객자동차 운수사업법」 제60조(조합 및 연합회의 공제사업), 제61조(공제조합의 설립 등) 또는 「화물자동차 운수사업법」 제51조(공제사업)에 따른 **보험 또는 공제에 가입된 경우에는** 제3조 제2항 본문에 규정된 죄를 범한 차의 **운전자에 대하여 공소를 제기할 수 없다**.

교통사고처리특례법 제4조 제1항은 교통사고로 인한 형사처벌의 범위를 제한하는 중요한 규정으로, 일정한 요건을 충족한 경우에는 가해운전자를 형사처벌하지 않는다는 공소제기 제한 규정을 두고 있습니다.

동 조항은 "교통사고를 일으킨 차가 자동차보험 또는 공제에 가입되어 있는 경우, 운전자에 대하여 공소를 제기할 수 없다"고 규정하고 있습니다. 여기서 말하는 '자동차보험'은 흔히 말하는 운전자보험과는 전혀 다른 개념입니다.

운전자보험은 개인이 형사책임을 대비하기 위한 사적 보장성 보험으로, 벌금이나 변호사 비용 등을 지원하는 보험에 불과합니다. 반면 자동차보험은 사고로 인한 피해자의 손해를 보상하기 위한 대인·대물 책임보험으로서, 교통사고처리특례법 제4조에서 말하는 보험은 바로 이 자동차보험(책임보험 또는 종합보험)을 의미합니다.

따라서 가해운전자가 사고 당시 자동차보험(또는 공제)에 정상적으로 가입되어 있었다면, 원칙적으로는 검사가 그 운전자에 대해 공소를 제기할 수 없습니다. 즉, 보험회사가 피해자에게 손해배상을 해줄 수 있는 구조가 마련되어 있다면, 형법상 업무상과실치사상죄가 성립하더라도 실질적으로는 형사처벌이 면제되는 효과가 발생합니다.

여기서 '공제'란, 택시나 버스, 화물차 운전자들이 소속된 단체(예: 택시공제조합, 버스공제조합 등)가 자체적으로 운영하는 보상제도를 말합니다. 실제 실무에서는 택시운전사분들은 '택시공제조합', 버스운전기사분들은 '전국버스공제조합' 등에 가입되어 있으며, 이러한 공제에 가입되어 있는 경우에도 교통사고처리특례법 제4조 제1항에 따라 공소제기 대상에서 제외됩니다. 즉, 보험사가 아닌 공제조합을 통해 피해자의 손해배상이 가능하다면, 역시 형사절차가 개시되지 않습니다.

다만, 이러한 공소제기 금지 규정은 절대적인 면책을 의미하지는 않습니다. '12대 중과실사고', '사망사고' 등과 같은 경우에는 예외가 인정됩니다.

결국 교통사고처리특례법 제4조 제1항의 취지는, 단순한 과실로 인한 교통사고의 경우 보험을 통해 피해회복이 이루어진다면 형사처벌까지 병행할 필요가 없다는 점에서, 피해자의 신속한 보상과 운전자의 형사면책을 조화시키려는 것입니다. 그러나 보험 가입 여부가 면책의 전제 조건이 되므로, 운전자는 반드시 자신의 차량이 유효한 자동차보험 또는 공제 가입 상태인지 확인하고 운전해야 합니다.

4) 면책의 예외(1/3) : 12대 중과실이 있는 경우
가) 법 규정

■교통사고처리 특례법

제3조(처벌의 특례) ② 차의 교통으로 제1항의 죄 중 업무상과실치상죄(業務上過失致傷罪) 또는 중과실치상죄(重過失致傷罪)와「도로교통법」제151조의 죄를 범한 운전자에 대하여는 피해자의 명시적인 의사에 반하여 공소(公訴)를 제기할 수 없다. **다만, 차의 운전자가 제1항의 죄 중 업무상과실치상죄 또는 중과실치상죄를 범하고도** 피해자를 구호(救護)하는 등「도로교통법」제54조제1항에 따른 조치를 하지 아니하고 **도주하거나** 피해자를 사고 장소로부터 옮겨 유기(遺棄)하고 도주한 경우, 같은 죄를 범하고「도로교통법」제44조제2항을 위반하여 **음주측정 요구에 따르지 아니하거나**(운전자가 채혈 측정을 요청하거나 동의한 경우는 제외한다),「도로교통법」제44조제5항을 위반하여 음주측정방해 행위를 한 경우와 **다음 각 호의 어느 하나에 해당하는 행위(12대 중과실)로 인하여 같은 죄를 범한 경우에는 그러하지 아니하다.**

12대 중과실의 종류
① 신호 또는 지시위반
② 중앙선 침범
③ 제한속도보다 20킬로미터 초과 속도위반
④ 앞지르기 방법·금지 위반
⑤ 철길건널목 통과방법 위반
⑥ 횡단보도상의 보행자 보호의무 위반
⑦ 무면허운전
⑧ 음주운전
⑨ 보도침범 또는 보도횡단방법 위반
⑩ 승객추락방지의무 위반
⑪ 어린이보호구역 안전운전의무 위반
⑫ 자동차화재 또는 적재물 추락·낙하로 인한 사고
※위와 같은 12대 중과실 사고의 경우에는 피해자와 합의가 이루어졌더라도 교통사고처리특례법 제3조 제2항 단서에 따라 형사처벌이 가능합니다. 또한 자동차보험이나 공제회에 가입되어 있어도 면책규정(제4조 제1항)이 적용되지

나) 신호 또는 지시위반(★)

(1) 개념
- 교통신호기나 경찰관의 수신호 등 교통의 통제를 따르지 않은 경우를 말합니다.

(2) 중과실에 해당하는 경우
- 빨간색 신호에서 정지하지 않고 교차로에 진입하여 사고 발생
- 점멸신호 중 빨간색 점멸신호에서 일시정지하지 않고 그대로 통과한 경우
- 좌회전 금지, 일방통행 구간에서 반대방향 주행
- 경찰관이 수신호로 정지 명령을 했는데 이를 무시한 경우

(3) 중과실로 인정되지 않는 경우
- 노란색 점멸신호에서 충분히 서행하면서 주의운전 중 사고가 난 경우
- 신호체계가 불량하거나 일시적으로 작동하지 않아 정지선이 명확하지 않은 경우
- 신호위반과 사고 간 인과관계가 없는 경우

다) 중앙선 침범

(1) 개념
- 도로의 중앙선을 넘어 반대차로로 진입하거나 넘어서는 행위를 말합니다.

(2) 중과실에 해당하는 경우
- 중앙선을 넘어 추월하다 마주오던 차량과 충돌
- 곡선 도로에서 중앙선을 침범한 채 진행하다 맞은편 차량과 충돌
- 중앙선이 없는 도로(편도 1차로)라도 명백히 중앙을 넘어간 경우

(3) 중과실로 인정되지 않는 경우
- 사고 충격으로 인해 결과적으로 중앙선을 넘어간 경우
- 상대 차량이 갑자기 중앙선 부근으로 급진입해 충돌이 불가피했던 경우
- 눈길이나 빗길 등 불가항력적 미끄러짐으로 일시적으로 넘어간 경우

라) 제한속도보다 20km 초과 속도위반

(1) 개념
- 도로교통법상 지정된 제한속도를 20km 이상 초과한 경우를 의미합니다.

(2) 중과실에 해당하는 경우
- 제한속도 60km 구간에서 85km로 주행하다 교통사고가 발생한 경우
- 제한속도 50km 구간에서 75km로 주행하다 교통사고가 발생한 경우

(3) 중과실로 인정되지 않는 경우
- 제한속도 초과가 15~19km 정도인 경우 (즉, 20km 미만)
- 급경사 하강 중 순간적으로 속도가 일시 초과했으나 즉시 제동한 경우
- 제한속도 표지판이 눈이나 나뭇가지에 가려져 사실상 인식이 어려운 경우

마) 앞지르기 방법 또는 금지 위반
(1) 개념
- 앞차를 추월하는 과정에서 금지장소에서 하거나, 안전조치를 위반한 경우입니다.

(2) 중과실에 해당하는 경우
- 커브길, 교차로, 터널, 횡단보도 부근 등 앞지르기 금지구간에서 추월
- 추월 후 충분한 안전거리 확보 없이 끼어들기
- 앞차의 깜빡이 신호를 무시하고 무리하게 옆 차로로 진입

(3) 중과실로 인정되지 않는 경우
- 앞차가 명백히 정차해 있고, 좌측 차선이 완전히 비어 있어 안전하게 앞지른 경우
- 추월을 금지하는 표시가 없고 도로 구조상 충분한 여유가 있는 경우

바) 철길건널목 통과방법 위반
(1) 개념
- 철길건널목을 통과할 때 반드시 일시정지하고 좌우를 확인해야 하는 의무를 위반한 경우입니다.

(2) 중과실에 해당하는 경우

- 철길건널목 일시정지 표시가 있는데도 정지하지 않고 진입
- 차단기가 내려오기 시작했는데 억지로 통과
- 경보음이 울리고 있음에도 불구하고 통과하다 사고 발생

(3) 중과실로 인정되지 않는 경우
- 차단기가 고장 나 있어 정상 작동하지 않았고, 열차 접근 경보음이 없는 경우
- 철도회사의 시설관리 부주의로 사고가 난 경우

사) 횡단보도상의 보행자 보호의무 위반(★)
(1) 개념
- 보행자가 횡단보도를 건너고 있을 때 일시정지하지 않거나, 보행자를 위협·충격한 경우입니다.

(2) 중과실에 해당하는 경우
- 신호가 없는 횡단보도에서 보행자가 건너고 있는데 그대로 진행
- 보행자가 완전히 횡단을 마치지 않았는데 출발하여 충돌
- 보행자가 자전거를 끌고 건너는 중인데 그대로 진행

(3) 중과실로 인정되지 않는 경우
- 보행자가 신호를 위반해 갑자기 뛰어든 경우(운전자가 주의했으나 피할 수 없는 경우)
- 보행자가 횡단보도 외의 구간에서 무단횡단한 경우

아) 무면허운전
(1) 개념
- 운전면허를 취득하지 않았거나, 면허가 정지·취소된 상태에서 운전하는 경우입니다.

(2) 중과실에 해당하는 경우
- 면허취소 상태에서 운전하다 사고 발생
- 학원 연습용 차량을 개인적으로 운전한 경우
- 원동기면허만 있는 사람이 승용차를 운전한 경우

(3) 중과실로 인정되지 않는 경우
- 면허증을 분실했으나 실제 면허 유효기간 내인 경우
- 경찰의 착오로 면허가 이미 복구된 상태인데 그 사실을 모른 경우

자) 음주운전
(1) 개념
- 혈중알코올농도 0.03% 이상인 상태에서 운전한 경우입니다.

(2) 중과실에 해당하는 경우
- 음주 후 주행 중 사고 발생 (농도 0.03% 이상이면 전부 포함)
- 숙취운전 중 사고가 난 경우(혈중알코올농도 기준 충족 시)

(3) 중과실로 인정되지 않는 경우
- 혈중알코올농도 측정이 부정확하거나, 측정기 오작동 등 객관적 오류가 입증된 경우
- 약물복용 등으로 착오로 측정값이 일시적으로 상승했음이 의학적으로 확인된 경우

차) 보도침범 또는 보도횡단방법 위반
(1) 개념
- 인도(보도)에 차량이 진입하거나 보도를 가로질러 진행하면서 사고가 난 경우입니다.

(2) 중과실에 해당하는 경우
- 인도를 통해 불법주정차하려고 보도에 올라가다가 보행자와 충돌
- 골목길에서 인도를 가로질러 빠져나가며 보행자를 치는 경우

(3) 중과실로 인정되지 않는 경우
- 도로 구조상 보도와 차도의 구분이 불분명한 비포장도로
- 인도 일부가 공사 중이거나 통행로가 명확하지 않아 불가피하게 통과한 경우

카) 승객추락방지의무 위반
(1) 개념
- 버스나 화물차 등 운전자가 승객의 안전을 확보하지 않아 추락 등 사고가 발생한 경우입니다.

(2) 중과실에 해당하는 경우
- 문이 완전히 닫히지 않은 상태에서 출발해 승객이 추락
- 화물트럭에 인원이 탑승한 상태로 급출발 또는 급회전하여 낙상

(3) 중과실로 인정되지 않는 경우
- 승객이 운전자의 통제 없이 임의로 문을 열고 하차하다 사고
- 안전장치를 제대로 작동시켰으나 기계적 결함으로 문이 열린 경우

타) 어린이보호구역 안전운전의무 위반
(1) 개념
- 스쿨존 내에서는 운전자가 일반 도로보다 강화된 주의의무를 지니며, 특히 어린이의 돌발행동에 대비해야 합니다.

(2) 중과실에 해당하는 경우
- 스쿨존에서 시속 30km 제한을 초과하여(예: 40km, 50km 등) 운전 중 어린이를 충격한 경우
- 횡단보도 앞 일시정지 없이 진행
- 학교 앞 도로에서 전방주시 태만으로 어린이를 충격

(3) 중과실로 인정되지 않는 경우
- 보호구역 내 표지판이 훼손되어 인식이 어려운 경우
- 도로관리청의 표시·관리 부실로 보호구역 여부를 운전자가 알 수 없었던 경우

파) 자동차화재 또는 적재물 추락·낙하로 인한 사고
(1) 개념
- 운전자의 주의의무 소홀로 적재물이 떨어지거나 차량 화재가 발생해 사람에게 피해를 준 경우입니다.

(2) 중과실에 해당하는 경우

- 화물트럭에 짐을 제대로 고정하지 않아 낙하·추락

- 엔진 이상을 방치하여 화재가 발생한 경우

- 적재함 문이 닫히지 않은 채 주행하여 낙하

(3) 중과실로 인정되지 않는 경우

- 차량 자체 결함(제조물 하자)으로 인해 화재가 난 경우

- 도로의 급경사 또는 외부 충격으로 적재물이 이탈한 경우

5) 면책의 예외(2/3) : 피해자가 사망한 경우

■교통사고처리 특례법

제4조(보험 등에 가입된 경우의 특례) ① **교통사고를 일으킨 차**가 「보험업법」 제4조(보험업의 허가), 제126조, 제127조 및 제128조, 「여객자동차 운수사업법」 제60조(조합 및 연합회의 공제사업), 제61조(공제조합의 설립 등) 또는 「화물자동차 운수사업법」 제51조(공제사업)에 따른 **보험 또는 공제에 가입된 경우에는** 제3조 제2항 본문에 규정된 죄를 범한 차의 **운전자에 대하여 공소를 제기할 수 없다. 다만, 다음 각 호의 어느 하나에 해당하는 경우에는 그러하지 아니하다.**

1. 제3조 제2항 단서(**12대 중과실**)에 해당하는 경우

2. 피해자가 신체의 상해로 인하여 **생명에 대한 위험이 발생**하거나 **불구(不具)가 되거나 불치(不治) 또는 난치(難治)의 질병**이 생긴 경우

3. 보험계약 또는 공제계약이 무효로 되거나 해지되거나 계약상의 면책 규정 등으로 인하여 보험회사, 공제조합 또는 공제사업자의 보험금 또는 공제금 지급의무가 없어진 경우

교통사고로 피해자가 사망한 경우에는, 운전자가 자동차보험이나 공제에 가입되어 있더라도 교통사고처리특례법 제4조 제1항의 면책규정이 적용되지 않습니다.

즉, 자동차보험에 가입되어 있어 보험회사를 통해 피해자 측에 손해배상이 가능하다고 하더라도, 사람이 사망한 사고는 그 자체로 사회적 비난 가능성이 높기 때문

에 형사책임이 면제되지 않습니다.

교통사고처리특례법 제4조 제1항은 "교통사고를 일으킨 차가 보험 또는 공제에 가입되어 있는 경우 공소를 제기할 수 없다"고 규정하면서도, 동조 단서에서 사망사고, 12대 중과실사고 등 중대한 결과를 초래한 경우에는 예외로 한다고 명시하고 있습니다. 따라서 **피해자가 사망한 경우, 가해운전자는 자동차보험에 가입되어 있더라도 형사처벌을 받게 됩니다**.

이때 보험금 지급은 어디까지나 민사적 손해배상 문제에 해당할 뿐, 형사책임을 소멸시키는 효력은 없습니다. 실제로 실무에서는 피해자가 사망한 교통사고의 경우 대부분 검사가 교통사고처리특례법(치사)로 기소를 하며, 법원은 운전자의 과실 정도, 반성 여부, 피해자 유족과의 합의 여부 등을 종합적으로 고려하여 형을 정합니다.

결국 피해자가 사망한 경우, 보험 가입만으로 형사처벌을 피할 수는 없으며, 실질적인 반성문 제출과 유족과의 진심 어린 합의 노력이 양형에 결정적인 영향을 미칩니다. 따라서 사망사고의 경우에는 보험 절차와 별도로 형사절차에 대비한 방어전략과 피해자 유족에 대한 사과 및 배상 노력이 반드시 병행되어야 합니다.

6) 면책의 예외(3/3) : 피해자가 중상해를 입은 경우
가) 법 규정

■교통사고처리 특례법

제4조(보험 등에 가입된 경우의 특례) ① **교통사고를 일으킨 차**가「보험업법」제4조(보험업의 허가), 제126조, 제127조 및 제128조,「여객자동차 운수사업법」제60조(조합 및 연합회의 공제사업), 제61조(공제조합의 설립 등) 또는「화물자동차 운수사업법」제51조(공세사업)에 따른 **보험 또는 공제에 가입된 경우에는** 제3조 제2항 본문에 규정된 죄를 범한 차의 **운전자에 대하여 공소를 제기할 수 없다. 다만, 다음 각 호의 어느 하나에 해당하는 경우에는 그러하지 아니하다.**

 1. 제3조 제2항 단서(**12대 중과실**)에 해당하는 경우
 2. 피해자가 신체의 상해로 인하여 **생명에 대한 위험이 발생**하거나 **불구(조具)가 되거나 불치(不治) 또는 난치(難治)의 질병**이 생긴 경우

3. 보험계약 또는 공제계약이 무효로 되거나 해지되거나 계약상의 면책 규정 등으로 인하여 보험회사, 공제조합 또는 공제사업자의 보험금 또는 공제금 지급의무가 없어진 경우

제3조(처벌의 특례) ② 차의 교통으로 제1항의 죄 중 업무상과실치상죄(業務上過失致傷罪) 또는 중과실치상죄(重過失致傷罪)와 「도로교통법」 제151조의 죄를 범한 운전자에 대하여는 **피해자의 명시적인 의사에 반하여 공소(公訴)를 제기할 수 없다**. 다만, 차의 운전자가 제1항의 죄 중 업무상과실치상죄 또는 중과실치상죄를 범하고도 피해자를 구호(救護)하는 등 「도로교통법」 제54조제1항에 따른 조치를 하지 아니하고 도주하거나 피해자를 사고 장소로부터 옮겨 유기(遺棄)하고 도주한 경우, 같은 죄를 범하고 「도로교통법」 제44조제2항을 위반하여 음주측정 요구에 따르지 아니하거나(운전자가 채혈 측정을 요청하거나 동의한 경우는 제외한다), 「도로교통법」 제44조제5항을 위반하여 음주측정방해행위를 한 경우와 **다음 각 호의 어느 하나에 해당하는 행위(12대 중과실)로 인하여 같은 죄를 범한 경우에는 그러하지 아니하다.**

교통사고로 **피해자가 불구, 불치, 또는 난치의 질병을 입은 경우뿐만 아니라, 이에 '준하는' 중상해를 입은 경우**에도 자동차보험이나 공제에 가입되어 있더라도 교통사고처리특례법 제4조 제1항의 면책규정이 적용되지 않습니다. 즉, 피해자가 단순 타박상이나 경미한 상해가 아니라 신체의 중요한 부위에 심각한 손상을 입은 경우에는, 가해운전자가 보험에 가입되어 있더라도 형사처벌이 원칙적으로 가능하다는 의미입니다.

다만, 중상해의 경우에도 교통사고처리특례법 제3조 제2항의 반의사불벌죄 규정이 적용됩니다. 이는 피해자가 가해자의 처벌을 원하지 않는다는 의사(즉, 합의)가 있는 경우에는 더 이상 형사처벌을 할 수 없고, 검사는 공소를 제기할 수 없으며, 이미 기소가 이루어진 사건이라도 법원은 공소기각 판결을 선고해야 한다는 뜻입니다(형사소송법 제327조 제6호 참조). **이와 반대로, 피해자가 사망한 경우에는 피해자가 처벌을 원하지 않는다는 의사표시를 할 수 없기 때문에, 반의사불벌죄 규정이 적용되지 않고, 유족과 합의를 하거나 12대 중과실이 없다고 하더라도 형사처벌 대상입니다.**

피해자가 중상해를 입은 경우에는 보험가입 여부와 무관하게 형사절차는 개시될

수 있으나, 피해자와의 합의가 이루어지면 법적으로 공소권이 소멸되어 형사처벌을 받지 않게 됩니다. 결국 중상해 사고는 면책규정의 적용은 배제되지만, 반의사불벌죄의 구조 속에서 합의 여부가 사건의 결말을 좌우하는 핵심 요소가 됩니다.

따라서 가해운전자는 사고 직후부터 피해자의 치료 상태를 적극적으로 확인하고, 진심 어린 사과와 함께 합의를 이끌어내는 것이 가장 중요한 대응이 됩니다.

나) 중상해에 해당하는 경우
(1) 생명에 대한 위험이 발생한 경우
(가) 뇌출혈 및 의식불명 사례

① 서울고등법원 2023. 5. 10. 선고 2023노553 판결 : 피해자가 외상성 두개내 출혈로 인해 인지기능 저하가 발생한 경우 중상해로 인정 (서울고등법원 2023. 5. 10. 선고 2023노553 판결 특수중상해[인정된 죄명:교통사고처리특례법위반(치상)],도로교통법위반(음주운전))

② 수원지방법원 안양지원 2020. 5. 22. 선고 2019고단110 판결 : 외상성 두개내 출혈로 인한 인지기능 저하의 중상해 인정 (수원지방법원 안양지원 2020. 5. 22. 선고 2019고단110 판결 교통사고처리특례법위반(치상))

③ 창원지방법원 통영지원 2014. 4. 18. 선고 2013고단969 판결 : "의식 저하 및 운동기능 저하 등에 의하여 흡인성 폐렴의 위험이 있고, 뇌간 손상 등에 의하여 사망 가능성이 있는 상태"를 생명에 대한 위험이 발생한 경우로 인정 (창원지방법원 통영지원 2014. 4. 18. 선고 2013고단969 판결 교통사고처리특례법위반)

④ 대구지방법원 포항지원 2019. 3. 13. 선고 2018고단549 판결 : 열린 두개내상처가 없는 외상성 지주막하출혈 등 뇌기능 손상으로 오른쪽 편마비 및 치매증상 발현한 경우 중상해 인정 (대구지방법원 포항지원 2019. 3. 13. 선고 2018고단549 판결 교통사고처리특례법위반(치상))

⑤ 수원지방법원 2019. 7. 25. 선고 2019고단1303 판결 : 열린 두개내 상처가 없는 외상성 대뇌출혈 등으로 중환자실 집중치료 및 뇌혈관 연축 현상이 있었던 경우 중상해 인정 (수원지방법원 2019. 7. 25. 선고 2019고단1303 판결 교통사고처리특례법위반(치상))

⑥ 인천지방법원 2020. 4. 22. 선고 2019고단8864 판결 : 외상성 뇌출혈 등 상해로 의식불명 상태에 빠지는 등 생명에 대한 위험이 발생한 경우 중상해 인정

(인천지방법원 2020. 4. 22. 선고 2019고단8864 판결 교통사고처리특례법위반
(치상))

⑦ 대구지방법원 안동지원 2021. 11. 3. 선고 2021고단141 판결 : 외상성 뇌내출
   혈 등으로 의식불명에 이른 경우 중상해 인정 (대구지방법원 안동지원 2021.
   11. 3. 선고 2021고단141 판결 교통사고처리특례법위반(치상))

(나) 중환자실 치료 및 사망 위험 사례

① 대전지방법원 논산지원 2015. 9. 4. 선고 2015고단425 판결 : 다발성 장기 부
   전으로 사망에 이른 경우 (대전지방법원 논산지원 2015. 9. 4. 선고 2015고단
   425 판결 교통사고처리특례법위반,도로교통법위반(음주운전),도로교통법위반(무
   면허운전))

② 대구지방법원 2019. 7. 4. 선고 2019고단736 판결 : 외상성경막 출혈 및 혈광
   성 치매 등의 중상해 인정 (대구지방법원 2019. 7. 4. 선고 2019고단736 판결
   교통사고처리특례법위반(치상))

(다) 식물인간 상태

① 광주지방법원 2022. 2. 10. 선고 2021고단2026 판결 : 열린 두개내 상처가 없
   는 외상성 경막하출혈 등으로 식물인간 상태에 이른 경우 중상해 인정 (광주지
   방법원 2022. 2. 10. 선고 2021고단2026 판결 교통사고처리특례법위반(치상))

(2) 불구가 된 경우
(가) 하지 절단 및 심각한 기능 상실

① 부산지방법원 2016. 9. 8. 선고 2016고단3539 판결 : 우측 하지부 압궤 불완전
   절단상의 중상해 인정 (부산지방법원 2016. 9. 8. 선고 2016고단3539 판결 교
   통사고처리특례법위반(치상),건설기계관리법위반)

② 대전지방법원 2013. 3. 29. 선고 2012고단2083 판결 : 골반 골절로 고관절 인
   공관절 전치환술을 받더라도 원상태로의 복귀가 불가능하여 정상적인 보행이
   어려운 경우 '불구'에 해당 (대전지방법원 2013. 3. 29. 선고 2012고단2083 판
   결 교통사고처리특례법위반)

③ 부산지방법원 2016. 7. 8. 선고 2016노466 판결 : 골반 골절로 고관절 인공관
   절 전치환술을 받더라도 원상태로의 복귀는 불가능하여 정상적인 보행이 어려

운 경우 '불구'에 해당 (대구지방법원 2015. 2. 5. 선고 2014노2109 판결 교통
사고처리특례법위반)

        (나) 편마비 및 인지장애
① 서울남부지방법원 2017. 4. 27. 선고 2016노1651 판결 : 안면과 팔 등에 영구
  장해가 생기는 중상해 인정 (서울남부지방법원 2017. 4. 27. 선고 2016노1651
  판결 교통사고처리특례법위반)

        (3) 불치 또는 난치의 질병이 생긴 경우
        (가) 뇌전증(간질)
① 대전지방법원 2023. 5. 4. 선고 2022노670 판결 : 외상성 경막외 출혈, 난치성
  뇌전증을 동반하지 않은 기타 뇌전증 등의 중상해 인정. 사고 후 18일간 의식
  소실 상태였고, 뇌전증 발작이 지속되어 항경련제를 복용 중이며, 향후 최소 2
  년 이상 약물치료가 필요한 경우 (대전지방법원 2023. 5. 4. 선고 2022노670
  판결 교통사고처리특례법위반(치상))

        (나) 혈관성 치매
① 대전지방법원 논산지원 2020. 1. 14. 선고 2018고단629 판결 : 외상성 경막하
  출혈, 비특이적 섬망, 혈관성 치매 등의 중상해 인정 (대전지방법원 논산지원
  2020. 1. 14. 선고 2018고단629 판결 교통사고처리특례법위반(치상))
② 서울서부지방법원 2017. 2. 2. 선고 2016고단834 판결 : 인지기능 장애를 일으
  키는 기질성 뇌 증후군 등의 난지의 실병 인성 (서울서부지방법원 2017. 2. 2.
  선고 2016고단834 판결 교통사고처리특례법위반)

        (다) 개호가 필요한 상태
① 수원지방법원 평택지원 2019. 10. 25. 선고 2019고단743 판결 : 외상성경막하
  출혈, 뇌실질출혈 등으로 언어소통 불능, 여명기간 동안의 개호가 필요한 상태
  에 놓인 경우 불치 또는 난치의 질병으로 인정 (수원지방법원 평택지원 2019.
  10. 25. 선고 2019고단743 판결 교통사고처리특례법위반(치상))

        (라) 척추 손상
① 대전지방법원 논산지원 2014. 6. 17. 선고 2013고단456 판결 : 경추, 요추 골

절 등으로 장기간 치료 후에도 일상생활에 상당한 지장이 있는 경우 (대전지방법원 논산지원 2014. 6. 17. 선고 2013고단456 판결 교통사고처리특례법위반)

(마) 두개골 골절 및 뇌손상

① 수원지방법원 평택지원 2023. 6. 7. 선고 2022고단2578 판결 : 다발성 선상 두개골절, 외상성 뇌경막상출혈, 외상성 좌측 전두부 뇌실질내출혈 등으로 8주의 치료기간과 12개월 이상의 추적 및 관찰이 필요한 경우 중상해 인정 (수원지방법원 평택지원 2023. 6. 7. 선고 2022고단2578 판결 교통사고처리특례법위반(치상))

(바) 기타 중증 상해

① 대구지방법원 김천지원 2019. 3. 20. 선고 2018고단1170 판결 : 뇌출혈로 인한 사지마비 및 장기간 재활치료에도 장애가 고착되어 보행 등 일상생활에 상당하고 심각한 지장을 받게 된 경우 생명에 대한 위험이 발생한 경우에 해당 (대구지방법원 김천지원 2019. 3. 20. 선고 2018고단1170 판결 교통사고처리특례법위반(치상))

② 창원지방법원 2013. 6. 26. 선고 2012고단3021 판결 : 제2목척추뼈의 골절 등으로 약 6개월간의 치료를 요하는 경우 중상해 인정 (창원지방법원 2013. 6. 26. 선고 2012고단3021 판결 교통사고처리특례법위반)

③ 서울중앙지방법원 2013. 9. 12. 선고 2012노4402 판결 : 외상성 뇌지주막하 출혈 및 외상성 뇌내혈종으로 인지기능 장애가 있고 완치여부를 알 수 없는 경우 중상해 인정 (서울중앙지방법원 2013. 9. 12. 선고 2012노4402 판결 교통사고처리특례법위반)

다) 중상해에 해당하지 않는 경우

(1) 골절 및 일반 상해

(가) 경추부 염좌 등 경미한 상해

① 대법원 2008. 7. 10. 선고 2008도1339 판결 : 2주간의 치료를 요하는 경추부 염좌 등의 경미한 상해는 중상해에 해당하지 않음 (대법원 2008. 7. 10. 선고 2008도1339 판결 특정범죄가중처벌등에관한법률위반(도주차량)·도로교통법위반)

(나) 골반 골절

① 수원지방법원 안산지원 2019. 2. 19. 선고 2018고단4227 판결 : 치골 결합부가 26mm 벌어진 상태이고 노동력의 20%가 영구히 상실되었으나, 두덩뼈는 체중이 실리는 부분이 아니어서 걷거나 이동하는 기능에 직접적인 영향을 많이 미치지 않는다는 이유로 불구에 해당하지 않는다고 판단 (수원지방법원 안산지원 2019. 2. 19. 선고 2018고단4227 판결 교통사고처리특례법위반(치상))

(다) 경골 골절

① 청주지방법원 2019. 12. 6. 선고 2019고단826 판결 : 경골상단의 폐쇄성 골절상으로 12주간의 치료를 요하나, 생명에 대한 위험이 발생하거나 불구가 되거나 불치 또는 난치의 질병이 생긴 경우에 해당한다고 단정할 수 없음 (청주지방법원 2019. 12. 6. 선고 2019고단826 판결 교통사고처리특례법위반(치상))

(라) 절구 골절

① 약 13주간의 치료가 필요한 절구의 골정(폐쇄성) 등 : 당심에 제출된 각 후유장애 진단서 및 신경외과장애진단서에 의하면 피해자가 골반골절 및 말초신경손상과 관련하여 우측 하지 근력저하 및 우측 고관절 골절및 심한 부정유합으로 인한 후유장해, 뇌손상에 대한 장애와 관련하여 두부손상 후유증상으로 인한 후유장해, 우안의 안운동장해로 인한 중심시야 복시로 인한 후유장해 등을 입었고 <u>위 각 후유장애가 영구적인 것으로 보이기는 하나, 당심의 충남대학교병원장에 대한 2015. 3. 10.자 사실조회회신에 의하면 피해자가 입은 뇌손상과 관련하여 일상생활의 단순 기능에 장애를 조래하지는 않으나 기억력 감소 등에 따른 불편함이 있을 것이라고 하고,</u> 피해자가 입은 골반골절 및 말초신경손상과 관련하여 앞서 본 이 부분에 후유장애가 발생한 것으로 판단되나 장해정도를 고려할 때 일반적인 의미의 불구로 판단하기는 무리라고 하고 있는 점, 당심의 충남대학교병원장에 대한 2015. 7. 30.자 사실조회회신에 의하면 피해자의 하악골 골절에 대한 개구 장애와 관련하여 하악골골절에 의한 개구장애는 없다고 하고 있는 점 등을 보태어 보면, 검사가 원심 및 당심에서 제출한 증거들만으로는 피해자가 이 사건 교통사고 당시 입은 상해로 인하여 생명에 대한 위험이 발생하거나 불구가 되거나 불치 또는 난치의 질병이 생겼다는 사실이 합리적 의심의 여지가 없이 입증되었다고 단정하기 부족하고, 달리 이를 인정

할 증거가 없다(대전지법 2015. 11. 5. 2014노1675 교특법위반 : 이는 대법원 2016. 2. 18. 2015도18382로 확정).

　　　　(마) 대퇴골 골절
① 광주지방법원 순천지원 2017. 1. 18. 선고 2015고단2689 판결 : 양측 대퇴골 간부 골절로 의식을 잃고 응급 개두술 및 혈종제거술을 받았으나, 재활치료 후 일상생활이 가능하고 보행에 큰 지장이 없는 경우 중상해에 해당하지 않음 (광주지방법원 순천지원 2017. 1. 18. 선고 2015고단2689 판결 교통사고처리특례법위반)

　　　　(바) 요추 골절
① 수원지방법원 여주지원 2013. 6. 14. 선고 2011고단1156 판결 : 제1, 2요추, 제7경추, 제10흉추의 폐쇄성 골절 등으로 96일간 입원치료를 받았으나, 현재 피해자가 불편하기는 하나 일상생활이 가능한 정도로 회복되어 중상해에 해당하지 않음 (수원지방법원 여주지원 2013. 6. 14. 선고 2011고단1156 판결 교통사고처리특례법위반)
② 대전지방법원 2018. 12. 7. 선고 2017노833 판결 : 제1, 2요추, 제7경추, 제10흉추의 폐쇄성 골절 등 상해를 입고 척추장애 진단을 받았으나, 사고와 척추장애 사이의 인과관계를 인정하기 부족하다고 판단 (대전지방법원 2018. 12. 7. 선고 2017노833 판결 교통사고처리특례법위반)

　　　(2) 뇌출혈 등 뇌손상
　　　　(가) 회복 가능성이 있는 경우
① 수원지방법원 안양지원 2020. 5. 22. 선고 2019고단110 판결: 열린 두개내 상처가 없는 외상성 두개내 출혈로 인지기능 저하가 있으나, 뇌 자체에 손상이 없이 뇌 표면에 피가 고인 경우 일반적으로 거의 회복이 되기 때문에 완치가능성이 희박하지 않다는 이유로 중상해에 해당하지 않음 (수원지방법원 안양지원 2020. 5. 22. 선고 2019고단110 판결 교통사고처리특례법위반(치상))
② 광주지방법원 2017. 9. 13. 선고 2017노630 판결: 뇌출혈로 우측편마비, 인지 저하, 구음장애가 발생하였으나, 피해자의 현재 상태 및 향후 호전가능성을 고려할 때 중상해에 해당하지 않음 (광주지방법원 2017. 9. 13. 선고 2017노630

판결 교통사고처리특례법위반)

③ 창원지방법원 2019. 10. 31. 선고 2019고단325 판결: 외상성 거미막하 출혈 등으로 치료를 받았으나, 생명에 대한 위험이 발생하였다거나 불구가 되거나 불치 또는 난치의 질병이 생겼다고 보기 어려움 (창원지방법원 2019. 10. 31. 선고 2019고단325 판결 교통사고처리특례법위반(치상))

(나) 경미한 뇌손상

① 서울중앙지방법원 2012. 12. 7. 선고 2012고단1642 판결 : 외상성 뇌지주막하 출혈 등으로 인지기능 장애가 있으나, 정답을 맞추는 횟수가 증가하고 주의력이 향상되는 등 장애가 불구, 불치 및 난치의 질병으로 고착화되었다고 보기 어려움 (서울중앙지방법원 2012. 12. 7. 선고 2012고단1642 판결 교통사고처리특례법위반)

(3) 척수손상

① 치료일수 미상의 척수손상으로 사지마비 상태가 풀리고 느린 정도의 걸음걸이 : 원심의 판단을 원심 및 당심이 적법하게 채택하여 조사한 증거들과 대조하여 면밀히 검토하고, 여기에 증거들에 의하여 인정되는 아래와 같은 사정들까지 보태어 보면, 원심의 판단은 정당한 것으로 수긍이 가고, 거기에 검사의 주장과 같은 사실오인의 위법이 있다고 볼 수 없다. 따라서 검사의 주장은 받아들이지 아니한다. 피해자는 2015. 10. 11.경 발생한 이 사건 교통사고로 인하여 잠시 의식을 잃고 사지가 마비되었으나, 사고 직후 병원으로 후송되어 수술을 받았고, 위 수술의 경과가 좋아 적어도 2015. 10. 30.경에는 의식상실 및 사지마비 상태에서 풀리게 되었다. 피해자의 아들 F의 진술 및 의사 H의 소견에 의하더라도, 피해자는 늦어도 2015. 11. 23.경부터는 보조기구의 도움을 받아 자력보행이 가능하였던 것으로 보이고, 이후에도 손가락에 악력이 부족한 이외에 특별히 거동이 불편하거나 움직이지 못하는 신체부위가 있었던 것으로 보이지는 아니한다. 원심 및 당심의 사실조회 회신결과에 따르면, 피해자의 현재 상태는 '양측 상·하 지 근력이 정상인의 70~80% 정도로 저하되어 있고, 특히 손가락 근력이 저하된 상태이므로 섬세하고 기능적인 동작에 어려움을 겪을 수 있다. 독립적으로 보행은 가능하나 안정적이지는 않으며, 정상인보다 걸음속도가 느린' 정도로 보인다. 설사 위와 같은 피해자의 상태가 고착되어 사고 이전과 같은

상태로 회복될 가능성이 적다고 하더라도, 이러한 정도의 상해를 들어 신체조직이 손상을 입어 그 기능을 상실한 경우에까지 이른다고 보기는 어렵다(서울중앙지법 2017. 11. 17. 2017노2619 교특법 위반 : 이는 대법원 2018. 3. 15. 2017도20044로 확정).

다. 특정범죄가중처벌법
1) 어린이 보호구역 가중처벌
가) 법 규정

■특정범죄 가중처벌 등에 관한 법률

제5조의13(어린이 보호구역에서 어린이 치사상의 가중처벌) 자동차등의 운전자가 「도로교통법」 제12조 제3항에 따른 **어린이 보호구역**에서 **같은 조 제1항에 따른 조치를 준수하고 어린이의 안전에 유의하면서 운전하여야 할 의무를 위반하여 어린이(13세 미만인 사람**을 말한다. 이하 같다)에게 「교통사고처리 특례법」 제3조 제1항의 죄를 범한 경우에는 다음 각 호의 구분에 따라 가중처벌한다.
1. 어린이를 **사망**에 이르게 한 경우에는 무기 또는 **3년 이상의 징역**에 처한다.
2. 어린이를 **상해**에 이르게 한 경우에는 **1년 이상** 15년 이하의 징역 또는 500만원 이상 3천만원 이하의 벌금에 처한다.

■도로교통법

]제12조(어린이 보호구역의 지정·해제 및 관리) ① 시장등은 교통사고의 위험으로부터 어린이를 보호하기 위하여 필요하다고 인정하는 경우에는 다음 각 호의 어느 하나에 해당하는 시설이나 장소의 주변도로 가운데 일정 구간을 어린이 보호구역으로 지정하여 자동차등과 노면전차의 통행속도를 시속 **30킬로미터 이내로 제한할 수** 있다.
  1. 「유아교육법」 제2조에 따른 유치원, 「초·중등교육법」 제38조 및 제55조에 따른 초등학교 또는 특수학교중 유치원·초등학교 교과과정이 있는 학교

③ 차마 또는 노면전차의 운전자는 어린이 보호구역에서 **제1항에 따른 조치를 준수하고 어린이의 안전에 유의**하면서 운행하여야 한다. <개정 2018.3.27.>

■교통사고처리특례법

제3조(처벌의 특례) ② 차의 교통으로 제1항의 죄 중 업무상과실치상죄(業務上過失致傷罪) 또는 중과실치상죄(重過失致傷罪)와 「도로교통법」 제151조의 죄를 범한 운전자에 대하여는 **피해자의 명시적인 의사에 반하여 공소(公訴)를 제기할 수 없다. 다만, 차의 운전자가 제1항의 죄 중** … 다음 각 호의 어느 하나에 해당하는 행위로 인하여 같은 죄를 범한 경우에는 그러하지 아니하다.

　　11. 「도로교통법」 제12조제3항에 따른 어린이 보호구역에서 같은 조 제1항
　　　　에 따른 조치를 준수하고 어린이의 안전에 유의하면서 운전하여야 할
　　　　의무를 위반하여 **어린이**의 신체를 상해(傷害)에 이르게 한 경우

어린이보호구역에서 발생한 교통사고는 우리 법체계상 매우 중대한 범죄로 취급됩니다. 이는 단순한 도로상의 사고가 아니라, 국가가 특별히 보호해야 할 안전구역에서 어린이의 생명이 위협받은 사건으로 보기 때문입니다. 법적 근거는 '특정범죄 가중처벌 등에 관한 법률' 제5조의13, 이른바 '민식이법'에 있습니다. 이 법에 따르면 자동차 운전자가 어린이보호구역 안에서 어린이를 사망에 이르게 한 경우에는 무기징역 또는 3년 이상의 징역에 처해지며, 어린이가 상해를 입은 경우에도 1년 이상 15년 이하의 징역 또는 500만 원 이상 3천만 원 이하의 벌금에 처해집니다. 이 조항으로 인해 **어린이보호구역 내 어린이 교통사고는 일반 교통사고보다 훨씬 무겁게 처벌됩니다.** 일반 교통사고에서 피해자가 사망한 경우에는 형법 제268조의 업무상과실치사상죄 및 교통사고처리특례법 제3조가 적용되어 금고 5년 이하 또는 벌금 2천만 원 이하의 형이 선고될 수 있습니다. 그러나 어린이보호구역 내 사망사고는 무기 또는 3년 이상의 징역으로 처벌되며, 벌금형 자체가 규정되어 있지 않습니다. 즉, 사망사고의 경우 법원은 반드시 실형을 선고해야 하고, 벌금형으로 사건을 마무리할 수 없습니다(단 집행유예는 가능합니다). 또한 어린이가 상해를 입은 경우에도 최소 1년 이상의 징역형이 가능하기 때문에 일반 교통사고보다 실형 선고 가능성이 매우 높습니다.

다만 이 가중처벌 조항이 적용되기 위해서는 몇 가지 요건이 충족되어야 합니다. **첫째, 사고가 반드시 어린이보호구역 내에서 발생해야** 합니다. **둘째, 피해자가**

'어린이' 여야 하는데, 여기서 말하는 어린이는 법적으로 **만 13세 미만인 사람**을 뜻합니다. 따라서 중학생 이상이거나 성인인 피해자가 어린이보호구역 내에서 사고를 당했더라도, 이 법의 가중처벌 규정은 적용되지 않습니다. **셋째, 운전자가 안전운전의무를 위반해야** 합니다. 안전운전의무 위반이란 전방주시 태만, 보행자 보호의무 위반, 횡단보도 앞 일시정지 불이행, 과속운전, 차로 변경 부주의 등과 같은 행위를 의미합니다. 즉, **단순히 제한속도를 30km/h 초과한 경우뿐 아니라, 제한속도 내로 주행하더라도 주의의무를 다하지 않아 어린이를 다치게 한 경우에도 이 법이 적용될 수** 있습니다.

형사재판 절차에서도 어린이보호구역 사고는 일반 교통사고와 다르게 진행됩니다. 일반 교통사고 사망사건은 통상 판사 1명이 재판을 담당하지만, 어린이보호구역 상해나 사망사건은 중범죄로 분류되기 때문에 반드시 판사 3명으로 구성된 합의부 재판부가 담당합니다.

또한 어린이보호구역 사고의 피해자는 대부분 어린이이기 때문에, 피해자의 부모나 보호자의 감정이 매우 격해져 있는 경우가 많습니다. 이로 인해 일반 교통사고에 비해 합의가 훨씬 어렵고, 피해자 측이 "처벌을 원한다"고 진술할 경우 실형 선고가 이루어질 가능성이 높습니다. 반대로 피해자 측이 진심 어린 사과와 보상을 받아들여 선처를 요청하는 경우에는 집행유예로 선처받는 사례도 있습니다.

결국 어린이보호구역 내에서 발생한 교통사고는 단순한 과실범이 아니라, 법률상 실형이 예정된 중대한 범죄로 평가됩니다. 따라서 운전자는 어린이보호구역 내에서는 반드시 서행하고, 보행자를 철저히 주시하며, 횡단보도 앞에서는 일시정지를 하는 등 모든 안전의무를 철저히 지켜야 합니다.

나) 어린이보호구역치상죄에 해당하는 경우
  (1) 신호위반 사례
    (가) 적색신호 위반 후 횡단보도 통과

① 울산지방법원 2020. 10. 23. 선고 2020고합182 판결은 피고인이 어린이보호구역에서 신호를 위반하여 진행한 과실로 녹색신호에 횡단보도를 건너던 피해자를 승용차의 앞 범퍼로 들이받아 피해자에게 약 2주간의 치료가 필요한 상해를 입게 한 사안에서 중상해를 인정하였습니다(울산지방법원 2020. 10. 23. 선고 2020고합182 판결 특정범죄가중처벌등에관한법률위반(어린이보호구역치상)).

② 인천지방법원 2021. 7. 1. 선고 2021고합138 판결은 피고인이 어린이 보호구

역에서 오토바이를 운전하던 중, 신호등이 설치된 횡단보도를 보행자 신호에
따라 지나가는 어린이인 피해자를 충격한 것으로, 그 범행의 경위, 신호위반의
내용 등에 비추어 죄책이 가볍지 않다고 판단하였습니다(인천지방법원 2021.
7. 1. 선고 2021고합138 판결 특정범죄가중처벌등에관한법률위반(어린이보호구
역치상)).

(나) 차량신호 적색 시 진행
① 울산지방법원 2021. 6. 4. 선고 2021고정138 판결은 피고인이 차량 신호가 정
지신호로 바뀌었는데도 계속 진행하다가 횡단보도 신호에 따라 자전거를 타고
횡단보도를 건너던 피해자의 좌측 뒷바퀴 부분을 충격한 사안에서 어린이보호
구역치상죄를 인정하였습니다(울산지방법원 2021. 6. 4. 선고 2021고정138 판
결 특정범죄가중처벌등에괸한법률위반(어린이보호구역치상)).

(2) 전방주시의무 위반 사례
(가) 횡단보도 통과 시 전방주시 소홀
① 수원지방법원 평택지원 2021. 3. 12. 선고 2021고합2 판결은 피고인이 어린이
보호구역 내 신호등 없는 횡단보도에서 전방을 제대로 살피지 않은 채 자전거
를 타고 신호등 없는 횡단보도를 건너던 피해자를 충격한 사안에서, 피고인이
제한속도를 8km/h 초과하여 운행하다가 사고가 발생한 것으로 인정하였습니다
(수원지방법원 평택지원 2021. 3. 12. 선고 2021고합2 판결 특정범죄가중처벌
등에관한법률위반(어린이보호구역치상)).
② 부산지방법원 동부지원 2020. 7. 14. 선고 2020고합56 판결은 어린이보호구역
이고 횡단보도가 설치된 교차로에서 자동차의 운전자로서는 전방 및 좌우를 잘
살펴 횡단보도를 건너는 사람이 있는지 여부를 확인하고 어린이의 안전에 각별
히 유의하면서 운전해야 할 업무상 주의의무가 있었다고 판시하였습니다 (부산
지방법원 동부지원 2020. 7. 14. 선고 2020고합56 판결 특정범죄가중처벌등에
관한법률위반(어린이보호구역치상)).

(나) 일시정지 의무 위반
① 서울남부지방법원 2021. 4. 26. 선고 2021고합57 판결은 피고인이 어린이보호
구역에서 일시정지 등 주의의무를 위반한 과실로 피해자들에게 상해를 입힌 것

으로, 교통안전에 취약한 어린이를 보호하기 위한 이 사건 처벌조항의 입법취지에 비추어 죄책이 가볍지 않다고 판단하였습니다(서울남부지방법원 2021. 4. 26. 선고 2021고합57 판결 특정범죄가중처벌등에관한법률위반(어린이보호구역치상),교통사고처리특례법위반(치상)).

(3) 어린이 안전 유의의무 위반 사례
(가) 주차차량 사이 어린이 출현 예상 실패

① 대전지방법원 천안지원 2020. 4. 27. 선고 2019고단2757 판결은 어린이 보호구역 도로를 진행하는 운전자들은 더욱 전방을 주시하고, 안전하게 운전할 의무가 있다고 판시하면서, 사고 장소는 왕복 2차로의 사거리로서 사방에 횡단보도가 설치되어 있는 어린이보호구역에 해당하는 도로이고, 사고시간 또한 저녁 무렵으로 학원이나 학교 일과가 마치는 시간으로 아이들이 많이 다닐 수 있는 상황이었다고 인정하였습니다(대전지방법원 천안지원 2020. 4. 27. 선고 2019고단2757 판결 교통사고처리특례법위반(치사),교통사고처리특례법위반(치상)).

② 청주지방법원 2018. 10. 25. 선고 2018고단284 판결은 피고인이 시내버스를 시속 20km 이하로 운행하였다 하더라도, 어린이보호구역의 제한속도인 시속 30km를 준수하였다는 것만으로는 곧 업무상 주의의무를 다하였다고 할 수 없다고 판시하였습니다(청주지방법원 2018. 10. 25. 선고 2018고단284 판결 교통사고처리특례법위반(치사)).

(나) 횡단보도 보행자 보호의무 위반

① 의정부지방법원 고양지원 2014. 5. 21. 선고 2014고정433 판결은 피고인이 어린이보호구역 내에서의 제한속도를 준수하였다 하더라도 교통사고처리 특례법 제3조 제2항 단서 제11호 상의 '어린이의 안전에 유의하면서 운전하여야 할 의무를 위반하여 어린이의 신체를 상해에 이르게 한 경우'에 해당한다고 판단하였습니다 (의정부지방법원 고양지원 2014. 5. 21. 선고 2014고정433 판결 교통사고처리특례법위반).

(4) 제한속도 위반 사례

① 인천지방법원 부천지원 2020. 2. 20. 선고 2019고단2948 판결은 피고인이 어린이보호구역으로서 보행자의 통행이 빈번한 곳에서 제한속도를 준수하지 않고

시속 약 55.6km의 속도로 직진하여 진행한 과실을 인정하였습니다(인천지방법원 부천지원 2020. 2. 20. 선고 2019고단2948 판결 교통사고처리특례법위반(치상),도로교통법위반,자동차손해배상보장법위반).

      (5) 복합적 과실 사례

① 대구지방법원 서부지원 2021. 7. 8. 선고 2020고합293 판결은 어린이보호구역이고 전방에는 횡단보도가 설치되어 있었으므로 이러한 경우 자동차의 운전업무에 종사하는 사람에게는 전방 및 좌우를 잘 살펴 횡단보도를 통행하는 사람이 없는지 확인하는 등으로 어린이의 안전에 주의하여 운전하여야 할 업무상주의의무가 있었다고 판시하였습니다(대구지방법원 서부지원 2021. 7. 8. 선고 2020고합293 판결 특정범죄가중처벌등에관한법률위반(어린이보호구역치상)).

② 대구지방법원 2021. 8. 20. 선고 2021고합225 판결은 피고인이 어린이 보호구역에서 어린이의 안전에 유의하며 운전하여야 할 주의의무를 위반한 과실로 횡단보도를 건너던 나이 어린 피해자를 충격하여 약 4주간의 치료가 필요한 상해를 입게 하였다고 인정하였습니다(대구지방법원 2021. 8. 20. 선고 2021고합225 판결 특정범죄가중처벌등에관한법률위반(어린이보호구역치상)).

다) 어린이보호구역치상죄에 해당하지 않는 경우
    (1) 예견가능성 또는 회피가능성 부정 사례
      (가) 제한속도 준수 및 돌발상황

① 인천지방법원 부천지원 2021. 5. 28. 선고 2020고합276 판결은 피고인 운전차량의 블랙박스 영상과 국립과학수사연구원 감정촉탁결과에 의하면, 피해자가 횡단보도에서 교차로로 진입하는 시점부터 충돌시점까지의 시간은 약 2초 이내이고, 피해자가 횡단보도에서 교차로에 진입하는 시점의 버스 위치부터 충돌지점까지의 거리는 약 6m라고 인정하면서 무죄를 선고하였습니다(인천지방법원 부천지원 2021. 5. 28. 선고 2020고합276 판결 특정범죄가중처벌등에관한법률위반(어린이보호구역치상)).

② 대전지방법원 2021. 6. 23. 선고 2021고합75 판결은 피고인이 이 사건 도로가 어린이 보호구역임을 인식하고 어린이의 안전에 유의하면서 운행할 의무를 다하여, 피해자를 즉시 발견하였다 하더라도 이 사건 사고를 피할수 없었을 것으로 보인다고 판단하여 무죄를 신고하였습니다(대진지방법원 2021. 6. 23. 선고

2021고합75 판결 특정범죄가중처벌등에관한법률위반(어린이보호구역치상)).

        (나) 피해자의 이례적 행동

① 광주고등법원 (전주) 2021. 1. 13. 선고 2020노207 판결은 피고인이 제한속도 이하로 운전하였고, 피해자가 보도에서 갑자기 도로로 뛰어나온 상황에서 피고인이 전방 등 주시의무나 '어린이의 안전에 유의하면서 운전하여야 할 의무'를 위반하였다고 보기 어렵다고 판단하여 무죄를 선고하였습니다(광주고등법원 (전주) 2021. 1. 13. 선고 2020노207 판결 특정범죄가중처벌등에관한법률위반(어린이보호구역치상)).

② 전주지방법원 2021. 11. 25. 선고 2021고합171 판결은 피해자가 보도에서 갑자기 도로로 뛰어나온 경우, 피고인이 이 사건 도로가 어린이 보호구역임을 인식하고 어린이의 안전에 유의하면서 운행할 의무를 다하여 피해자를 즉시 발견하였다 하더라도 이 사건 사고를 피할 수 없었을 것으로 보인다고 판단하였습니다(전주지방법원 2021. 11. 25. 선고 2021고합171 판결 특정범죄가중처벌등에관한법률위반(어린이보호구역치상)).

        (2) 제동거리 및 시야 제한 고려 사례

① 수원지방법원 성남지원 2023. 6. 1. 선고 2022고합254 판결은 피고인이 피해자가 운전하는 자전거의 존재를 인지하고 가능한 최단시간 내에 브레이크를 밟아 제동을 하였다고 하더라도 이 사건 사고를 회피하는 것은 어려워 보이고, 피고인이 어린이 보호구역에서의 제한속도인 시속 30km를 준수하였으므로 무죄를 선고하였습니다(수원지방법원 성남지원 2023. 6. 1. 선고 2022고합254 판결 특정범죄가중처벌등에관한법률위반(어린이보호구역치상)).

② 서울북부지방법원 2023. 7. 21. 선고 2022고정1235 판결은 피고인 차량의 블랙박스 화면에서 피해차량이 처음 등장하는 시점에 피고인이 즉각 피해차량을 발견할 수 있었던 것으로 간주하는 것은 운전석에 앉아있는 운전자로서는 차량 좌·우측에 설치된 A필러에 의하여 시야가 제한된다는 점을 고려하지 않은 것이라고 판단하여 무죄를 선고하였습니다(서울북부지방법원 2023. 7. 21. 선고 2022고정1235 판결 특정범죄가중처벌등에관한법률위반(어린이보호구역치상)).

        (3) 인과관계 부정 사례

① 부산지방법원 2021. 7. 9. 선고 2020고합528 판결은 피고인 변호인의 '피고인은 이 사건 도로가 어린이보호구역으로 지정되어 있는지 알지 못하였고, 피고인 운행 차량의 앞바퀴 부분으로 피해자 오른쪽 발 부위를 충격한 사고를 회피할 수 있는 가능성이 없었으므로, 피고인에게는 업무상 과실이 없다.'라는 주장과 관련해서, 피고인이 어린이 보호구역에서 어린이의 안전에 유의하면서 운행할 의무를 위반한 과실과 이 사건 사고발생 내지 피해자의 상해라는 결과 사이에 상당인과관계가 있다는 점이 합리적인 의심을 배제할 정도로 증명되지 않았다고 판단하여 무죄를 선고하였습니다(부산지방법원 2021. 7. 9. 선고 2020고합528 판결 특정범죄가중처벌등에관한법률위반(어린이보호구역치상)).

(4) 어린이보호구역 인식 불가 사례

① 청주지방법원 2023. 5. 24. 선고 2022고합364 판결은 피고인이 이 사건 사고발생 당시 이 사건 어린이 보호구역 제한속도인 시속 30km 보다 낮은 평균 시속 21.3km 속력으로 운행한 것은 사실이나, 피고인이 이 사건 도로가 어린이 보호구역으로 지정되어 있는 사실을 인식하지 못하여 어린이가 갑자기 도로에 뛰어나오는 상황을 대비하는 등 특별히 어린이의 안전에 유의하면서 차량을 운행하지 못하였다고 인정하면서도 무죄를 선고하였습니다(청주지방법원 2023. 5. 24. 선고 2022고합364 판결 특정범죄가중처벌등에관한법률위반(어린이보호구역치상)).

② 부산지방법원 2021. 7. 9. 선고 2020고합528 판결은 이 사건 도로가 어린이 보호구역으로 지정되어 있는 사실을 인식하지 못한 경우, 어린이가 갑자기 도로에 뛰어나오는 상황을 대비하는 등 특별히 어린이의 이례적인 행동에 대한 운전자의 예견가능성이 없거나 주의의무를 지켰다고 판단될 수 있음을 시사합니다(부산지방법원 2021. 7. 9. 선고 2020고합528 판결 특정범죄가중처벌등에관한법률위반(어린이보호구역치상)).

6. 죄를 인정하는 의뢰인 대응솔루션(구체적 대처방법★)

가. 서설
나. 교통사고의 형사처벌 및 면허취소
다. 교통사고의 보험처리 : 운전자보험
라. 가장 먼저 해야 하는 일(피해자에 대한 피해회복, 사실관계 정리)
마. 피해자가 있는 경우 사죄편지 또는 사죄메시지 작성방법
바. 피해자가 있는 경우 합의 하는 방법
사. 반성문 작성방법
아. 선처탄원서 작성방법
자. 기타 양형자료 준비방법
차. 경찰 또는 검찰조사 받는 방법
카. 법원 유죄인정 최후진술 준비방법

가. 서설

일반 교통사고 사건은 크게 ①일반과실 교통사고와 ②12대 중과실 교통사고로 구분할 수 있으며, ③피해자의 상해 정도에 따라 경미한 부상, 중상해, 사망사고로 나눌 수 있습니다. 또한 ④의뢰인이 초범인지, 과거에 무면허나 음주운전 등 교통 전과가 있는지 여부에 따라 사건의 성격과 처벌 수위가 달라질 수 있습니다. 특히 의뢰인에게 교통 전과가 있거나, 사고가 12대 중과실에 해당하는 경우, 또는 피해자가 중상해를 입었거나 사망한 경우에는 단순 과실사고와 달리 형사처벌 가능성이 높아지며, ⑤피해자와의 합의가 이루어지지 않은 경우 실형이 선고될 가능성도 높아집니다.

따라서 의뢰인은 각 수사 및 재판 단계에서 철저히 대응할 필요가 있습니다. 죄를 인정하는 의뢰인은 선처를 받기 위해서 ①반성문 작성, ②선처탄원서 확보, ③재범 방지를 위한 구체적인 실천노력과 관련한 양형자료는 필수적으로 준비를 해야 합니다. 교통사고의 경우 피해자와의 ④합의서가 가장 강력한 양형자료로 작용합니다. 교통사고 사건에서 가장 불리한 상황은 피해자와의 합의가 이루어지지 않은 상태에서 피해자 측이 엄벌탄원서까지 제출하는 경우입니다. 이러한 상황을 피하기 위해서는, 최소한 피해자가 엄벌을 탄원하지 않도록 피해자에 대한 가능한 모든 조치를 최대한 성의 있게 취해두는 것이 매우 중요합니다(피해자가 중상해를 입거나 사망한 사건의 경우 피해자 측은 현재 의뢰인의 태도와 대응을 주의 깊게 지켜보

고 있습니다).

합의가 되지 않더라도 최소한 자동차종합보험에서 지급한 ⑤치료비 지급내역서 또는 지급결의서 등의 증빙자료 확보하거나 합의가 되지 않은 경우 피해자의 피해회복을 위한 ⑥공탁을 반드시 진행하여야 합니다.

조사 단계에서는 경찰이나 검찰 조사에서 진정성 있는 태도로 임하며, 반성과 사죄의 모습을 보여주는 진술을 해야 합니다. 이러한 태도는 검사나 판사로 하여금 선처를 고려하게 만드는 중요한 요소입니다. 피해자의 부상정도가 심각하여 수사 단계에서 구속영장이 청구될 가능성이 있다면, 구속영장실질심사를 철저히 대비해야 합니다. 기소 후 법원 재판 단계에서는 재판장님의 마음을 움직이기 위해 철저히 준비된 피고인의 최후진술이 필요합니다. 최후진술은 자신의 반성과 재범 방지를 위한 다짐을 구체적이고 진정성 있게 전달할 마지막 기회이므로, 심혈을 기울여 준비해야 합니다.

자세한 내용은 의뢰인 등이 위치한 각 단계 및 필요한 상황에 맞추어 아래의 내용을 2~3회 이상 읽어 반드시 숙지하시기 바랍니다.

나. 교통사고의 형사처벌 및 면허취소

음주, 도주운전, 무면허 등이 없는 일반 교통사고로 피해자를 다치게 한 경우에는 「교통사고처리 특례법」이 적용되며, 이 법은 형법상 업무상과실치상·치사의 특칙으로 운용됩니다. 과실로 교통사고를 발생시킨 운전자의 경우 원래라면 형법 제268조(업무상과실치상/치사죄)로 처벌받아야 하지만, 특례법 적용 시 기소조차 되지 않거나, 기소되더라도 공소권 없음 처분을 받을 수 있습니다. 단, ①자동차종합보험에 미가입되어 있는 경우(단, 운전자보험과 자동차종합보험은 다릅니다), ②피해자사가 사망 또는 중상해(예: 골질 등)인 경우, ③12대 중괴실 중 하나에 해당하는 경우(신호위반, 중앙선 침범, 역주행, 20km 초과 과속, 횡단보도 사고, 음주, 무면허, 보도침범, 어린이 보호구역 등), ④일반교통사고가 아닌 경우(도주·사고후미조치, 뺑소니, 고의 사고 등)에는 특례법이 적용되지 않습니다.

교통사고처리 특례법 적용혜택	
① 형사처벌 면제	- 가장 핵심적인 혜택입니다. - 종합보험에 가입되어 있고, 피해자가 중상해나 사망이

	아닌 경우, 그리고 12대 중과실에 해당하지 않으면, 형사처벌을 받지 않습니다.
	- 실무에서는 경찰도 불송치하거나, 검찰은 공소권 없음 처분을 내립니다.
② 형사합의가 없어도 처벌 면제 가능	- 일반적으로 교통사고는 피해자와 합의하지 않으면 기소되거나 처벌받을 수 있습니다.
	- 하지만 특례법이 적용되면 피해자와 합의하지 않아도 자동차종합보험을 통해 손해배상이 된다는 이유로 형사처벌을 면할 수 있습니다.
③ 형사기록이 남지 않음	- 형사처벌을 받지 않으므로, 전과기록 등에도 남지 않습니다.
④ 형사재판에 출석할 필요 없음	- 기소가 되지 않으므로, 형사법정에 출석해야 할 부담이 없습니다.

일반과실 또는 12대 중과실로 인한 교통사고가 발생한 경우, 운전자의 운전면허에 대한 행정처분(정지 또는 취소) 여부는 사고의 원인, 피해자의 상해 정도, 의뢰인의 교통 전력 등에 따라 아래와 같이 달라집니다.

구분	피해자 상해 정도	벌점	면허 정지 기준	면허 취소 기준(누산)
일반과실 사고	경상 (3주 미만)	5점	40점 이상 시 정지 (ex : 40점인 경우 40일 정지, 50점인 경우 50일 정지)	1년간 121점 / 2년간 201점 / 3년간 271점 이상
	중상 (3주 이상)	15점	동일	동일
	사망 (72시간 이내)	90점	동일	동일
12대 중과실 사고	신호위반	15점	동일	동일
	중앙선침범	30점	동일	동일
	어린이보호	30점	동일	동일
	20km 초과	15~60점	동일	동일

다. 교통사고의 보험처리 : 운전자보험

자동차 운전자의 보험은 크게 '자동차보험'과 '운전자보험'으로 나뉘며, 두 보험은 그 보장 범위와 목적이 전혀 다릅니다.

자동차보험은 운전자가 보유한 특정 차량을 기준으로 가입하는 보험으로, 교통사고가 발생했을 때 상대방 피해자에 대한 민사적 손해배상을 목적으로 합니다. 예를 들어, 상대방의 치료비, 차량 수리비, 민사합의금, 휴업손해 등이 보험사로부터 지급되며, 이는 민사적 배상책임을 대행하는 구조입니다. 일반적인 교통사고에서는 대부분 이 자동차보험을 통해 피해자의 손해가 우선적으로 보전됩니다.

반면에 운전자보험은 차량이 아닌 '운전자 개인'을 기준으로 가입하는 보험으로, 사고로 인해 운전자가 형사처벌(경찰조사, 형사재판 등)을 받을 위험에 대비하는 보장을 중심으로 구성됩니다. 운전자보험에서는 교통사고로 인해 형사처벌이 문제되는 경우, 형사합의금, 변호사 선임비용, 형사벌금 등에 대해 보험금이 지급됩니다. 따라서 일반 교통사고라 하더라도 피해자가 중상해를 입었거나 사망한 경우, 혹은 사고 원인이 12대 중과실에 해당하는 경우라면 운전자보험의 보장을 통해 형사 절차 대응에 필요한 경제적 부담을 덜 수 있습니다.

법적으로도 민사절차와 형사절차는 명확히 구분됩니다. 민사 합의가 이루어졌다고 하더라도, 법원 형사재판부는 이를 형사합의로 자동 간주하지 않습니다. 다만, 민사합의서 내용에 형사상 처벌불원의 의사까지 함께 포함된 것으로 해석될 수 있는 경우에는 형사합의의 효력이 발생할 수 있습니다.

결국, 자동차보험은 주로 피해자 측의 민사적 피해 회복에 초점을 맞추고 있고, 운전자보험은 가해 운전자의 형사책임 발생 시, 최악의 경우 법정구속 등 실형선고가 나오지 않도록 하기 위한 비용을 보장하는 보험입니다.

일반 교통사고의 경우, 자동차보험을 통해 피해자의 치료비 및 손해배상은 원칙적으로 모두 처리됩니다. 그러나 가해자에게 형사책임이 발생하는 상황(예: 중상해, 사망사고, 12대 중과실 포함 시)에서는 자동차보험만으로는 형사절차를 방어할 수 없기 때문에, 운전자보험의 보장이 중요한 역할을 하게 됩니다.

만약 자동차보험으로 피해자에게 일정한 보험금이 지급되었더라도, 가해 운전자가 형사처벌을 받게 되는 상황이라면 운전자보험이 없을 경우, 형사합의금 및 변호사 비용 등을 모두 본인이 부담해야 합니다.

라. 가장 먼저 해야 하는 일

1) 피해자에 대한 사과 및 피해회복

일반 교통사고로 인해 경찰로부터 연락을 받은 의뢰인이 본인의 과실을 인정하는 경우라면, 가장 우선적으로 자동차보험 접수를 신속하게 진행하여 피해자의 치료가 지체되지 않도록 조치해야 합니다. 피해자가 병원 진료를 원활하게 받을 수 있도록 하는 것은 형사절차에서 피의자의 성실한 피해회복 의지를 보여주는 중요한 선처 사유로 작용합니다. 단순히 선처를 위한 것이 아니라 하더라도 가해운전자 입장에서도 할 도리를 했다는 생각은 스스로에게도 심리적인 위안이 될 수 있습니다.

자동차보험 접수 후에는 보험사 직원을 개입시켜 피해자에 대한 치료비 지급이 민사적으로 원활하게 진행될 수 있도록 관리하는 것이 필요합니다. 이때 보험사 직원이 피해자와의 중재 역할도 할 수 있으므로, 보험을 통한 피해 회복 절차는 가능한 한 체계적으로 이행하는 것이 좋습니다.

가능하다면 피해자의 병문안을 가는 것도 좋은 방법입니다. 다만, 개인정보 보호로 인해 피해자가 입원한 병원과 병실을 알 수 없는 경우가 많습니다. 이 경우 담당 자동차보험 직원에게 부탁하여, 피해자에게 운전자가 병문안을 가고 싶어 하는데 병실을 알려줘도 되는지 조심스럽게 물어봐 달라고 요청할 수 있습니다. 피해자가 이를 거절하더라도, '가해자가 직접 병문안을 가고 싶어 한다'는 의사가 피해자에게 전달되는 것만으로도 진심이 전해질 수 있어 의미가 있습니다.

다음으로 피해자의 연락처 확보가 중요합니다. 이는 가해자가 직접 무리하게 알아보는 방식보다는, 담당 보험사 직원이나 수사 경찰관을 통해 피해자의 동의를 받아 연락처를 제공받는 방식이 원칙입니다. 연락처를 확보한 이후에는 피의자 본인이 직접 연락하여 피해자의 건강 상태를 확인하고, 정중하고 진심 어린 사과를 전해야 하며, 이는 형사합의의 시작점이 될 수 있습니다.

형사합의 관련 내용은 성급하게 꺼내기보다는, 피해자의 감정과 건강 상태를 충분히 살핀 뒤 변호사를 통해 차분하게 접근하는 것이 바람직합니다. 자칫 피해자 감정을 자극할 경우 합의가 더 어려워질 수 있기 때문에, 합의 제안은 전문적인 조율과 타이밍 조절이 필요합니다.

피해자의 치료 경과 및 비용 지급 상황은 자동차보험회사 직원을 통해 정기적으로 확인해야 하며, 치료 종결 시점 또는 장해 여부 발생 시기에 맞춰 합의금 협의가 적절하게 이루어질 수 있도록 준비해야 합니다.

최악의 경우는 운전자보험에 가입되어 있지 않은 경우입니다. 만약 운전자보험에 가입되어 있지 않거나 운전자보험의 보장한도가 지나치게 낮은 경우에는 향후 형사 절차에서 발생할 수 있는 비용을 고려하여 자금을 사전에 준비해 두는 것이 필요합니다. 일반 교통사고라 하더라도 피해자가 중상해를 입은 경우 합의금은 1,000만 원~5,000만 원 이상이 소요될 수 있고, 피해 정도가 중하거나 영구 장해가 예상되는 경우 5,000만 원~1억 원 이상을 마련하는 것이 현실적입니다. 이는 합의뿐만 아니라, 양형에 영향을 줄 수 있는 공탁금으로도 활용될 수 있습니다.

따라서, 일반 교통사고에서의 의뢰인 입장에서 효과적인 대응은 ①피해자에 대한 적극적 조치(병문안 포함), ②체계적인 자동차보험 민사절차 이행, ③진정성 있는 태도와 양형자료 준비라는 세 축을 중심으로 이루어져야 하며, 이는 실형 가능성을 줄이고 집행유예나 벌금형 등의 선처로 이어질 수 있는 핵심 전략입니다.

2) 사실관계 정리

일반 교통사고, 특히 일반과실이나 12대 중과실에 해당하는 교통사고에서 의뢰인이 본인의 과실을 인정하고 있는 경우라 하더라도, 형사재판에서의 양형은 사실관계의 세부 정리와 진정성 있는 태도에 따라 크게 달라질 수 있습니다. 따라서 의뢰인은 사고 발생 경위, 사고 당시 상황, 사고 이후의 조치 등 전체 과정을 **시간순으로 세부적이고 구체적인 글(PC)로 정리**해 놓아야 합니다.

이러한 내용은 재판부가 피고인의 반성 정도와 상황에 대한 이해도를 판단하고, 나아가 선처 여부를 결정하는 데 핵심적인 판단 기준이 됩니다. 실제로 양형에는 피해자와의 관계, 사고 이후 조치 내용, 반성의 진정성, 피해 회복 노력, 의뢰인의 생활환경 등이 폭넓게 영향을 미칩니다.

우선, 사고 당시 의뢰인이 어떠한 경위로 운전을 하게 되었는지, 당일의 이동 목적과 경로, 사고 시 도로 상황, 차량 속도, 교통량, 가시거리, 운전자의 신체·정신 상태(예: 피로, 질병, 혼란 등), 탑승자 유무, 운전 목적 등을 사실대로 서술해야 합니다. 사고가 발생한 구체적인 상황과 충돌 순간의 인식, 사고 직후의 행동(예: 정차, 하차 여부, 구조 노력 등)과 판단 배경, 경찰 신고 여부 등을 가능한 한 의뢰인의 생각과 감정까지 포함하여 상세히 기술하는 것이 좋습니다.

또한, 사고 후 본인의 구호조치 여부, 119나 경찰에 연락한 시점, 보험회사 통보 여부, 피해자에 대한 사과나 치료비 지원 여부 등도 정리해야 하며, 이 내용은 향후 형사적 책임에 대한 감경 사유로 적극적으로 고려될 수 있습니다.

더불어, 사고의 원인과 피해자의 상태를 객관적으로 분석하고, 피해자 측에도 과실이 일부 존재하는 경우에는 해당 내용을 정확히 기록하는 것이 필요합니다. 이는 피고인의 형사책임을 다소나마 경감할 수 있는 정당한 사정으로 평가될 수 있기 때문입니다.

의뢰인의 진술을 뒷받침 할 수 있는 CCTV 영상, 블랙박스, 사고 현장 사진, 목격자 진술서 등을 확보하여 함께 준비하는 것이 바람직합니다.

또한, 사고가 전적으로 의뢰인의 과실 때문이 아니라, 현실적으로 피하기 어려운 불가피한 상황에서 발생한 것이라면, 이 역시 반드시 사실관계 서술에 포함시켜야 합니다. 예를 들어, 갑작스러운 보행자 출현, 시야를 방해하는 장애물, 제한된 반응 시간 등은 과실 비율과 형량에 실질적인 영향을 미칩니다.

결국 유죄를 인정하더라도, 의뢰인의 반성적 태도, 사고에 이르게 된 구체적 사정, 피해 회복을 위한 노력, 피해자의 일부 과실 여부, 의뢰인의 생계나 가족 관련 사정은 모두 양형 요소로 고려되며 형량을 실질적으로 좌우할 수 있습니다. 따라서 의뢰인의 진술과 서면 제출 자료는 잘못을 회피하거나 책임을 축소하려는 방식이 아니라, 사실을 있는 그대로 인정하고 사과하며, 구체적 정황을 설명하는 데 중점을 두는 것이 가장 바람직합니다.

마. 피해자가 있는 경우 사죄편지 또는 사죄메시지 작성방법

1) 필요성

중상해 또는 사망사고의 경우, 피해자 본인 또는 유족은 가해자에 대한 감정이 극도로 부정적일 수밖에 없습니다. 이럴수록 진정성 있는 사죄메시지는 그 자체로 회복 불가능한 상처에 대한 최소한의 도의적 책임이자, 법정에서도 반성의 태도를 보여줄 수 있는 중요한 양형자료로 기능합니다.

특히, 유족이 사죄메시지 수령 자체를 거부하는 경우에도 반드시 사죄의 뜻은 문서로 정리하여 재판부에 제출하여야 하며, 이는 양형 판단 시 "적극적인 반성 태도"로 평가받을 수 있습니다.

2) 사죄메시지 작성 전 마음가짐과 태도

■ 무엇보다 신속한 사죄의사 표시

- 교통사고로 피해자가 중상해를 입거나 사망에 이른 경우, 피해자 측은 극심한 충격과 분노 속에 있습니다. 이때 가해자가 가장 먼저 보여줄 수 있는 태도는 신속한 사죄입니다.
- 피해자가 단순 타박상이나 경미한 치료를 받는 상황이라고 해서 가해자가 늦게 사과하거나 형식적으로 사과하면, 피해자는 오히려 가볍게 여긴다고 느낄 수 있습니다.
- 따라서 가능한 한 빠른 시일 내에 피해자의 연락처로 문자메시지, 카카오톡 메시지, 혹은 다른 방식으로라도 "진심 어린 사과의 뜻"을 전달하는 것이 중요합니다. 단순히 시간이 지난 뒤에 사죄하는 것보다 초기 대응에서 즉각적으로 사죄 의사를 보이는 것이 피해자 감정 완화와 향후 합의 가능성에도 큰 영향을 미칩니다.

■ 본인의 책임 명확히 인정

- 사고에 이르게 된 원인이 무엇이든, 결과적으로 피해자 또는 유족이 돌이킬 수 없는 피해를 입은 상황에서는 변명의 여지 없이 책임을 인정하는 것이 기본 전제입니다.

■ 합의보다 사죄를 우선시

- 피해자 또는 유족은 '합의를 목적으로 한 접근'에 특히 민감하게 반응합니다. 따라서 합의 언급 없이 오직 '죄송함'과 '속죄의 마음'으로 작성해야 합니다.

■ 피해자 또는 유족의 입장에서 작성
- 피해자 또는 유족이 겪었을 상실감, 트라우마, 생계 문제 등을 헤아리며 공감과 존중의 자세로 임해야 합니다.

■ 자필 권장
- 사망이나 중상해와 같은 중대 사고에서는 A4 기준 2~3장 이상, 진심을 담은 자필로 작성하는 것이 좋습니다. PC 작성 시에도 마지막 서명은 반드시 자필로 기재합니다.

■ 책임회피·억울함 호소 금지
- 중상해 또는 사망사건에서 책임 회피나 억울함 호소는 오히려 2차 가해로 받아들여질 수 있으므로 엄격히 금지되어야 합니다.

3) 사죄편지 내용 구성

■ 도입부 : 조심스러운 접근
- 예시 : "이 편지를 읽는 것 자체가 유족분들께 또 한 번의 고통이 될 수 있다는 점을 알고 있습니다. 그럼에도 불구하고 진심을 전하고 싶어 감히 글을 씁니다."

■ 잘못에 대한 명확한 인정과 사죄
- 예시 : "이 사고는 변명의 여지 없이 전적으로 제 잘못입니다. 그로 인해 고귀한 생명을 잃게 하고, 가족분들께 말로 다할 수 없는 슬픔을 드린 점에 대해 깊이 사죄드립니다."

■ 피해자에 대한 존경과 애도의 마음 표현
- 예시 : "존경하는 피해자님께서 얼마나 소중한 삶을 살아오셨는지, 가족분들께 어떤 의미였는지를 감히 다 알 순 없지만, 고통의 무게를 짐작조차 할 수 없어 가슴이 미어집니다."

■ **자신의 삶을 되돌아보고 반성하는 내용**

- 예시 : "이번 사고 이후 저는 제 삶 전체를 돌아보게 되었습니다. 제가 저지른 잘못이 얼마나 중대한지, 한 사람의 실수가 얼마나 많은 사람들의 삶을 파괴할 수 있는지를 뼈저리게 깨닫고 있습니다."

■ **향후 재발 방지에 대한 구체적 다짐**

- 예시: "저는 이미 차량을 처분하고 다시는 운전하지 않겠다고 다짐했으며, 운전에 대한 교육과 상담을 자발적으로 받고 있습니다."

■ **피해회복 의지 명시**

- 예시 : "피해자 유족분들께서 겪고 계신 정신적·경제적 고통을 일부라도 덜어드릴 수 있다면, 제가 할 수 있는 모든 수단을 동원하여 책임지겠습니다."

■ **마무리 : 용서보다 회복 기원**

- 예시 : "감히 용서를 구할 자격조차 없다는 걸 잘 알고 있습니다. 다만, 유족분들께서 언젠가 조금이라도 평안을 되찾으실 수 있기를 기도드립니다."

■ **피해자분의 마음을 움직일 수 있는 표현**

- 사죄편지는 단순히 잘못을 인정하는 글이 아니라, 피해자의 상처를 어루만지고 용서를 구하는 진심을 담아내는 글입니다.
- 그 안에 감동적인 표현이 들어가면 피해자는 가해자의 참회를 더 깊이 느끼고 마음의 문을 열 가능성이 높아집니다.

사죄메시지 문장의 예시
1. 평생의 빚과 은혜를 강조하는 문장
- "용서해 주신다면, 피해자님께서 베풀어주신 은혜를 평생 마음에 새기며 살아가겠습니다."
- "피해자님의 너그러움은 저에게 다시 살아갈 수 있는 기회를 주는 것이며, 저는 그 은혜를 평생 갚으며 살겠습니다."
- "피해자님의 결정이 저의 인생을 바로잡는 계기가 될 것이며, 평생 참회하며 빚진 마음으로 살아가겠습니다."

2. 피해자의 고통과 불편을 공감하는 문장

- "저의 부주의로 인해 피해자님께서 겪으신 큰 고통과 불편을 생각하면, 죄송한 마음에 고개를 들 수가 없습니다."
- "예상치 못한 사고로 피해자님의 일상이 무너지고 가족분들까지 고통을 받게 된 것을 생각하면 마음이 무겁습니다."
- "피해자님의 신체적 고통과 정신적 충격을 모두 제가 만든 결과라는 점을 뼈저리게 반성하고 있습니다."

3. 재발방지와 변화 의지를 확약하는 문장

- "다시는 같은 사고가 발생하지 않도록 운전 습관과 생활 태도를 철저히 바꾸겠습니다."
- "제게 주어진 이번 교훈을 평생 새기며, 안전 운전에 있어 누구보다도 철저히 하겠습니다."
- "피해자님의 용서를 헛되이 하지 않도록, 다시는 누구에게도 피해를 주지 않는 삶을 살아가겠습니다."

4. 피해자의 선택을 존중하며 호소하는 문장

- "저의 삶은 피해자님의 결정에 달려 있습니다. 부디 저의 진심을 조금이라도 받아들여 주시기를 간절히 바랍니다."
- "피해자님의 마음이 얼마나 상처로 가득 차 있을지 잘 알고 있습니다. 그럼에도 불구하고 한 번만 용서해 주신다면 저에게는 다시 없을 은혜가 될 것입니다."
- "제 사죄가 부족할 수 있음을 알지만, 피해자님께서 마음을 열어주신다면 그것이 제 인생을 회개하는 출발점이 될 것입니다."

5. 가족·사회적 책임을 통한 간접 호소 문장

- "제 잘못으로 인해 가족들까지 고통을 겪게 만든 것이 가장 큰 부끄러움입니다."
- "저의 아이들과 가족에게 부끄럽지 않도록, 이번 일을 계기로 반드시 달라지

겠습니다."
- "제가 끝까지 참회하며 살아가는 모습을 보여드려 피해자님의 상처가 헛되지 않도록 하겠습니다."

4) 표현상 주의사항

- "합의를 원한다", "용서해주시면 감사하겠다" 등은 피해야 하며, 자기희생적 표현과 피해자 감정 중심의 문장을 사용합니다.
- 피해자의 실수, 갑작스러운 출현, 피할 수 없었던 상황 등 책임을 나누려는 문장은 금지합니다.
- "죽고 싶다" 등 극단적 자책 표현도 유족의 감정을 더 악화시킬 수 있어 지양해야 합니다.
- "억울하다", "이해받고 싶다"는 표현도 절대 사용 금지입니다.
- 교통사고로 인한 중상해 또는 사망사고에서 가해자가 작성하는 사죄편지나 문자메시지, SNS 사과글 등에 있어 이모티콘(예: "ㅠㅠ", "^^", "…" 등)의 사용은 매우 위험한 표현 방식입니다. 특히 피해자나 유족이 해당 글을 읽었을 때 사죄의 진정성이 의심되거나, 오히려 분노를 유발할 수 있으므로 철저히 주의해야 합니다.

5) 전달방법 및 시기

- 변호인을 통한 간접 전달이 원칙입니다. 유족 또는 피해자가 사죄의 수령 자체를 거부하는 경우, 사죄편지 사본을 재판부에 제출하여 반성의 자료로 삼아야 합니다.
- 경찰 조사 초기에 전달되거나, 사고 직후 빠른 시일내에 사죄메시지를 전달을 해야 히며, 지니치게 늦온 사과는 피해자의 감정을 악화시킬 수 있습니다.
- 직접 접촉 시도는 2차 가해로 비칠 수 있으므로, 반드시 사전 동의 없이는 시도하지 말아야 합니다.

바. 피해자가 있는 경우 합의 하는 방법

1) 중상해·사망 사고 합의의 특수성
- 파해자가 사망했거나 중상해로 인해 생명에 위협이 있거나 후유장애가 남는 상황에서는, 피해자 본인의 감정뿐만 아니라 배우자·자녀·부모 등 유족 전체의 감정과 태도가 고려되어야 합니다.
- 단순히 금전 합의만으로 해결될 수 있는 문제가 아니며, 가해자의 반성, 태도, 재발방지 의지, 생활 환경 등 전체적인 신뢰 회복 노력이 수반되어야 합니다.
- 특히 사망사고의 경우 유족의 입장에서는 "돈으로 생명을 환산한다"는 감정적 반감이 매우 강하므로, 선입금과 사죄, 진정성 있는 접근이 반드시 선행되어야 합니다.

2) 합의가 가능했던 사망·중상해 사건의 공통점
- 사고 직후 바로 구호조치를 시행하고, 119신고 및 현장 이탈이 없었던 경우
- 음주, 무면허, 중앙선 침범, 과속 등 가중요소가 없는 순수 과실 사고였던 경우
- 가해자가 수차례 유족을 대신할 정도로 깊이 사과하고, 진심을 전달한 경우
- 신속하게 피해자 또는 피해자 유가족에게 계속해서 사죄를 해왔던 경우
- 자동차종합보험금 외에 별도 운전자보험 등을 통한 형사합의금(위자료)을 제시하여 현실적인 배상을 진행한 경우
- 유족이 가해자에게 형사처벌보다는 피해회복 및 보상을 더 중시하는 입장을 표한 경우

3) 합의가 극히 어려운 중상해·사망 사건의 공통 특징
- 음주, 무면허, 뺑소니 등 형사처벌 강화 사유가 중첩된 경우
- 유족이 가해자 처벌에 매우 강경한 입장을 보이는 경우 (특히 사망 사고에서 미성년자 자녀가 사망한 경우)
- 가해자가 형식적 태도로 합의만을 목적으로 접근하거나, 합의금 흥정을 하듯 접근한 경우
- 치료비조차 지급하지 않고, 책임을 부인하거나 형사책임 감경만을 노리는 태도를 보인 경우
- 사망자 또는 피해자의 생계가정 기여도가 높았던 경우 (즉, 경제적 타격이 매우

클 경우)

4) 유족 또는 중상해 피해자와의 직접 접촉 자제
- 사망 사고의 경우, 유족에게 가해자가 직접 연락하거나 병문안 등을 시도하는 것은 감정적 충돌로 이어질 위험이 큽니다.
- 반드시 변호사를 통해 간접적으로 합의 의사를 전달하고, 처음부터 직접 사과하려는 접근은 매우 조심해야 합니다.
- 유족에게는 편지 형식의 사죄문, 조의금 또는 위문금 등 부담 없는 형태로 시작하는 것이 좋습니다.

5) SNS 및 대외활동 주의
- 사망사고 또는 중상해 사고의 경우, SNS에서 일상 생활을 공유하거나 외부 활동 사진 등을 게시하는 것은 합의에 큰 장애 요인이 됩니다.
- 최소한 선고 전까지 SNS 활동을 중단하거나 비공개로 전환하고, 유족이 우연히 SNS를 확인했을 경우를 대비해 모든 게시물을 정리해두는 것이 필요합니다.
- SNS에 "진심으로 반성합니다", "다시는 운전대를 잡지 않겠습니다"와 같은 진정성 있는 글을 게시하는 것도 일부 도움이 될 수 있으나, 무리하게 드러내지 말고 자연스럽게 표현해야 합니다.
- 카카오톡 등의 메신저 프로필 사진도 주의하시기 바랍니다.
- 교통사고 사건에서 피해자와 원만하게 합의를 보기 위해서는, 인터넷이나 SNS 등 공개적인 공간에서 사건에 대해 언급하는 것을 반드시 자제해야 합니다. 특히 법률상담을 가장한 질문 형식으로 "죄를 피하는 방법"이나 "형량을 가장 적게 받는 방법" 등을 게시하는 경우, 피해자가 이를 우연히 발견하게 되면 큰 분노를 유발하여 합의 자체가 안전히 무산되는 경우가 있습니다.

6) 합의 과정에서의 접근 방식
- 가해자 또는 가족이 사과 편지, 장례식 조화, 조의금 등의 방식으로 조심스럽게 접근하고, 직접 방문은 철저히 사전 동의하에 이루어져야 합니다.
- 합의금은 보험금 외에 위자료(위로금) 명목으로, 금액을 먼저 제시하되 흥정하지 말고 피해자 입장을 충분히 고려한 현실직 액수로 제시하는 깃이 중요합니다.
- 유족의 고통이 장기화되고 있다는 점을 충분히 이해한다는 태도를 보여야 하며,

합의금 외에도 위자료 외 별도로 장례비 보전, 추모비용 등 제안을 구체화하는 것도 방법입니다.

- 형사공탁을 먼저 해두고, 그 이후 합의로 연결되는 방식도 고려할 수 있습니다.

7) 언행 및 진술 태도

- 수사기관, 재판, 유족에게 전달하는 모든 말과 글은 일관되고 진정성이 있어야 합니다. 조사에서는 "나는 잘못 없다"는 태도이고, 유족에게는 "죄송합니다"라고 하면 진심이 의심받습니다.
- 피해자 비난은 절대 금지이며, 사고의 전후 정황을 설명하더라도 변명처럼 들리지 않도록 신중하게 표현해야 합니다.
- 사망사고의 경우 유족에게 용서를 구하고, 자신의 처벌은 당연하다는 태도를 보이며, 합의는 전적으로 유족의 판단에 맡기겠다는 입장을 고수하는 것이 오히려 효과적일 수 있습니다.

사. 반성문 작성방법

1) 필요성 및 중점요소

교통사고의 발생이 ①운전자의 12대 중과실로 인했거나 ②피해자의 부상정도가 중상해 또는 사망에 이르게 된 경우 또는 ③합의가 이루어지지 못한 교통사고의 경우 반성문을 작성해야 합니다.

반성문을 작성해야 하는 이유는 자신의 잘못을 명확히 인정하고, 피해자에 대한 죄책감을 보여줌으로써 재판부와 피해자에게 책임 있는 태도를 전달하기 위해서입니다.

일반 교통사고는 의도적 범죄는 아니더라도, 한순간의 부주의나 법규 위반이 상대방의 생명과 신체에 중대한 피해를 초래할 수 있는 결과로 이어진다는 점에서 의뢰인은 그 책임을 가볍게 여겨서는 안 됩니다. 반성문은 단순한 사과문이 아니라, 자신의 운전행위가 왜 잘못이었는지, 그로 인해 어떤 결과가 발생했는지, 그리고 앞으로 동일한 사고를 예방하기 위해 어떠한 구체적인 노력을 하겠다는 다짐을 담는 문서입니다.

교통사고 사건에서 재판부는 ①피고인(의뢰인)이 사고 경위를 정확히 인지하고 있는지, 자신의 과실을 구체적으로 인정하는지, ②피고인(의뢰인)이 형식적인 반성에 그치지 않고 진정으로 후회하고 있는지, 반복되지 않도록 자율적인 노력을 기울였는지, ③피고인(의뢰인)이 피해자에 대해 적극적으로 사과하고 피해 회복을 위해 성실히 노력하고 있는지, ④해당 사고가 사회적으로 중대한 위험을 유발할 수 있었던 만큼, 향후 법질서 준수의지를 명확히 드러내고 있는지(위 4가지 관점을 명심하시기 바랍니다).

반성문은 위와 같은 재판부의 관점을 고려하여 작성되어야 하며, 많은 의뢰인들이 반성의 마음과 피해자에 대한 미안함과 죄책감은 가지고 있으나 이를 어떻게 글로 표현할지 몰라 어려움을 겪는 경우가 많습니다. 이때 반성문은 자신의 잘못을 최대한 구체적인 사실에 기초하여 서술하고, 단순히 "죄송합니다"라는 표현을 반복하기보다는 어떤 점이 잘못이었는지에 대한 정확한 인식과 향후 재발 방지를 위한 약속과 실천 계획을 포함하는 것이 매우 중요합니다.

반대로, 형식적이거나 복사한 듯한 반성문은 재판부로부터 '진정성이 없다'는 부정적 인상을 줄 수 있으며, 오히려 피고인이 법적 책임을 경시하고 있다는 느낌을 줄 수도 있으므로 매우 주의가 필요합니다.

따라서, 일반 교통사고로 형사처벌 가능성이 있는 상황에서는 반성문을 단순한 요식행위가 아닌, 본인의 진심과 개선 의지를 담은 설득력 있는 문서로 접근해야 하며, 이는 때로는 벌금형 또는 집행유예로 선처받는 데 결정적인 요소가 될 수 있습니다.

2) 반성문 작성 전 마음가짐과 태도

■ 입장 정리 : 반성문을 작성하기 전, 본인의 혐의에 대해 명확한 입장을 정해야 합니다.

- **사고 발생 경위와 당시 상황에 대한 설명은 납득 가능한 형태로 정리해야 합니다**. 수사기관이나 법원은 특히 **과실의 원인**에 주목하므로, 본인의 잘못이 단순한 부주의였는지, 또는 제한속도 위반, 신호위반, 주의의무 위반 등 구체적으로 어떤 경위였는지를 **사고 직전의 상황 흐름과 함께 설명하는 것이 중요**합니다.

- 예를 들어, **주의력이 흐트러졌던 이유**가 심리적·육체적 피로 때문인지, 일시적인 착오인지, 또는 교통 환경상 오판의 여지가 있었는지 등 **사고를 유발하게 된 배경에 대한 설명**은 반성문의 진정성을 높이는 요소가 됩니다.

- **의뢰인(피의자 또는 피고인)이 자신의 법적 책임을 어디까지 인정할 것인지**는 반성문 작성 전에 분명하게 정리되어야 합니다.

  - 과실 전부를 인정하는 경우: 사고 원인, 피해자에게 발생한 결과, 본인의 책임에 대한 자각, 그리고 재발 방지를 위한 구체적인 계획을 중심으로 작성합니다.

  - 과실 일부만 인정하는 경우: 인정하는 범위에 대해서만 반성문을 작성해야 하며, 다투는 부분(예: 피해자의 일부 과실 주장 등)에 대해서는 반성문에 언급하지 않는 것이 원칙입니다. **반성문은 피해자 측이 확인하게 되는 경우도** 있기 때문에, 피해자에게 일부 과실이 있다고 하더라도 이를 반성문에 직접적으로 언급하는 것은 바람직하지 않습니다. 오히려 책임 회피나 진정성 없는 태도로 비춰질 수 있으므로, 과실 분담이나 쟁점 사항은 반성문이 아닌 의견서나 법정 변론을 통해 다루는 것이 적절합니다.

- **본인의 사고가 단순한 실수였는지, 반복 가능성이 있는 위험한 습관에 기인한 것이었는지**에 따라 반성문 내용도 달라져야 합니다. 특히 12대 중과실 사고(예:

신호위반, 중앙선 침범 등)인 경우에는 **그 법규위반 행위가 왜 발생했는지를 명확히 설명**하고, 향후 같은 상황에서 어떻게 다르게 행동할 것인지에 대한 **구체적인 재발방지 계획**을 포함시켜야 합니다.
- **반성문은 진정성이 가장 중요합니다**. 단순히 "죄송합니다"를 반복하기보다는, 피해자 입장에서 사고를 어떻게 받아들였을지에 대한 고민, 사고 이후 피의자의 심정 변화, 법적 처벌과 별개로 느끼는 도의적 책임 등에 대해 **구체적이고 인간적인 언어로 서술하는 것이 바람직**합니다.

■ 작성 방식
- 반성문은 컴퓨터로 초안을 작성한 뒤 최종 내용이 완성된 후 A4 용지에 정성스럽게 자필로 작성하는 것이 좋습니다. 자필은 성의와 진정성을 나타냅니다.
- 상대방이 글자를 알아보기 힘든 경우 또는 악필의 경우에는 PC로 작성하되, 자필로 쓴 원본을 PC로 쓴 반성문 끝에 원본을 첨부하는 방법과 PC로 작성된 반성문에 서명·날인만 자필로 하는 것도 방법이 될 수 있습니다. 핵심은 자필이 진정성 등을 느끼기에 효과적이라는 점입니다.
- 초안 작성 후 원본 파일은 보관하여 이후 확인하거나 수정할 때 활용할 수 있도록 준비해 두세요.
- A4 용지 맨 위에서 최소 5cm는 띄어서 글을 시작하세요(기록편철시 글자가림을 방지하기 위함입니다).
- 반성문은 A4용지 기준 최소 2~3장 이상의 분량으로 작성하는 것이 좋습니다. 단, 한 번에 모든 내용을 담으려 하기보다는 사건 처리 단계마다 반성문을 여러 차례 제출하는 것이 도움이 될 수 있습니다. 다만, 동일한 내용을 반복적으로 제출하는 것은 성의가 없어 보일 수 있으므로, 각 단계마다 새로운 관점이나 느낀 점을 추가하여 작성하는 것이 중요합니다.
- 반성문을 여러 차례 제출할 경우, 수사 과정이나 재판 진행 중 느낀 변화와 교훈을 중심으로 매번 다른 내용을 담아야 합니다. 예를 들어, 경찰 단계에서는 사건 발생에 대한 초기 반성과 피해자에 대한 사죄를 강조하고, 법원 단계에서는 재범 방지를 위한 노력과 구체적인 계획을 추가하는 방식으로 작성하면, 보다 진정성 있게 받아들여질 수 있습니다.

■ 진정성 있는 구성과 제출

- 일반 교통사고로 형사절차가 진행 중인 의뢰인은, 반성문을 단순한 사과문으로 여겨서는 안 됩니다. 반성문은 **단순한 미안하다는 표현이 아니라, 사고의 구체적인 경위, 자신의 과실에 대한 명확한 인식, 그리고 향후 재발 방지를 위한 노력과 다짐**이 담겨야 합니다. 재판부는 이 문서를 통해 피의자가 얼마나 책임의식을 갖고 있는지를 판단하게 되므로, 그 구성과 표현은 무엇보다 진정성이 있어야 합니다.
- **같은 형식의 내용을 반복적으로 제출하는 것은 오히려 성의 없어 보일 수 있습니다.** 따라서 수사단계, 기소단계, 재판단계 등 각 단계에서 **새롭게 느낀 점이나 배운 점, 사고 이후의 변화** 등을 반영하여 작성하는 것이 좋습니다. 예를 들어, 초기에는 사고 경위와 사과 중심의 반성문을 제출하고, 이후에는 피해자와의 합의 노력, 교통안전교육 이수, 운전 자제 계획 등 실질적인 개선 행동을 추가로 기술하는 식으로 접근하는 것이 바람직합니다.
- 또한, **재판 과정 중 판사가 지적하거나 질책한 부분이 있다면 그 내용을 경청한 후, 해당 부분에 대해 별도로 반성문을 다시 작성하여 제출하는 것이 매우 효과적입니다.** 이는 재판부로 하여금 피고인이 재판을 통해 성찰하고 있다는 인상을 줄 수 있고, 선처 가능성에도 긍정적인 영향을 미칠 수 있습니다.
- **형사재판의 선고기일이 지정된 이후라도, 선고가 내려지기 전까지는 반성문 제출이 가능합니다.** 마지막 순간까지 반성의 태도를 유지하고, 추가적인 반성문이나 탄원서를 성실히 준비하여 제출하는 것은 판사의 양형 판단에 실질적인 영향을 줄 수 있습니다. 따라서 단 한 번의 반성문으로 그치지 말고, **사건의 경과와 개인의 변화에 따라 단계별로 꾸준히 성의 있게 작성하고 제출하는 자세가 필요합니다.**

3) 선처받는 기준

검찰이나 법원으로부터 선처를 받기 위해서는 아래 세 가지 요소(①구체적이고 진정성 있는 반성의 태도, ②재발 방지를 위한 실질적 노력, ③피해 회복 노력과 피해자에 대한 태도)를 충족해야 합니다. 이를 염두에 두고 반성문을 작성하세요.

① 구체적이고 진정성 있는 반성의 태도
- 일반 교통사고 사건에서 반성문에서 가장 중요한 것은 단순한 사과가 아닌 진심

에서 우러난 반성의 태도입니다. 형식적인 말로 가득 찬 반성문은 오히려 진정성이 부족하다는 인상을 줄 수 있으며, 선처 가능성을 낮추게 됩니다.

- 반성문에는 반드시 자신의 과실에 대한 정확한 인식, 그리고 그 과실이 피해자에게 어떤 영향을 주었는지에 대한 깊은 성찰이 담겨야 합니다. 또한, 평소 운전에 대한 태도, 사고 이후 피의자의 마음 상태, 스스로 반성하게 된 계기, 그리고 이후 일상생활 속 변화 등을 구체적으로 서술하면 진정성이 잘 드러납니다.

- 특히 12대 중과실 사고의 경우(예: 신호위반, 중앙선 침범 등), 그 행위가 얼마나 위험한 결과를 초래할 수 있는지를 깨달은 과정과 그에 대한 교훈을 서술하는 것이 중요합니다.

예시
- "신호를 위반하는 순간, 단 몇 초의 판단 착오가 상대방에게 큰 상처를 줄 수 있다는 사실을 이 사고를 통해 절실히 깨달았습니다."
- "사고 이후 피해자 분이 병원에 입원해 있다는 이야기를 듣고, 제가 초래한 고통이 단순한 실수가 아닌 한 사람의 삶에 깊은 상처가 될 수 있음을 통감하였습니다."
- "운전은 단순히 목적지까지 가는 행위가 아니라, 그 순간순간마다 타인의 생명과 안전을 책임지는 일이라는 사실을 이제야 깊이 반성하게 되었습니다."
- "사고 이후 제가 겪은 불면과 자책은, 단순히 처벌이 두려워서가 아니라, 저로 인해 상처를 입은 피해자분의 고통이 제 마음을 짓눌렀기 때문입니다."
- "앞으로는 항상 속도를 줄이고, 사각지대를 확인하며, 모든 운전 상황에서 '누군가의 가족이 내 앞에 있을 수 있다'는 마음으로 운전하겠습니다."

② 재발 방지를 위한 실질적 노력

- 일반 교통사고 사건에서 선처를 받기 위해서는, 단순히 사고에 대해 반성하는 것에 그치지 않고, **동일한 사고가 다시는 발생하지 않도록 하기 위한 구체적인 재발 방지 노력이 매우 중요**합니다.

- 재판부는 피의자가 처벌 이후에도 안전한 운전 습관을 유지할 수 있는 사람인지, 사회적으로 반복된 피해를 유발하지 않을지를 면밀히 평가합니다.

- 따라서 반성문에는 다음과 같은 내용을 포함하는 것이 좋습니다:
  - 교통사고를 유발하게 된 과거의 운진 습관 또는 환경을 어떻게 바꿨는지
  - 현재 실천 중인 개선 행동

- 사고 재발을 막기 위해 가족이나 주변인, 제도적 도움을 받고 있는지 여부
- 구체적이고 실질적인 변화가 드러날수록 반성의 진정성이 설득력 있게 전달됩니다.

예시
1. 운전 자제 또는 운전환경 통제
- "이번 사고를 계기로 차량을 2025.00.00.에 처분하였고, 당분간 운전을 하지 않겠다고 가족들과 약속했습니다. 현재는 모든 이동을 대중교통으로 해결하고 있습니다."
- "사고 이전에는 운전에 대한 경각심이 부족했지만, 지금은 필요한 경우에만 차량을 운전하고, 동승자를 통해 운전 상황을 점검받고 있습니다."
2. 교통안전교육 및 법규 재학습
- "사고 이후 한국교통안전공단에서 실시하는 교통안전교육을 2025.00.00.에 수강하였고, 법규 위반의 위험성과 사고 발생 시 대응 방법에 대해 철저히 학습했습니다."
- "운전자 스스로 경각심을 가져야 한다는 취지에서, 교통법규 핵심 내용을 요약하여 수시로 읽고 있으며, 운전 전마다 안전수칙을 되새기고 있습니다."
3. 운전 습관 개선 실천
- "운전 중 휴대폰을 절대 사용하지 않고, 속도는 항상 제한속도 이하로 유지하고 있으며, 특히 교차로 및 횡단보도 근처에서는 반드시 일시정지 후 좌우를 확인합니다."
- "야간이나 피로 시에는 절대 운전하지 않으며, 급할수록 더욱 천천히 운전하는 습관을 들이고 있습니다."
4. 가족·지인과의 상호관리
- "가족과 함께 '무사고 다짐'을 작성하고 운전기록을 주기적으로 점검받고 있습니다. 또한 필요시 동승자를 통해 제 운전 상태를 점검받고 조언을 듣고 있습니다."
- "운전 전 심리 상태가 불안하거나 예민할 때는 운전을 미루고 가족에게 대체 운전을 부탁하는 방식으로 변화하고 있습니다."

③ 피해 회복 노력과 피해자에 대한 태도

- 일반 교통사고에서 의뢰인이 선처를 받기 위해서는, 사고 자체에 대한 반성뿐만 아니라 피해자에 대한 회복 노력을 얼마나 성의 있게 했는지가 매우 중요합니다. 특히 피해자가 중상해를 입었거나 후유장해 가능성이 있는 경우, 형사처벌의 수위는 피해 회복 상황에 따라 크게 달라질 수 있습니다.
- 따라서 반성문에는 다음과 같은 구체적인 조치 내용을 포함해야 합니다 :
  - 피해자에 대한 진심 어린 사과 시도 및 직접적인 접촉 노력
  - 피해자의 치료 및 생활 안정 지원
  - 합의 진행 상황과 피해자 입장에 대한 존중
  - 향후에도 이어질 수 있는 지속적인 배려와 사후 조치 의사
- 이러한 내용은 반성문에 구체적으로 기술되어야 하며, 단순히 "사과드린다"는 표현보다는 무엇을, 언제, 어떻게 했는지에 대한 사실 중심의 서술이 설득력을 높입니다.

예시
1. 피해자에 대한 사과 및 접촉 노력
- "사고 직후 피해자의 상태를 확인하고 사과드리기 위해 2025.00.00.에 보험사를 통해 연락을 요청하였으며, 이후 피해자와 2025.00.00.에 직접 연락이 닿은 뒤 진심으로 사과의 뜻을 전했습니다."
- "처음에는 피해자께서 사고 충격으로 대화 자체를 힘들어하셨지만, 그 입장을 존중하며 문자와 편지를 통해 저의 진심을 여러 차례 전달하였습니다."
- "피해자분께서 저를 직접 마주하는 것이 어려우실 수 있다는 점을 고려하여, 내신 가족이나 대리인을 통해 사과와 위로의 뜻을 진달드렸습니다."

2. 피해자의 치료 및 회복 지원
- "피해자의 입원 치료가 신속히 이루어지도록 보험처리를 조속히 마쳤고, 추가적인 치료비도 개인 자금으로 부담하겠다는 뜻을 전달해 두었습니다."
- "물리치료와 재활이 필요한 상황이라는 설명을 듣고, 치료비 외에도 생계에 필요한 지원 방안을 모색 중입니다."
- "경제적 손실 부분에 대해서도 피해자와 협의하여 보상 가능한 범위를 성실히 조율하고 있습니다."

3. 합의 진행 및 피해자 입장 존중
- "피해자와의 원만한 합의를 위해 수차례 연락을 드리고, 피해자의 입장을 최대한 반영할 수 있도록 조율하고자 노력하였습니다."
- "금전적인 합의뿐 아니라, 피해자분께서 원하시는 방식으로 사과와 보상이 이루어질 수 있도록 최대한 유연하게 접근하였습니다."
- "아직 합의에는 이르지 못했지만, 피해자분의 부담을 덜어드릴 수 있도록 장기적으로 치료비 및 위자료 지급 방안을 마련해두었습니다."

4. 추가적인 배려 및 사후 조치
- "피해자께서 일상으로 복귀하실 때까지 치료 상황을 지속적으로 확인하며, 필요한 경우에는 추가적인 심리 상담 지원도 고려하고 있습니다."
- "피해자의 가족분들께도 불편을 드린 점에 대해 사과드렸으며, 생활에 지장이 없도록 실질적인 조치를 함께 준비하고 있습니다."
- "사고 이후 저로 인해 고통을 겪는 분들에게 조금이나마 도움이 될 수 있도록 전문가의 조언을 받아 회복 지원 방향을 구체화하고 있습니다."

4) 반성문 작성의 구체적인 내용

■ 진정성과 공감의 태도
- "진심은 통한다"는 마음가짐으로, 사고 당시의 경위와 자신의 부주의 또는 과실에 대해 솔직하게 서술하며, 피해자의 고통과 불편함에 진심으로 공감하는 모습을 담아 작성해야 합니다.
- 검사나 판사는 반성문을 통해 단순한 '형식적인 반성'이 아닌, 실제로 자신의 잘

못을 성찰하고 재발 방지를 다짐하고 있는지를 판단합니다.

- "죄송합니다", "반성합니다"라는 말만 반복하는 것보다, 구체적인 사고 경위와 자신의 반성과 피해 회복 노력을 함께 서술하는 것이 중요합니다.
- 일반 과실 또는 12대 중과실 사고는 단순 실수가 아니라, 운전자로서의 주의의무 위반이 법적으로 문제가 되는 만큼, 이 점을 인식한 내용이 담겨야 합니다.
- 예시1 : "저는 당시 신호를 제대로 확인하지 않고 교차로에 진입하는 중대한 실수를 저질렀습니다. 결과적으로 피해자에게 상해를 입히는 사고로 이어졌고, 이는 제 부주의와 판단 미숙에서 비롯된 것임을 인정하며 깊이 반성하고 있습니다."
- 예시2 : "운전자는 단 1초의 방심으로도 타인의 생명과 신체에 큰 위해를 가할 수 있다는 점을 이번 사고를 통해 절실히 깨달았습니다. 평소 안전운전을 실천한다고 생각했지만, 결국 사고를 일으킨 것은 저의 과신과 불찰이었습니다. 피해자분께서 입으신 고통과 불편함을 생각하면 죄송스러운 마음뿐이며, 어떤 처벌도 달게 받겠다는 각오로 이 글을 씁니다."
- 예시3 : "사고 이후 가장 먼저 해야 할 일은 피해자분의 상태를 확인하고 빠른 구호조치를 하는 것이었지만, 당시 당황한 나머지 제대로 된 대응을 하지 못한 점 역시 깊이 반성하고 있습니다. 이후 치료비와 위로금 등을 통해 피해 회복을 위해 노력하고 있으며, 다시는 같은 실수를 반복하지 않기 위해 교통안전교육도 수강하고 있습니다."

■ 사건 이전의 삶 기술

- 사건 이전에는 교통법규를 준수하며, 안전한 운전과 책임감 있는 생활을 이어가려 노력했다는 점을 간결히 언급하되, 자기 미화는 지양하고 객관적인 사례를 중심으로 기술하세요.
- 이번 사고가 본인의 평소 생활 태도와는 어긋나는 일회성 과실이라는 점을 진솔하게 표현해야 하며, 사고를 계기로 교통안전에 대한 인식이 어떻게 바뀌었는지도 드러나야 합니다.
- 표창장, 무사고 경력, 봉사활동 등은 사실 관계에 따라 1~2줄 언급만 하되, 전체 분량이 A4 반 페이지를 넘지 않도록 구성하십시오.
- 예시1 : "저는 평소 출퇴근 시 항상 안전벨트를 착용하고, 지정속도를 지키는 등 교통안전에 유의하며 운전해왔습니다. 운전을 시작한 이후 지금까지 단 한 번의

교통사고나 법규 위반 없이 생활해왔고, 운전이 단순한 이동수단이 아니라 타인의 생명과 안전을 책임지는 일이라는 점을 잊지 않으려 노력해왔습니다. 그러나 이번 사고는 저의 방심과 부주의가 만들어낸 중대한 실수였고, 그 결과 피해자분께 큰 고통을 드리게 된 점을 뼈저리게 반성하고 있습니다."

- 예시2 : "사건 이전까지 저는 성실한 직장생활을 이어가며, 가족과 주변을 챙기며 바르게 살아가고자 노력해왔습니다. 지역사회 봉사활동에도 꾸준히 참여해왔고, 회사에서는 정직과 책임감을 중요시하는 구성원으로 평가받았습니다. 이번 교통사고는 그러한 제 삶의 태도와는 분명히 어긋나는 일이었으며, 한순간의 실수가 얼마나 큰 결과를 초래할 수 있는지를 절감하였습니다. 사고 이후로는 대중교통을 이용하며 운전에 대한 경각심을 스스로 다시 다잡고 있습니다."

- 예시3 : "그동안 10년 넘게 무사고 운전자로 살아왔으며, 가족들 역시 제 운전 습관에 대해 늘 신뢰를 보여주었습니다. 이번 사고는 짧은 시간의 실수였지만, 저 자신에게도 크나큰 충격이었고, 피해자분께 너무나 죄송한 마음뿐입니다. 앞으로는 어떤 상황에서도 방심하지 않고, 항상 긴장을 늦추지 않는 자세로 교통법규를 철저히 준수하겠습니다."

■ 사고 발생의 배경 설명

- 사고가 발생하게 된 배경과 구체적인 원인을 사실대로 서술해야 하며, 증거와 일치되지 않는 거짓된 설명은 오히려 신뢰를 떨어뜨려 불이익이 될 수 있습니다.

- 사고 경위를 설명할 때, 자신의 잘못을 인정하는 자세가 중요하며, 정당화나 변명처럼 보이지 않도록 유의해야 합니다.

- 다만, 의도적인 위법 행위가 아니라 판단의 미숙, 순간적 부주의로 인해 발생한 사고임을 전달하는 방식은 실효적입니다.

- 당시의 운전 환경, 심리 상태, 사고 직전 상황 등을 구체적으로 묘사함으로써 재판부가 사고에 이르게 된 과정을 이해할 수 있도록 해야 합니다.

사고 배경 설명 유형 예시
1. 운전 환경 요인
- 전방 시야 확보가 어려웠던 상황에서 순간적으로 신호를 놓친 경우
- 비나 어두운 도로 등 악천후 또는 저시인 상황에서의 판단 오류

2. 차량 구조에 따른 시야 제한
- 승용차 운전석 왼쪽 A필러 부근의 사각지대로 인해 보행자 또는 이륜차를 인지하지 못한 경우
- 트럭, SUV, 버스 등 높은 차량의 운전석에서 아랫부분(차량 근접부)이 보이지 않아 인근에 있는 사람이나 장애물을 인식하지 못한 경우
- 곡각도로 된 내리막길, 좁은 골목길 등 물리적으로 시야 확보가 어려운 상황

2. 심리적·정신적 요인
- 과로, 긴장, 스트레스 등으로 인한 집중력 저하
- 긴박한 개인 사정(병원 이송 중, 응급상황 대처 등)으로 인해 주의 산만

3. 판단 착오 및 과신
- 안전거리 확보가 충분하다고 잘못 판단한 경우
- 신호등의 점멸 상황에서 멈출 수 있다고 착각한 경우

4. 기술적 미숙 또는 운전 습관의 문제
- 브레이크를 밟는 타이밍이 늦어 충돌한 경우
- 불완전한 차로 변경이나 회전 동작으로 인한 접촉 사고 등

■ 본인의 잘못 인정

- 단순히 "반성합니다"라는 말로는 부족하며, 사고를 초래한 자신의 구체적인 과실 내용을 명확히 인식하고 인정하는 것이 중요합니다.
- 자신이 간과했던 부분(예: 신호 확인 미흡, 시야 확보 소홀, 판단 착오 등)을 구체적으로 싶어야 하며, 그로 인해 피해사에게 미친 영향과 도로 위 인진에 대한 위협을 함께 인식하고 있음을 표현해야 합니다.
- 나아가, 이번 사고를 계기로 교통안전 의식이 어떻게 변화하였는지, 재발 방지를 위한 구체적 실천 의지까지 드러내야 진정성이 인정됩니다.
- 예시1(신호위반 등 중과실 사고) : "이번 사고를 통해 교통신호의 중요성과, 운전자가 한순간의 실수로도 타인에게 얼마나 큰 피해를 줄 수 있는지를 절실히 깨달았습니다. 당시 저는 평소와 다름없는 습관적인 운전을 하며, 신호를 끝까지 확인하지 않고 교차로에 진입하는 잘못을 저질렀고, 결과적으로 피해자분께 상

해를 입히는 사고로 이어졌습니다. 이는 결코 가볍게 넘길 수 없는 제 책임이며, 운전자로서의 주의의무를 다하지 못한 무책임한 행동이었습니다. 다시는 같은 실수를 반복하지 않도록 항상 경각심을 갖고 운전할 것을 다짐합니다."

- 예시2(사각지대·시야 확보 미흡 사고) : "사고 당시 차량 구조상 시야가 제한된 상황에서 좌측 사각지대를 충분히 확인하지 못하고 진입한 것이 사고로 이어졌습니다. 이는 제가 사전에 예상할 수 있었던 위험임에도 불구하고, 미리 조치하지 못한 점에서 명백히 제 부주의이며, 운전자에게 요구되는 기본적인 확인 절차조차 소홀히 했다는 사실을 깊이 반성합니다. 피해자분께 불의의 사고를 안겨드린 점, 그리고 도로 위 다른 운전자들에게까지 불안감을 주었을 수 있다는 점에 대해 책임을 통감하며, 같은 잘못을 반복하지 않도록 철저히 반성하고 있습니다."

- 예시3(안전거리 미확보·부주의 사고) : "사고 당시 전방 차량과의 간격을 충분히 확보하지 않은 채 주행한 제 과실로 인해 추돌사고가 발생하였습니다. 이는 기본적인 교통법규조차 지키지 못한 명백한 잘못이며, 방어운전의 중요성을 간과한 무책임한 행동이었습니다. 이번 사고를 통해 운전자는 항상 타인의 안전을 먼저 고려해야 한다는 점을 다시금 절감하게 되었으며, 앞으로는 어떤 상황에서도 경각심을 유지하며 법규를 철저히 지키는 운전 습관을 실천하겠습니다."

■ 수사 및 재판과정에서의 성찰

- 경찰 조사 단계에서는 사고 발생에 대한 경위를 되돌아보고, 본인의 부주의 또는 중과실에 대해 구체적으로 반성하는 내용이 중심이 되어야 합니다.
- 검찰 조사 단계에서는 본인의 과실로 인해 피해자에게 미친 법적·사회적 영향을 진지하게 인식하고, 책임을 회피하지 않는 태도를 보이는 것이 중요합니다.
- 법원 단계에서는 반성뿐 아니라 피해 회복 노력, 교통안전 교육 이수, 재발 방지 실천 계획 등 적극적인 개선행동을 강조하는 방향으로 작성하셔야 합니다.
- 반성문이 여러 단계에서 제출되는 경우, 각 단계의 성격에 맞춰 내용을 달리하여 진정성을 보이는 것이 중요합니다.
- 경찰 조사 단계 반성문 예시 : "경찰 조사를 받으면서 저는 이번 사고가 단순한 실수가 아니라, 누군가에게 상해를 입히고 일상에 큰 고통을 초래할 수 있는 중대한 결과를 낳았다는 점을 깨닫게 되었습니다. 당시 저는 교차로 진입 시 신호를 제대로 확인하지 않은 채 운행하는 잘못을 범하였고, 이로 인해 피해자분께

상해를 입히는 사고로 이어졌습니다. 조사 과정에서 피해자분의 병원 진단서와 진술을 접하며, 저의 부주의가 얼마나 무거운 결과를 초래했는지를 실감하였습니다. 사고 직후 신고와 보험접수를 하였지만, 그보다 앞서 중요한 것은 사고를 내지 않았어야 했다는 점을 반성하며, 다시는 같은 과실을 저지르지 않도록 경각심을 갖고 있습니다."

- 검찰 조사 단계 반성문 예시 : "검찰 조사 과정에서 저는 운전자가 교통법규를 어겼을 때, 단순히 개인의 실수로 끝나는 것이 아니라 타인의 신체와 재산, 삶에 돌이킬 수 없는 손해를 줄 수 있다는 점을 더욱 절감하게 되었습니다. 이번 사고는 제 부주의한 판단에서 비롯되었고, 그에 따른 법적 책임은 결코 가볍지 않음을 인식하고 있습니다. 특히 중과실에 해당하는 신호위반은 도로의 질서를 무너뜨리는 위험한 행위라는 점을 검찰 조사 과정에서 명확히 알게 되었고, 이로 인해 피해자분의 치료와 일상에 지장을 드리게 된 점을 깊이 사과드립니다. 이번 일을 계기로 저는 교통법규 준수의 중요성을 다시 새기며, 제 행동에 대한 책임을 회피하지 않고 받아들이고자 합니다."

- 법원 단계 반성문 예시 : "재판을 받으며 저는 단순한 반성과 사과만으로는 사고로 인해 발생한 피해를 온전히 회복할 수 없다는 현실을 절실히 느끼고 있습니다. 저의 잘못된 운전 판단으로 인해 피해자분께 정신적·신체적 고통을 드렸고, 가족과 사회에도 불안과 실망을 안겨드렸습니다. 이에 저는 피해자분께 진심으로 사과드리며, 치료비 지원 및 위로금 전달을 위해 계속 소통하고 있습니다. 또한, 이번 사고를 계기로 차량을 당분간 운행하지 않기로 결정하고, 교통안전 교육 프로그램을 수강하여 재발 방지를 위한 구체적인 지침들을 습득하였습니다. 앞으로는 운전이라는 행위의 책임을 무겁게 인식하며, 같은 실수가 반복되지 않도록 항상 신중하고 책임감 있게 살아가겠습니다."

■ 피해자에 대한 걱정 및 피해회복에 대한 의지
- 피해자 중심의 시각으로 접근해야 하며, 사고로 인해 피해자가 겪었을 신체적·정신적 고통, 일상생활의 불편, 경제적 손실 등을 구체적으로 공감하는 표현이 필수입니다.
- 단순히 "죄송합니다"라는 말보다, "내 가족이 그런 사고를 당했다면…"이라는 시선에서 반성하는 표현이 진정성을 선날하는 네 유리합니나.
- 피해자에게 사과한 내역, 병문안·문자·위로금 전달 등 구체적 피해 회복 노력이

있었다면 반드시 언급하고, 향후에도 계속적인 책임을 다하겠다는 태도를 보여야 합니다.

- 가능하다면 치료비 영수증, 계좌이체 내역, 합의서 초안, 진정서 등을 증빙자료로 첨부하여 신뢰도를 높이는 것이 좋습니다.

예시
"이번 사고로 인해 피해자분께서 입으신 신체적 고통과 일상생활의 제약, 그리고 심리적인 충격을 생각하면 제 마음도 편치 않습니다. 제가 실수로 사고를 일으킨 것이지만, 피해자분께는 전혀 책임이 없는 상황에서 큰 고통을 겪게 해드린 점을 진심으로 사과드립니다. 저는 이번 사고 이후 '내 가족이 그런 일을 겪었다면 어땠을까'를 매일같이 되뇌고 있습니다. 특히 피해자분께서 병원 치료를 받는 동안 직장 생활이나 일상생활에 어려움이 있으셨을 것이고, 심지어 잠도 편히 주무시지 못했을 거라는 생각에 마음이 무겁습니다. 사고 직후 보험 접수를 즉시 진행하였고, 피해자분께 전화와 문자로 사과의 뜻을 전해드렸으며, 직접 병문안도 드렸습니다. 이후 치료비 일부와 위로금을 자발적으로 전달드렸고, 아직 완치되지 않았다는 점을 고려하여 추가적인 치료비 부담도 기꺼이 감당하겠다는 말씀을 드렸습니다. 향후에도 피해자분의 회복 상황을 계속 확인하면서, 금전적 지원뿐만 아니라 진심을 담은 사과와 배려를 계속 이어나가겠습니다. 단 한 번의 실수로 누군가의 삶을 흔들 수 있다는 사실을 깊이 깨달았으며, 이 고통이 피해자분에게 오래 남지 않도록 최선을 다하겠습니다." ※제출 시 첨부하면 좋은 자료 ①피해자와의 문자 메시지 캡처 (사과 표현 포함) ②병문안 시 사진 또는 동행인 진술서 ③치료비·위로금 이체 내역서 또는 간이영수증 ④사과문 원본 (자필 스캔본) ⑤합의 진행 중임을 보여주는 문서 (변호사 간 협의 메일 등) ⑥민사소송 손해배상 판결문 ⑦자동차종합보험사의 피해자에 대한 보험금 지급결의서 또는 지급내역서 등

■ 재범 방지를 위한 노력과 계획

- 재판부가 가장 우려하는 것은 "같은 사고를 또 낼 수 있는가"입니다.
- 따라서 단순한 반성 수준을 넘어서, 구체적이고 실행 가능한 재발방지 계획을 기술해야 실효적입니다.
- 사고 이후 어떤 노력을 해왔는지, 앞으로 어떤 습관과 환경 변화가 있는지를 중

심으로 서술하고, 가능하다면 교육 수료증, 차량처분 확인서, 교통법규 학습 내용 등을 증빙자료로 함께 제출하면 신뢰도가 크게 올라갑니다.

예시
"이번 사고 이후, 저는 단순한 반성만으로는 부족하다는 사실을 절감하였습니다. 중요한 것은 다시는 같은 실수를 반복하지 않기 위한 구체적인 노력이었습니다. 우선 운전을 중단하고, 당분간 차량을 처분하기로 결정하였으며, 실제로 차량 명의이전 절차를 완료하였습니다. 이후 대중교통을 이용하여 출퇴근하고 있으며, 차량을 소유하지 않는 것이 저 자신에게 가장 확실한 재발 방지 방법이라는 판단을 하게 되었습니다. 또한 부산교통안전공단에서 운영하는 교통법규 교육을 자비로 신청하여 수강하였고, 관련 수료증도 제출드립니다. 교육을 통해 사고 발생 원인과 방지방법, 운전자의 주의의무에 대해 다시 한 번 체계적으로 학습하게 되었습니다. 평소 운전 습관도 돌아보며, 방어운전 매뉴얼을 자가 정리하여 매주 복습하고 있습니다. 특히 교차로, 횡단보도, 시야 확보가 어려운 구간에서의 운전요령에 대해 따로 공부하고 있으며, 한국교통안전공단의 동영상 강의와 리플릿 등을 활용하고 있습니다. 현재는 운전이 주 업무인 직장을 퇴사하고, 운전이 필요하지 않은 직종으로 이직을 준비 중입니다. 실수를 반복하지 않겠다는 다짐이 단순한 말로 끝나지 않도록, 환경과 습관을 실제로 바꾸고 있습니다. 앞으로도 정기적인 교통안전 교육에 자발적으로 참여하고, 혹시라도 운전을 다시 하게 되는 경우에는 철저하게 방어운전 원칙을 지켜 누구에게도 피해를 주지 않겠다는 다짐을 거듭합니다."

■ 사회적 · 가정적 영향

- 처벌이 피고인 본인에게 미치는 영향만 강조하면 오히려 반성의 진정성이 의심받을 수 있으므로, 반드시 "피해자가 우선"이라는 시선을 유지해야 합니다.

- 그럼에도 불구하고 피고인이 사회적·가정적 책임을 지닌 존재라는 점은 선처 사유로 고려될 수 있습니다.

- 따라서 '피해자 회복이 최우선'임을 전제로 하되, 본인의 처벌로 인해 가족이나 사회적 역할 수행에 어려움이 발생하는 점을 겸손하게 언급하는 방식이 바람직합니다.

- 함께 제출 가능한 가족관계증명서, 자녀 진학서류, 부양가족 진술서, 지인 진정서 등도 설득력 있는 보완 자료입니다.

예시
"이번 사고로 인해 피해자분께서 겪으신 고통과 불편을 생각하면, 저 자신이 어떤 상황에 놓였는지는 중요하지 않다고 느낍니다. 그럼에도 불구하고 저의 처벌이 가족들에게까지 영향을 미치게 될 것을 생각하면, 더 큰 책임감을 느낍니다.

저는 현재 두 아이를 양육 중이며, 배우자 또한 건강상의 이유로 장기간 경제활동이 어려운 상황입니다. 제 수입이 가정의 생계를 사실상 책임지고 있으며, 부모님께도 일정 부분 생활비를 지원하고 있는 상황입니다. 이러한 가족사정을 고려해주신다면 감사하겠지만, 그보다 앞서 저는 반드시 피해자분께 진심을 다해 사과드리고, 회복에 필요한 지원을 계속 이어나갈 생각입니다.

이번 사고로 인해 저 자신도, 제 가족도 깊은 반성과 자성을 하게 되었습니다. 만약 법에서 다시 한 번 기회를 주신다면, 사회 구성원으로서 더욱 성실히 살아가며 피해자분께서 입으신 상처를 조금이나마 회복시켜드리는 데 집중하고 싶습니다."

■ 식상하고 진부한 표현의 지양 ★

- 재판부는 "진짜로 반성하고 있습니다", "죽을죄를 지었습니다"와 같은 감정적·과장된 표현을 오히려 형식적이고 불성실한 진술로 평가할 수 있습니다.
- 진정한 반성문은 '감정 표현의 강도'보다 사고의 원인에 대한 구체적 성찰, 그로 인한 피해자 고통에 대한 공감, 사고 이후 달라진 행동과 태도가 담겨야 설득력을 가집니다.
- 즉, 반성문은 형식적인 말의 반복이 아닌, 피고인만이 겪은 깨달음과 실천이 드러나야 하며, 이를 위해 정확한 계기, 시간, 장소, 상황 등을 포함한 구체적인 서술이 중요합니다.
- 잘못된 예 : "뼛속 깊이 반성하고 있습니다.", "정말로, 진짜로 반성합니다.", "죽을죄를 지었습니다.", "평생을 속죄하며 살겠습니다.", "저는 죄인이며 벌을 받아 마땅합니다." 등의 표현들은 실제 반성의 깊이보다 감정을 과장하거나, 형식적이고 추상적인 말로 보일 위험이 있습니다.

구체적인 진정성 표현 예시
1. 반성을 하게 된 계기 중심 서술 : "사고 이후 피해자분께서 입원 중이시고, 자녀분이 대신 병원에 오셨다는 이야기를 듣고 나서야, 제가 단순히 한 사람에게만 상처를 준 것이 아니라, 그분의 가족 전체에게도 영향을 미쳤다는 사실을 실감하게 되었습니다."
2. 깨달음이 구체적으로 발생한 순간 기술 : "처음 사고현장에 구조차가 도착하고, 피해자분께서 고통스러워하던 모습을 지금도 잊을 수 없습니다. 그날 이후 매일 아침 뉴스를 보기 전에, 사고 당일 장면이 떠오릅니다. 그 기억이 제 부주의를 반성하게 만드는 가장 강력한 계기입니다."

> ### 3. 일상 속 실천을 구체적으로 언급
> : "사고 이후 운전을 중단하고 대중교통만 이용하며, 횡단보도를 지날 때마다 무의식적으로 피해자분의 얼굴을 떠올리게 됩니다. 이러한 경험이 저를 계속해서 경계하게 만들고 있습니다."
>
> ### 4. 피고인 고유의 사정에 기반한 진술
> : "저는 평생 한 번도 교통사고를 낸 적이 없었고, 제 자녀에게도 늘 '운전은 배려'라고 가르쳐왔습니다. 그런데 아이가 '아빠, 왜 사고 냈어?'라고 물었을 때, 아무 말도 할 수 없었습니다. 그 순간이 제게는 가장 큰 반성의 순간이었습니다."

■ 소명자료 최대한 많이 첨부

- 반성의 핵심은 말보다는 행동이므로 반성문에서 주장한 행동에 대한 내용과 관련한 증빙자료를 첨부해주세요. 증빙자료가 많으면 많을수록 좋습니다.
- 지인들의 선처탄원서가 있는 경우에는 반성문에 첨부하거나 반성문 제출 후 추가로 제출해야 합니다.

5) 제출 횟수와 방법

■ 적정 횟수

- 반성문은 사건 진행 중 최소한 1회는 작성해야 하며, 여러 차례 반성문을 작성을 하는 경우에는 아래를 기준으로 작성 및 제출하면 됩니다.
- 경찰 단계 : 1회
- 검찰 단계 : 1회
- 법원 단계 : 심급별로 각 1회
- 선고 직전 : 반드시 1회 제출

■ 제출 시 유의점

- 아무리 늦어도 (공판기일 또는 변론기일 최종 종료 후) 판결 선고기일 최소 14일 전에 제출하세요.
  지나치게 많은 반성문 제출은 역효과를 낼 수 있으므로 전체 3~5회 이내로 제한합니다.

6) 내용상 주의사항

■ 교통사고 피해자의 반성문 열람

- 교통사고로 피해자가 사망하거나 중대한 피해를 입은 사건에서는, 피고인이 제출한 반성문이 피해자 유족 측에 열람 또는 전달되는 경우가 있습니다.
- 따라서 반성문 작성 시에는 단순히 재판부를 향한 설명이나 반성의 의미를 넘어서, 피해자 유족이 읽는다는 전제하에 작성해야 합니다. 특히 아래와 같은 사항들을 각별히 유의하셔야 합니다.
- "억울하다", "운이 나빴다", "피해자가 갑자기 튀어나왔다" 등 → 책임 회피성 표현은 유족에게 심각한 분노 유발 요인이 됩니다.
- "제 인생도 망가졌습니다", "저 역시 피해자입니다" 등 → 자기연민 중심 표현은 반성의 진정성을 훼손하며, 유족에게는 피해를 상대화하는 태도로 비춰질 수 있습니다.
- "죽을죄를 지었습니다", "저는 살아갈 자격이 없습니다" 등 → 과장되고 감정적인 표현은 오히려 형식적이고 연출된 반성문이라는 인상을 줄 수 있으며, 유족에게는 피고인의 진정성에 대한 의심을 불러올 수 있습니다.
- 피해자에게 일부 과실이 있는 경우에도, 이를 직접적으로 언급하는 것은 유족에게 큰 상처가 될 수 있습니다.
- 과실을 언급해야 할 경우, 반드시 "그럼에도 불구하고 제 책임이 더 크고, 결과에 대한 책임은 제가 감당하겠습니다"와 같은 표현을 함께 사용하여, 책임 회피가 아님을 분명히 밝혀야 합니다.

■ 반성의 모습 구체화 ★

- "반성합니다"라는 단어 자체보다 반성하고 있다는 사실을 보여주는 구체적인 정황·행동·변화된 태도를 담는 것이 핵심입니다.
- '두 번 다시 이런 일이 없을 것입니다'라고 말만 하지 말고, 어떤 이유로 같은 일이 반복되지 않을 것인지, 그걸 위해 어떤 조치를 실제로 했는지까지 서술해야 진정성이 인정됩니다.
- 이 내용은 반성문 뿐 아니라, 재판 최후진술에도 그대로 적용되는 원칙입니다.

반성의 구체적 서술 예시

"사고 이후 한동안 핸들을 잡는 것이 두려웠고, 피해자분이 사고 당시 느끼셨을 고통이 계속 머릿속에 떠올라 잠을 이루기 어려운 날이 많았습니다. 그래서 저는 운전을 중단하고, 가족과의 약속으로 차량을 처분하였습니다. 매일 출퇴근은 대중교통을 이용하고 있으며, 버스를 타고 정류장에 멈출 때마다 '운전자의 1초 판단이 누군가의 삶을 바꿀 수 있다'는 교육 내용이 떠오릅니다. 사고 발생 이후 부산교통안전교육센터에 직접 연락하여, 교통사고 재발 방지를 위한 수강 과정을 자비로 신청하였습니다. 교육을 수강하면서 특히 제 사고 유형이 '교차로 진입 시 안전불이행'에 해당함을 알게 되었고, 이를 막기 위해 어떤 예방 조치가 필요한지도 배웠습니다. 저는 그 교육 내용을 정리한 노트를 만들고, 지금도 일주일에 한 번씩 다시 들여다보며 제 과실을 되새기고 있습니다. 형식적인 반성이 아니라, 저 자신이 사고를 반복하지 않기 위해 실제로 무엇을 바꾸고 있는지를 항상 점검하고 있습니다. 운전은 단순한 이동 수단이 아니라, 타인의 생명과 안전을 책임지는 행동임을 매일 체감하고 있습니다. 단 한 번의 실수로 누군가의 삶을 흔들 수 있다는 점을 이번 사고를 계기로 온몸으로 배우고 있습니다."

■ 재범방지 노력 강조 및 구체적인 자료 반영

- 형식적이고 추상적인 반성문은 진정성이 없어 보일 수 있습니다. 재발 방지를 위한 계획을 구체적으로 작성하세요.
- 단순히 반성에 그치지 않고, 잘못을 바로잡기 위해 어떤 실천을 하고 있는지 강조하세요.

■ 책임 회피 금지

- 변명, 핑계, 운이 없었다는 등의 표현은 쓰지 마세요(단, 억울한 부분이 있다면, 피해자를 비난하지 않는 선에서 사실관계를 정확히 해명해야 합니다. 피해자의 과실도 재판에 고려되어 형량이 결정됩니다).
- 피해자의 행동을 탓하거나 상황을 과소평가하는 표현은 사용하지 마세요. 피해자의 행동이나 상황을 언급하더라도, 사고의 책임은 피고인에게 있다는 대전제를 분명히 해야 진정성을 인정받을 수 있습니다.
- 잘못된 예 : "운이 나빠서 사고가 났다.", "피해자가 갑자기 튀어나와서 어쩔 수 없었다.", "피해자가 너무 예민하게 굴었다.", "억울하지만 벌은 받겠습니다.", "피해자가 합의 안 해줘서 제 인생이 망가졌습니다." 등의 표현은 책임을 외부에 전가하거나 피해자 탓을 하는 인상을 주기 때문에 절대 사용해서는 안 됩니다.

예시

1. 책임 인정 + 사실관계 정리

: "사고 당시 저는 신호등의 점멸 상태를 너무 가볍게 여겼고, 교차로 진입 전에 일시 정지하지 않은 제 잘못이 명백했습니다. 피해자분께서 갑작스럽게 진입한 것이 사고에 영향을 미쳤다는 생각이 순간적으로 들기도 했지만, 결과적으로는 제가 운전자로서 주변 상황을 제대로 살피지 못한 책임이 더 크다는 것을 지금은 분명히 인식하고 있습니다."

: "피해자분의 입장에서 보면, 이 사고가 얼마나 두렵고 고통스러운 경험이었을지 충분히 상상할 수 있습니다. 제 부주의로 인해 그러한 상황을 초래한 점에 대해 변명의 여지 없이 책임을 통감하고 있으며, 그 결과로 어떤 처벌이 주어진다 해도 겸허히 수용하겠습니다."

2. 억울한 부분이 있는 경우에도 유의할 표현 방식

: "사고 현장에서의 정황이나 쌍방의 위치관계 등 일부 다툼이 있는 점은 사실이지만, 운전자로서 가장 기본적인 주의의무를 지키지 못했다는 점에서 저의 과실이 결정적인 원인이었다고 판단하고 있습니다. 피해자분께 불편을 드린 사실 자체는 명백하므로, 이 점에 대해서는 진심으로 사죄드리며, 책임 있는 자세로 피해 회복에 임하고 있습니다."

■ 지나치게 과격하거나 부정적인 표현의 지양

- 반성문에서 "죽을죄", "내 인생은 끝났다", "차라리 죽고 싶다" 등의 과장된 표현은 오히려 감정에 매몰된 태도로 비춰질 수 있으며, 재판부로부터 진정성 없는 과잉 연출로 평가받을 수 있습니다.

- 교통사고 사건의 반성문은 자신의 과실을 직시하고, 재발 방지를 위한 교훈과 실천을 담아내는 진지한 태도가 중요합니다.

- 특히 피해자가 존재하는 사건에서는, 본인의 인생 피해보다 피해자의 고통에 더 초점을 맞추는 자세가 요구됩니다.

- 잘못된 예 : "죽을죄를 지었습니다.", "저는 차라리 죽는 게 낫다고 생각했습니다.", "제 인생은 이제 끝났습니다.", "저는 죄인입니다. 무슨 벌이든 받겠습니다.", "이 사건으로 저희 가정은 망가졌습니다." 등의 표현은 자기 연민을 강조하거나 감정적으로 흔들리는 모습으로 해석될 수 있으며, 진정한 책임감 있는 태도로 보기 어렵습니다.

- 올바른 예 : "이번 사고의 책임은 전적으로 제게 있습니다.", "사고 이후 스스로를 돌아보며 깊은 책임감을 느끼고 있습니다.", "이 사건을 계기로 제 삶의 태도를 바꾸게 되었습니다.", "재판부의 판단을 겸허히 수용하며, 피해 회복에 최선

을 다하겠습니다."등의 표현으로 책임지는 자세의 표현이 옳습니다.

■ 내용의 일관성

- 반성문을 여러 차례 제출할 경우, 앞뒤 내용의 불일치나 진술 번복이 발생하면 진정성에 심각한 의심을 받게 됩니다.
- 특히 일반 과실이나 12대 중과실 교통사고 사건에서는 과실 경위나 피해자와의 관계, 합의 진행 상황 등이 자주 언급되므로, 반복 제출 시에도 핵심 사실은 일관되게 유지되어야 합니다.
- 판사가 직접 피고인에게 "반성문에 적은 내용이 맞느냐", "이때 사과하셨다고 했는데 증빙 있느냐"와 같은 질문을 할 수 있기 때문에, 기재 내용은 사실 기반 + 반복 확인된 구조로 정리되어야 합니다.

7) 반성문 작성의 활용도 높이기

■ 반성문과 최후진술의 연계 필요성

- 피고인의 반성문 내용은 최후진술에서 직접적으로 반영되므로, 두 진술의 내용적 일관성 및 논리적 흐름이 매우 중요합니다.
- 특히 최후진술은 재판에서 피고인이 직접 말할 수 있는 사법적 최종 메시지이므로, 그동안 제출한 반성문의 핵심 내용(책임 인정, 피해 회복 노력, 재발 방지 계획 등)을 간결하면서도 진정성 있게 요약하는 것이 바람직합니다.

■ 최후진술 이후 재판부 지적사항에 대한 추가 반성문 제출

- 재판 중 재판장이 "운전자로서 책임의식이 부족해 보인다", "피해자에 대한 배려가 부족했다" 등 구체적인 지적을 하는 경우, 그 내용을 바로 반성문에 반영하여 선고기일 전까지 제출하는 것이 매우 중요합니다.
- 이는 단순히 태도를 보이는 차원을 넘어, 재판부의 판단 기준에 맞춰 피고인이 개선되고 있다는 메시지를 주는 행위입니다.
- 예시 : "재판 중 재판장님께서 '운전자의 사소한 판단 미숙이 타인의 삶을 얼마나 크게 흔들 수 있는지를 인식해야 한다'고 하신 말씀을 가슴 깊이 새겼습니다. 저의 운진 행위가 가져온 피해의 크기를 사고 낭시보다 더 깊이 이해하게 되었고, 책임감 없는 운전이 어떤 결과를 초래할 수 있는지를 절감하고 있습니다. 이

를 계기로 교통사고 방지를 위한 교육을 추가로 신청하였으며, 앞으로도 같은 실수가 반복되지 않도록 꾸준히 생활 습관을 점검하고 있습니다."

- 1심 선고기일이 잡힌 상태에서도 선고가 내려지기 전까지는 반성문을 추가로 제출할 수 있으며, 이는 양형 판단에 실질적 영향을 미칠 수 있습니다.
- 최종 반성문은 가장 구체적이고 진정성 있는 내용으로 마무리해야 하며, 피해 회복 노력, 자발적 교육 이수, 운전 중단 등 행동 기반 반성의 종합 정리로 구성하는 것이 좋습니다.

■ 반성문 관련 증빙자료 첨부
- 모든 반성문에 언급된 사항은 가능하면 증빙자료를 함께 제출하여, 말이 아닌 행동의 진정성을 입증해야 합니다.
- 증빙자료는 구체적이고 신뢰할 수 있는 자료를 준비하며, 이를 통해 본인의 반성과 재발 방지 노력이 단순한 말에 그치지 않음을 보여야 합니다.

8) 반성문 작성예시

아래는 반성문 작성 예시입니다. 예시는 참고용일 뿐이며, 똑같이 작성해서는 안 됩니다. 본인이 직접 경험한 사건과 본인만이 전달할 수 있는 독창적인 내용을 포함하여 작성하시기 바랍니다.

반 성 문

존경하는 재판장님께

(1. 서두 인사 + 피해자 사망에 대한 애도와 사죄의 진정성 표현)
(2. 중대 피해 인식 + 진정한 반성의 태도 강조)
이번 사고로 인해 한 생명이 세상을 떠났고, 유족분들께 지울 수 없는 고통을 안겨드렸다는 사실 앞에서 어떤 말로도 용서를 구할 수 없다는 것을 잘 알고 있습니다. 매일 그날의 기억을 떠올리며 깊이 반성하고 있고, 피해자분의 명복을 진심으로 기원하며, 유족분들께 다시 한 번 머리 숙여 사죄드립니다.

(3. 사고 경위 명확화 + 피해자 일부 과실 존재 인정 + 그러나 피고인의 주의

의무 위반과 책임 수용)

사고는 제가 신호등이 점멸하는 교차로에 진입하면서 충분한 감속과 주의를 기울이지 못한 상태에서 발생하였습니다. 피해자분께서도 횡단보도가 아닌 구간에서 무단횡단을 하신 정황이 있으나, 그와 별개로 운전자였던 제가 전방을 주의 깊게 살피고 조치를 했더라면 막을 수 있었던 사고였다는 사실을 인정합니다. 결국 이 사고의 가장 큰 책임은 저에게 있다는 점을 절대 잊지 않겠습니다.

(4. 합의 노력 존재 + 유족의 반응 존중 + 민사배상 완료로 최소한의 법적 책임 이행 강조)

사고 이후 저는 피해자 유족분들께 진심으로 용서를 구하고자 여러 차례 연락을 시도하였고, 편지와 위로금을 전달하고자 하였지만 유족분들께서는 극심한 고통과 분노로 인해 어떤 만남이나 소통도 거절하셨습니다. 그 마음을 전적으로 이해하고 있으며, 지금까지도 계속해서 진심 어린 용서를 구하고 있습니다. 비록 형사합의에는 이르지 못했지만, 민사상 손해배상은 자동차보험을 통해 전액 처리되었습니다.

(5. 피고인의 정신적 후유증 및 치료 사실 → 진정성 있는 반성과 재발 방지 행동 증빙 / 운전 중단 및 차량 처분 통한 실질적 태도 변화 강조)

한편 저 역시 이 사고 이후 심각한 정신적 충격을 받았고, 피해자분의 모습과 사고 장면이 반복적으로 떠오르면서 일상생활이 어렵다고 느낄 만큼의 외상 후 스트레스 증상(PTSD)을 겪고 있습니다. 현재는 정신건강의학과에 주기적으로 내원하여 상담 및 치료를 받고 있으며, 의료진으로부터 사고와 관련된 심리적 외상이 크다는 진단을 받은 상태입니다. 이러한 상태로 인해 운전 자체에 대한 두려움이 심각하여 차량도 처분하였고, 현재는 모든 이동을 대중교통에 의존하며 살아가고 있습니다.

(6. 행동 중심 반성 강조 + 재발방지를 위한 구체적 노력과 이행 상황 언급)

저는 이번 사건을 제 삶의 전환점으로 삼고 있습니다. 피해자분의 생명을 앗아간 저의 잘못을 평생 잊지 않으며, 말로만의 반성이 아니라 행동으로 책임을 다하는 삶을 살아가고자 다짐하고 있습니다. 다시는 이와 같은 사고가 재발되지 않도록 모든 생활 습관을 바꾸고 있으며, 교통사고 예방 교육도 자발적으로 이수하여 사고 원인과 예방책을 체계적으로 배우고 있습니다.

(7. 구속 시 가족에게 미치는 영향 - 절제된 방식으로 반영)

존경하는 재판장님, 저는 이번 사고로 한 가정의 생명을 빼앗았다는 사실을 결코 잊지 않을 것이며, 법적 책임 역시 끝까지 감당할 각오로 이 자리에 섰습니다. 다만 저에게는 아직 어린 자녀가 있고, 배우자 역시 전적으로 저의 도움에 의지하여 생계를 유지하고 있는 상황입니다. 만일 제가 구속되어 장기간 가정으로부터 단절된다면, 제 가족에게는 경제적·정서적으로 매우 큰 영향을 끼칠 수밖에 없습니다. 이는 반성을 회피하려는 뜻이 아니라, 저의 처벌로 인해 제 가족까지 함께 고통을 겪게 되는 현실을 조심스럽게 말씀드리는 것입니다.

(8. 종결부 - 유족 감정 존중 + 사죄의 진정성 + 피고인의 향후 삶에 대한 반성적 태도 재강조)

존경하는 재판장님, 저는 이 사고로 한 가정을 파탄에 이르게 했다는 사실을 결코 잊지 않겠습니다. 제 개인적인 고통은 감히 피해자 유족분들의 아픔에 견줄 수 없음을 알기에, 끝까지 죗값을 치른다는 자세로 살아가겠습니다. 다만 저의 진심이 조금이라도 전달되기를 간절히 바라는 마음으로 이 글을 올립니다.

2025년 OO월 OO일

피고인 [이름]

(자필 서명)

부산지방법원 형사 제OO부 귀중

(※반성문에 들어간 내용을 입증할 수 있는 자료는 필수로 첨부해야 합니다)

아. 선처탄원서 작성방법

1) 필요성

선처탄원서는 검찰 또는 법원에 제출하여 피고인의 처벌을 낮추거나, 긍정적인 영향을 주기 위한 진정서를 의미합니다. 선처탄원서를 받을 수 있다면 받아서 제출하는 것이 사건에 도움이 될 수 있습니다. 탄원서가 많으면 많을수록 나쁠 것은 없지만 탄원서의 양보다 제대로 작성된 탄원서가 더 중요합니다. 피해자가 있는 경우 탄원서보다 피해자와 합의를 하여 합의서를 제출하는 것이 가장 큰 양형자료이지만 합의도 쉬운 일은 아니기 때문에 합의가 없는 경우에는 적극적으로 탄원서를 수집할 필요가 있습니다.

탄원서를 작성하거나 수집할 때는 단순히 선처를 호소하는 내용보다는, 피의자 또는 피고인의 성실한 반성과 재발 방지를 위한 노력을 구체적으로 담는 것이 중요합니다. 이를 통해 탄원서가 재판부의 판단에 실질적인 영향을 줄 수 있습니다.

2) 작성방식

- 탄원서의 분량은 A4용지 1~2장 분량이 적당합니다. 재판부가 검토할 서류가 많기 때문에, 간결하면서도 핵심적인 내용으로 작성하는 것이 중요합니다.
- 탄원서는 컴퓨터로 초안을 작성한 뒤 최종 내용이 완성된 후 A4 용지에 정성스럽게 자필로 작성하는 것이 좋습니다. 자필은 성의와 진정성을 나타냅니다.
- 다만 상대방이 글자를 알아보기 힘든 경우 또는 악필의 경우에는 PC로 작성하되, 자필로 쓴 원본을 PC로 쓴 탄원서 끝에 원본을 첨부하는 방법과 PC로 작성된 탄원서에 서명·날인만 자필로 하는 것도 방법이 될 수 있습니다. 핵심은 자필이 진정성 등을 느끼기에 효과적이라는 점입니다.
- 가족관계가 아니라서 자필 탄원서를 받기가 어려운 경우에 PC로 작성된 선처탄원서만으로도 충분합니다.
- 작성자의 주민등록증사본, 가족관계증명서, 재직증명서 등 탄원인의 신분과 피고인과의 관계를 확인할 수 있는 증빙서류는 반드시 첨부되어야 합니다.
- 탄원서는 많아서 나쁠 것은 없지만 양보다는 질이 중요합니다. 만약 다수의 사람에게 선처탄원서를 받고자 하면 짧은 내용으로 간략히 자필로 구성하거나, 이미 완성된 서식에 서명날인 등을 받는 형태로 선처탄원서를 받는 것도 가능합니다.

- A4 용지의 맨 위에서 최소 5cm를 띄운 후 글을 시작하세요(기록 편철 시 글자가 가려지는 것을 방지하기 위함입니다).

3) 선처탄원서 작성의 구체적인 내용

■ 작성자 정보
- 탄원인의 성명, 주소, 연락처를 명확히 기재합니다.
- 피고인과의 관계(배우자, 가족, 친구, 직장동료 등)를 구체적으로 밝힙니다.
- 직업, 경력, 지역사회에서의 역할 등 탄원인의 사회적 신뢰성을 간략히 소개합니다.
- 예시 : "저는 피고인의 배우자로, 현재 ○○초등학교 교사로 재직 중이며, 10년간 지역 교육에 몸담아 왔습니다."

■ 탄원의 목적 명확화
- 이번 탄원이 피고인의 형을 감형하거나 구속을 피하게 해달라는 요청임을 명확히 밝히되, 그 이유는 피고인의 성실함, 개선 의지, 사회적·가정적 역할 등을 기반으로 작성합니다.
- 예시 : "피고인이 과실을 깊이 반성하고 있고, 앞으로 동일한 실수가 반복되지 않도록 적극적인 개선 노력을 기울이고 있기에 선처를 호소드리고자 합니다."

■ 피고인의 평소 인격 및 사회적 태도
- 피고인의 평소 성실성, 책임감, 가정에 대한 헌신 등을 객관적으로 서술합니다.
- 구체적인 선행 사례가 있다면 사실 중심으로 제시합니다.
- 예시 : "피고인은 평소 지역 경로당 봉사활동에 꾸준히 참여해 왔고, 어르신들께 인사도 잘하는 성격으로 주민들 사이에서 평판이 좋았습니다."

■ 사건에 대한 반성과 재발 방지 의지
- 피고인이 깊이 반성하고 있다는 사실을 탄원인의 시선에서 언급합니다.
- 실질적인 재발 방지 노력이 확인되었다면 명시합니다.
- 예시 : "이번 사고 이후 피고인은 운전을 전면 중단하고 차량을 처분하였으며, 대중교통만을 이용하고 있습니다. 교통사고 방지 교육을 자비로 수강하며 실수

의 원인을 되새기고 있습니다."

- 추가적으로 탄원인이 직접 곁에서 관리하거나 조력할 계획이 있다면 함께 언급합니다. → 예 : "가족으로서 앞으로도 피고인이 경솔한 판단을 하지 않도록 생활 전반을 함께 점검할 것입니다."

■ 탄원인의 신뢰성 있는 관찰과 진정성

- 피고인의 평소 모습을 직접 지켜본 사람으로서의 객관적인 평가를 담습니다.
- 과장되지 않은 진정성 있는 언어와 어조로 작성되어야 하며, "엄벌에 처하지 말아달라"는 식의 단편적 감정 표현보다, 구체적 변화와 태도를 보여주는 방식으로 접근합니다.
- 예시: "피고인은 이번 사고를 통해 생명을 잃게 되는 결과가 얼마나 무거운지 스스로 절감하고 있으며, 자신이 저지른 결과를 평생 마음에 새기고 살아가겠다고 다짐하고 있습니다."

■ 사회적 및 가정적 영향

- 피고인이 가족 내에서 생계를 책임지는 위치라면 그 점을 구체적으로 언급합니다.
- 피고인의 구속 또는 장기 처벌이 미성년 자녀나 배우자에게 미칠 현실적 어려움을 객관적으로 서술합니다.
- 예시: "피고인은 두 자녀의 아버지이며, 배우자는 전업으로 육아에 전념하고 있습니다. 만약 피고인이 장기간 구속된다면 가정의 수입이 중단되어 자녀 양육과 교육에 심각한 문제가 발생할 수 있습니다."
- 단, 이 부분은 피해자 유족이 볼 수 있다는 점을 고려해 책임 회피나 자기연민처럼 보이지 않도록 절제된 표현을 사용합니다.

■ 진정성과 간결함 유지

- 지나치게 감정적인 표현이나 과장된 언사는 피하고, 판사가 논리적이고 현실적인 근거에 따라 판단할 수 있도록 담백하고 정제된 문장으로 작성합니다.
- 예: "감히 피해자분의 고통에 비할 수는 없지만, 피고인의 가족 역시 이번 사고를 계기로 깊은 반성과 삶의 태도 변화를 경험하고 있습니다."

■ 구체적 사례 제시 및 첨부

- 피고인의 선행이나 반성을 보여줄 수 있는 실제 사례를 제시하세요.
- 적극적인 자세로 사실과 일치하는 자료를 제출하는 경우에는 효과가 높아질 수 있습니다.
- 예시 : "피고인은 평소 지역 봉사활동에 적극 참여하여 주민들에게 신뢰를 받았습니다."(봉사활동 관련 자료 첨부)
- 가능하다면 피고인의 봉사활동, 교육 수강, 차량 처분, 정신과 치료 내역 등 실질적인 변화에 관한 자료를 함께 제출하면 효과적입니다.
- "피고인은 사고 이후 ○○정신건강의학과에서 외상 후 스트레스 진단을 받고 주기적인 상담을 받고 있으며, 차량 처분 계약서와 교통안전교육 수료증을 별도로 첨부합니다."

■ 객관적이고 온건한 어조 유지

- 선처를 호소하되, 형량에 대해 직접적으로 관여하려는 문구(예: "벌금으로 끝내주십시오", "집행유예로 풀어주십시오")는 피해야 합니다.
- 판사의 재량을 존중하며, "선처해주신다면 감사하겠습니다", "심정 헤아려주신다면 저희 가족에게 큰 위로가 될 것입니다" 정도의 표현으로 마무리하는 것이 좋습니다

■ 사회적 영향 강조

- 피고인이 처벌받으면 직장, 가족, 지역사회 등에 미칠 영향을 부각하세요.
- 예시 : "피고인은 가정에서 가장으로서 미성년 자녀를 부양하고 있으며, 이번 사건으로 인해 가정이 무너지는 일이 없도록 더욱 신중하고 성숙한 태도로 생활하고 있습니다. 피고인의 구속이 현실화될 경우 미성년 자녀의 양육에 중대한 문제가 생길 수 있기에, 다시는 같은 실수를 반복하지 않겠다는 강한 의지를 갖고 반성하고 있습니다."

■ 결어 : 책임감 있는 결론

- 피고인이 교화의 기회를 통해 사회로 돌아올 수 있도록 마지막 간절한 바람을 진정성 있게 표현하며 마무리합니다.
- 예시 : "이 탄원이 조금이나마 피고인의 진정한 반성과 변화가 전달되는 계기가

되기를 간절히 바랍니다."

4) 내용상 주의사항

■ 허위 내용 기재 금지

- 탄원서에 사실과 다른 내용을 포함하는 것은 매우 위험합니다.
- 법원은 서면의 신빙성을 중시하므로, 허위 내용이 드러나면 탄원인과 피고인 모두에 대한 신뢰를 잃게 되어 오히려 불리한 판단으로 이어질 수 있습니다.
- 예시 : "피고인은 사고 당시 스마트폰을 사용하면서 운전하지 않았습니다" → 증거가 있는 상황에서 조사기록과 불일치 시 오히려 양형 악영향

■ 객관성 없는 과도한 칭찬 자제

- 피고인을 지나치게 이상화하거나 감정적으로 찬양하는 표현은 탄원서의 설득력을 떨어뜨립니다.
- 객관적인 근거 없이 극단적인 표현은 형식적, 연출된 문장으로 평가받을 수 있으므로 주의해야 합니다.
- 잘못된 예 : "피고인은 천사 같은 사람입니다", "이런 인격자에게 사고가 날 리 없습니다."
- 올바른 예 : "피고인은 평소 지역사회에서 봉사활동에 꾸준히 참여하며 책임감 있는 삶을 살아왔습니다."

■ 감정적 · 극단적 호소 지양

- 과도하게 감성적인 문장, 비문학적인 호소문은 반성의 진정성을 훼손할 수 있습니다.
- 탄원서는 감정 표현보다 사실 기반의 합리적인 설명이 핵심입니다.
- 잘못된 예 : "판사님, 제발 불쌍히 여겨주십시오", "저희 가족이 무너집니다."
- 올바른 예 : "피고인의 구속은 미성년 자녀 양육에 직접적인 어려움을 초래할 수 있기에, 이 점도 함께 감안해주신다면 감사하겠습니다."

■ 변명 또는 책임 회피로 비춰지는 표현 금지

- 사고의 책임을 축소하거나 타인과 비교하는 표현은 반성의 진정성을 무너뜨립니

다.

- 탄원인은 피고인의 반성 태도를 강조하되, 사건 자체를 변명하거나 정당화하지 않도록 유의해야 합니다.

- 잘못된 예 : "다른 운전자들도 다 이 정도는 합니다", "피해자가 갑자기 튀어나왔습니다."

- 올바른 예 : "피고인은 운전자에게 요구되는 주의의무를 소홀히 한 점을 깊이 반성하고 있으며, 다시는 같은 실수가 반복되지 않도록 생활 전반을 바꾸고 있습니다."

■ 피해자나 제3자에 대한 비난 금지

- 피해자에게 일부 과실이 있는 경우라도, 탄원서에서는 피해자에 대한 언급을 최소화하거나 완전히 배제하는 것이 원칙입니다.

- 유족이 열람할 가능성이 있는 만큼, 사건의 원인을 피해자나 외부로 돌리는 표현은 오히려 역효과를 초래합니다.

- 잘못된 예 : "피해자도 부주의했습니다.", "그 길은 애초에 위험한 길이었습니다."

- 올바른 예 : 피해자 관련 내용은 언급하지 않거나, "사고의 결과에 대한 책임은 피고인도 무겁게 받아들이고 있습니다." 수준에서 마무리

■ 법원의 판단권 존중

- 탄원서는 판사의 판단에 영향을 줄 수 있는 문서이지만, 판결을 직접적으로 부정하거나 간섭하는 표현은 지양해야 합니다.

- 사실이나 경위에 대해 언급하더라도 '판단은 재판부의 권한임을 존중하는 자세'를 유지해야 합니다.

- 잘못된 예 : "피고인은 절대 잘못이 없다고 생각합니다."

- 올바른 예 : "피고인의 평소 태도와 사건 이후의 변화 등을 감안하여 판단해주신다면 감사하겠습니다."

■ 직접적인 처벌 경감 요청 지양

- 판결의 구체적 형량에 대해 요청하는 표현은 법원의 재량권을 침해하는 태도로 비춰질 수 있습니다.

- 선처를 바라는 마음은 담되, 문장 구성은 간접적이고 절제된 방식을 사용해야 합니다.
- 잘못된 예 : "부디 집행유예를 선고해 주십시오", "벌금형으로 끝내주시면 좋겠습니다."
- 올바른 예 : "피고인이 반성과 재발방지 의지를 가지고 있는 점을 감안해 판단해주신다면 감사하겠습니다."

5) 선처탄원서 작성예시

아래는 선처탄원서 작성 예시입니다. 예시는 참고용일 뿐이며, 똑같이 작성해서는 안 됩니다. 본인이 직접 경험한 사건과 본인만이 전달할 수 있는 독창적인 내용을 포함하여 작성하시기 바랍니다.

선 처 탄 원 서

사건번호 : 부산지방법원 2025고단12345
피 고 인 : 홍○○
탄 원 인 : 이○○

(1. 인사말 및 탄원인의 신분관계)

존경하는 재판장님께,

안녕하십니까. 저는 본 사건의 피고인 홍○○의 배우자인 이○○입니다.

저희 가족은 이번 교통사고로 인해 큰 충격을 받았고, 피고인 역시 본인의 과실로 인해 누군가에게 상처를 주었다는 사실에 매일 깊은 자책과 반성 속에서 살아가고 있습니다.

이번 사고는 피고인의 부주의로 발생한 것으로, 피고인 스스로도 그 책임을 인정하고 있고, 사고 이후 자신의 행동이 초래한 결과의 무게를 통렬히 깨닫고 있습니다. 그동안 남편(아내)은 피해 회복과 재발 방지를 위해 다양한 노력을 실천해오고 있으며, 저는 이를 가장 가까이에서 지켜보며 진심 어린 반성과 변화 의지를 확인하였습니다. 부디 이러한 점을 참작하여 피고인이 다시 가정으로 돌아올 수 있도록 선서해 주시기를 간절히 부탁드립니다.

(2. 피고인의 평소 성실한 삶과 가족에 대한 책임감)

피고인은 평소 가족을 위해 헌신하며 묵묵히 일해온 사람이었습니다. 가정의 가장으로서 가족의 생계를 책임지며 살아왔고, 직장에서도 맡은 바 역할에 책임을 다해 동료들로부터 신뢰를 받아왔습니다. 주변 친척들과 이웃들 사이에서도 정직하고 온화한 성품으로 알려진 사람입니다.

무엇보다 피고인은 미성년 자녀를 둔 부모로서, 자녀의 교육과 양육에 있어 항상 책임감 있게 임해왔습니다. 현재 피고인의 구속이 현실화된다면 저는 혼자서 가정을 꾸려나가야 하며, 어린 자녀는 부모의 부재로 인해 정서적으로도 큰 충격을 받을 수밖에 없는 상황입니다. 저희 가족은 이미 이번 사고로 인해 정신적·경제적 어려움을 겪고 있으며, 자녀는 매일같이 아버지(어머니)를 기다리며 불안한 시간을 보내고 있습니다.

물론 법 앞에서는 누구든지 본인의 책임을 져야 한다는 점을 잘 알고 있습니다. 다만, 피고인이 다시 한 번 가족과 함께 살아가며 사회 구성원으로서의 역할을 다할 수 있도록 기회를 주신다면, 저희 가족은 그 은혜를 평생 잊지 않고 살아가겠습니다.

(3. 사건 발생 경위 및 피고인의 깊은 반성)

남편(아내)은 평소 운전 시 교통법규를 준수하고, 항상 조심스럽게 운전해왔습니다. 그러나 이번 사고 당시, 순간적인 판단 착오와 주의 부족으로 인해 결국 사고가 발생하고 말았습니다.

피고인은 사고 이후 피해자분의 상태를 걱정하며 극도의 불안과 자책 속에 매일을 보내고 있습니다. 수사 및 재판 절차를 겪으며, 운전자의 부주의가 얼마나 큰 피해를 초래할 수 있는지를 체감하고 있으며, 본인의 과실로 인한 피해자와 유족분들의 고통을 생각하며 깊이 반성하고 있습니다.

(4. 피해 회복을 위한 노력)

피고인은 피해 회복을 위해 현실적으로 가능한 모든 방법을 다하고 있습니다.
자동차 보험을 통해 치료비 및 손해배상 관련 절차를 신속히 진행하였고,
경제적으로 어려운 상황 속에서도 공탁금을 마련하여 법원에 공탁을 완료하였습니다.

피해자 측에 연락을 시도하고 사과의 뜻을 전하였으나, 유족분들께서 큰 슬픔 속에 계셔 연락이 어려운 상태입니다.

피고인은 피해자분과 유족분들께 진심으로 사죄드리며, 향후에도 피해 회복을 위한 노력을 결코 멈추지 않을 것입니다.

(5. 재발 방지를 위한 구체적인 노력)

피고인은 이번 사건을 인생의 전환점으로 삼아 실질적인 생활 변화를 실천하고 있습니다.

- 예 : 보유하고 있던 차량을 처분하고, 운전을 전면 중단하였습니다.
- 예 : 모든 이동을 대중교통에 의존하며, 필요한 경우에는 대리운전을 이용하고 있습니다.
- 예 : 한국교통안전공단에서 교통법규 교육을 이수하고, 사고 대응 매뉴얼을 체계적으로 학습하였습니다.
- 예 : 시중 교통법규 교재를 직접 구입하여 공부하며, 법규 준수의 중요성을 일상에서 실천하고 있습니다.
- 예 : 가족과도 교통안전에 대해 함께 학습하고, 주변 지인들에게도 경각심을 가지도록 권하고 있습니다.

(6. 배우자로서 간절한 선처 요청)

존경하는 재판장님,

저희 가족은 이번 사고로 인해 큰 어려움에 직면해 있습니다. 피고인의 잘못으로 인해 피해자와 유족분들께 크나큰 상처를 안겨드린 점에 대해, 저희 가족 모두 진심으로 사죄드리며, 피해 회복을 위해 가능한 한 모든 노력을 기울이고 있습니다.

그러나 피고인의 구속이 현실화된다면, 자녀의 양육과 가정의 생계는 심각한 위기에 놓일 수밖에 없습니다. 아직 상황을 이해하지 못하는 자녀는 아버지(어머니)가 언제 돌아오는지 매일 기다리고 있으며, 저는 그 기대를 외면한 채 하루하루를 견뎌야 합니다.

부디 피고인이 다시 한 번 가족의 품으로 돌아와 책임 있는 구성원으로 살아갈 수 있도록 선처를 간곡히 부탁드립니다. 피고인은 이번 사건을 통해 깊은 반성을 거듭하고 있으며, 다시는 같은 실수를 반복하지 않겠다는 각오로 살고 있습니다.

재판장님의 현명하고 관대한 판단을 부탁드립니다.

2025년 OO월 OO일

탄원인 : 이OO (자필 서명)

[연락처 : 010-XXXX-XXXX]

[주소 : 부산시 연제구 법원로 OO번길]

※첨부서류

- 주민등록증 또는 운전면허증 사본 (탄원인의 신분 확인을 위한 필수 자료)

- 가족관계증명서 또는 혼인관계증명서 (피고인과의 관계를 증명할 수 있는 자료)

- 필요시 재직증명서 (탄원인의 직업 및 신뢰성을 입증할 수 있는 자료)

- 기타 탄원서 내용과 일치하는 자료 (예: 가족사진, 피고인의 봉사활동 인증서 또는 사진, 교통법규 준수를 위한 노력과 관련한 자료, 피해 회복 노력 관련 증빙자료, 자녀와의 가족사진 등)

자. 기타 양형자료 준비방법

양형자료는 정성과 노력 그리고 진심이 중요합니다. 재판부에서 양형자료에 대한 진심을 모두 느낍니다. 본인이 할 수 있는 최대한의 노력으로 많은 양형자료를 준비를 하여야 합니다. ①반성문, ②선처탄원서, ③재범방지를 위한 구체적인 실천노력과 관련한 양형자료는 기본입니다.

피해자가 있는 경우에는 피해자와의 ④합의서가 가장 강력한 양형자료로 작용합니다. 합의가 되지 않더라도 최소한 자동차종합보험에서 지급한 ⑤치료비 지급내역서 또는 지급결의서 등의 증빙자료 확보하거나 피해자의 피해 회복을 위한 ⑥공탁을 반드시 진행해야 합니다.

더 나아가 아래와 같은 자료들도 확보할 수 있는 경우에는 확보하여 수사기관 또는 재판부에 전달하는 것이 좋습니다. 양형자료는 정해진 양식이나 서식이 없기 때문에 제3자(판사 등)가 보았을 때 수긍이 가는 정도의 자료로 자유롭게 준비하시면 됩니다.

기타 양형자료 목록 예시
□사고현장 관련 시각 자료 - 사고 지점의 도로 구조, 시야 확보 곤란 등 운전상 불리했던 요소가 있는 사진 - 사고 장소 및 주변 CCTV 위치, 사각지대 등의 구조적 위험 요인 사진 - 교차로, 점멸신호, 가로등 부족 등 환경적 요소가 시각적으로 드러나는 자료 - 사고 당시 도로 상황을 캡처한 지도(네이버 지도, 구글 스트리트뷰 등) - 사고 지점이 신호없는 교차로, 곡선로, 경사로 등 운전 판단에 어려움이 있는 구조임을 설명할 수 있는 도면 □과실의 정도를 낮추는 자료 - 통신사 통화내역 및 문자내역 확인서 : 사고 발생 시각 전후로 휴대폰으로 수·발신된 전화 및 문자메시지 내역을 확인할 수 있는 자료 → 사고 시간 전후 수 분간 전화나 문자가 없다는 사실이 확인되면, 휴대폰 사용이 없었다는 점을 간접적으로 입증 가능(신청 방법: 본인이 직접 통신사 고객센터(예: SKT, KT, LG U+)에 요청하여 발급 가능) - 데이터 통신 내역 확인 사료 : 사고 당시 휴대폰의 LTE/5G 데이터 사용 여

부를 보여주는 내역 (일부 통신사에서 제공) → 사고 당시 데이터 사용이 없었다면 SNS, 유튜브, 카카오톡 등 실시간 앱 사용 가능성이 낮다는 점을 설명 가능
- 카카오톡 등 메신저 앱 이용기록 : 사고 당시 메신저 앱에서 송수신된 메시지 기록 → 사고 시점 직전 또는 직후에 메시지 송수신이 없었다는 점을 통해 운전 중 사용 가능성 부정
- 블랙박스 영상 내 휴대폰 미사용 정황 : 차량 블랙박스 영상에서 운전자가 휴대폰을 손에 들고 있지 않거나 화면을 응시하지 않고 있다는 장면 → 시각적 근거로서 통신기록과 함께 제출 시 설득력 강화

□과실의 정도 또는 피해의 확대 가능성을 줄이는 자료
- 제한속도 이하 운전, 블랙박스에서 급제동 시점 등 반응 시간 확인 가능 자료
- 피해자가 무단횡단, 불법횡단, 차도 통행 등 일부 과실을 가질 수 있음을 보여주는 자료
- 사고 직전·직후 피고인이 정차하여 구조하려 했던 정황이 담긴 블랙박스 캡처

□보험처리 및 피해 회복 관련 자료
- 자동차 보험 접수 내역 및 보험사 지급 내역서
- 병원 진료비, 위자료 등 자비로 추가 보상한 이체 내역서
- 공탁금 납입 확인서
- 피해자 또는 유족에게 사과한 진술서 또는 유족이 사과를 거부했음을 입증할 자료
- 피해자 측과 연락 시도 내역(문자, 내용증명 등)
- 피해자 장례식에 피고인이 직접 참석한 사실을 입증할 수 있는 자료(장례식장 방문 기록 또는 조문록 사진, 참석 요청 또는 허락 받은 정황, 함께 동행한 가족 및 지인의 진술서 또는 탄원서("함께 조문하였음" 등), 장례식장에서 작성한 부의금 봉투 사진 또는 조의금 이체 내역서(정중한 표현과 함께 사용), 장례식 참석 이후 자필 반성문이나 사과 편지 등 감정 기록)

- 합의금 또는 피해배상금을 마련하기 위한 ①대출신청서 사본 또는 대출심사 서류 제출확인서, ②대출승인결과 통보서 또는 대출약정서 등

□차량 처분 및 운전 중단 관련 자료
- 자동차 매매 계약서, 말소 등록증명서, 폐차 증명서
- 오토바이 사용폐지 증명서
- 사고 이후 운전을 중단하였음을 증명할 수 있는 차량 보험 해지 내역
- 운전면허 자진 반납 신청서 및 운전면허 자진반납 확인서 또는 접수확인증 (전국 모든 경찰서에서 가능하고, 운전면허 담당 부서(교통민원실)에 방문하여 자진반납 신청서를 작성하고 면허증 제출, 면허 취소와 동일한 효과가 발생하며, 다시 운전을 하려면 신규 취득 절차(시험 포함)를 거쳐야 합니다).
- 면허가 취소된 경우에는 면허가 취소된 자료(*특히 합의가 되지 않은 사건에서는 더욱 중요도가 올라갑니다)
    ①도로교통공단이나 관할 경찰서(교통범죄처리계)에서 발급된 운전면허취소 처분통지서
    ②운전면허경력증명서 : 도로교통공단 도는 민원24(정부24)에서 발급 가능
    ③행정처분결과통보서
    ④도로교통공단에 로그인 하여 면허취소기간 등을 조회한 화면 캡처자료 등)

□교통법규 교육 및 재발방지 활동 관련 자료
- 한국교통안전공단, 도로교통공단 등에서 이수한 교통안전교육 수료증
- 사고 예방을 위한 민간 교통교육 이수확인서
- 교통법규 관련 서적 구매 영수증, 자가 학습 노트, 학습일지 등
- 교통안전공단 등에서 제작한 사고사례 교육 영상 시청 내역

□봉사활동 및 사회적 책임 실천 자료
- 지역사회 봉사활동 확인서(복지관, 구청, 종교단체 등)
- 피고인이 기부 내역, 헌혈증, 환경정화활동 등 사회 기여 활동 자료
- 사고 이후 자발적으로 진행한 교통안전 캠페인 참여 사진

□자백 및 반성 태도 관련 자료
- 피고인의 자필 반성문
- 일기, 반성노트, 사고 이후 심경 변화나 다짐을 기록한 자료
- 읽은 책 목록과 내용을 정리한 노트(교통안전, 생명존중 등 주제)

□선처 탄원서 관련 자료
- 가족, 배우자, 직장동료, 친구, 이웃 등 다양한 사회 관계망에서의 탄원서
- 탄원인의 신분증 사본, 가족관계증명서, 재직증명서 등
- 탄원인이 직접 목격하거나 관찰한 피고인의 반성, 노력에 대한 구체적 사례 포함

□가족 상황 및 실형 시 피해 우려 관련 자료
- 가족관계증명서 (부양가족 존재 확인)
- 미성년 자녀, 노부모 부양 여부 확인용 진료기록, 양육비 자료
- 한부모 가정 또는 배우자의 경제적 무력 상태 증빙
- 자녀의 심리상담 기록 등 정서적 충격을 보여주는 자료
- 가족의 경제적 의존 여부를 설명하여 실형으로 인한 피해를 강조.
- 가족사진 등 첨부해도 긍정적일 수 있습니다.

□경제적 곤란 또는 생계곤란 관련 자료
- 소득금액증명원, 급여명세서
- 부채 증명서, 대출 내역서
- 국민기초생활수급자 증명서, 의료급여증
- 사업자등록증, 매출 급감 확인 자료 등

□정신적·의학적 사정 관련 자료
- PTSD 또는 사고 이후 트라우마 관련 정신과 진단서
- 상담 내역, 약물 복용 내역, 치료 계획서
- 사고 당시 복용 중인 약물의 부작용 설명서

- 피고인의 건강 상태(신체적 제한 등)를 보여주는 진단서
- 가족의 질병 및 장기 치료 기록 (암, 치매, 뇌졸중 등)

□학업, 직장 및 사회적 기반 관련 자료
- 재직증명서, 직장추천서
- 피고인의 직무상 신뢰성, 성실성을 보여주는 내부 평가서 또는 포상 기록
- 직장 내 사회적 기여도(팀장, 책임자 등)
- 학교생활기록부, 상장 등 (청년층인 경우)

□직장 재직증명서
- 피고인이 직장에서 성실히 근무하고 있음을 입증.
- 직장의 대표자가 작성한 피고인의 근면함을 증명하는 추천서 포함.

□결혼 관련 자료
- 결혼 예정 : 예식장 계약서, 청첩장, 신혼집 계약서, 스튜디오 계약서
- 최근 결혼 : 혼인관계증명서, 결혼사진, 배우자 진술서(배우자가 직접 작성하
  여 피고인을 지원하겠다는 의지와 함께 제출)
- 사실혼 : 주민등록등본(동거 기록이 있을 경우), 공동임대차계약서, 가족사진,
  지인 확인서
- 출산 예정/최근 출산 : 출산예정일 증명서, 출생증명서
- 다자녀 가구 : 가족관계증명서, 양육비 지출 자료

□재범 방지 및 생활 개선 자료
- 차량 처분 이후 대중교통 이용내역 (티머니·캐시비 등 내역서)
- 대리운전 서비스 이용 내역
- 금주 서약서, 음주 관련 생활습관 변화 기록
- 사고 이후 직업 변경 내역 (운전이 필수 아닌 직무로 이동한 경우)
- 심리상담사, 사회복지사 등 자격증 취득 증빙서류
- 교육 수료증 또는 재직 중 자격향상 노력 관련 자료

□사회적 기반 및 실질적 지지체계
- 가족 동반 서약서(재범 방지 협력 내용 포함)
- 직장 동료·지인의 실질적 재활 지원 약속서
- 신뢰 있는 사회단체(예: 지역치안협의회, 교회 등)의 후견 의사 표명서

□국가유공자 및 공적 증명
- 본인 또는 부모의 국가유공자증
- 군 포상(표창장), 회사·학교 포상 증빙
- 사회적 공로를 입증할 수 있는 인증서류

□군 복무 관련 자료 또는 학교생활기록부 등
- 군 복무를 마친지 5년 이내인 경우
- 학교를 졸업한지 5년 이내이고 학교생활기록부에 긍정적인 기재가 있는 경우

차. 선처를 위한 경찰 또는 검찰조사 받는 방법

1) 소환 연락시의 대처

수사기관에서 소환 연락시의 대처
① 당황하지 않고 침착하게 대응하기
② 연락 내용을 정확히 확인하고 간결하게 통화하기
③ 조사 일정 협의 시 충분한 시간적 여유 확보
④ 변호사 상담 받기
⑤ 조사일정에 변호사와 출석하기
⑥ 조사 전 입장과 진술을 준비하기

■ 당황하지 않고 침착하게 대응하기

- 수사관은 자신의 업무를 수행하는 공무원이므로, 정중하고 차분한 태도로 응대하세요.
- 통화 후에는 즉시 담당 변호사에게 연락하여 사실관계를 공유해주시고, 수사관님에게는 담당 변호사를 통하여 연락을 준다고 말하시면 됩니다.

■ 조사 일정에 변호사와 동행하기

- 정당한 사유 없이 계속해서 소환에 불출석하면 체포영장이 발부될 수 있으므로, 불출석은 피해야 합니다.
- 일정이 어려운 경우에는 변호사를 통해 정중히 연기 요청을 하세요.
- 변호사와 동행하면 조사 과정에서 불필요한 진술을 방지하고, 선처에 도움이 되는 진술을 할 수 있습니다.
- 교통사고 사건의 수사기관의 조사시간은 비교적 짧은 편입니다(일반적으로 1시간 이내).

■ 조사 전 입장과 진술 준비하기

- 과실을 인정할 경우, '잘못을 명확히 인정하고 피해 회복을 위해 어떤 노력을 했는지'에 초점을 맞춰 진술을 준비하세요.
- 사고 발생 경위, 피해자 상태, 보험 처리 및 합의 진행 상황, 사과 및 병문안 시도 내역 등을 정리하여 진술에 반영합니다.

- 피해자와의 문자 및 통화 기록 등 피해 회복 관련 자료를 미리 준비해 조사 시 제출하면 진정성이 높아집니다. 자료가 없다고 하더라도 조사시 진술이라도 남기면 사건에 도움이 됩니다.

2) 피의자조사시 담당 변호사의 역할

피의자조사시 담당 변호사의 역할
① 피의자 스스로 답변이 원칙
② 변호사의 동석 및 심리적 지원
③ 의견 진술
④ 이의 제기
⑤ 신문 종료 후 의견 진술
⑥ 종료직후 피의자신문조서 열람 및 수정 요청
⑦ 피의자신문조서 정보공개청구 및 의견서 작성
⑧ 법적 대처방안 검토

■ 피의자 스스로 답변이 원칙

- 담당 변호사는 피의자신문 과정에서 수사관의 질문에 개입하거나 피의자를 대신해 답변할 수 없습니다.
- 피의자에게 직접 조언하거나 질문에 관여하는 경우, 신문 방해로 간주되어 변호사가 퇴장당할 수 있으므로, 모든 답변은 피의자 스스로 해야 합니다. 이 점을 충분히 인식하고 조사에 임해야 합니다.

■ 변호사의 동석 및 심리적 지원

- 담당 변호사는 수사기관에 출석하여 피의자 옆에 나란히 앉아 동석하며, 피의자가 조사에 집중할 수 있도록 심리적 지원을 제공합니다.

■ 의견 진술

- 변호사는 수사관의 질문이 불명확하거나 모호한 경우, 질문의 의미를 명확히 설명하도록 요구할 수 있습니다.
- 이는 피의자가 오해 없이 신문에 응할 수 있도록 돕기 위한 제한적인 개입입니다.

■ **이의 제기**

- 변호사는 신문 과정에서 자백 강요, 진술 유도, 반말, 모욕, 위압적 태도 등 부당한 신문 방법이 있을 경우 이를 바로잡기 위해 이의를 제기할 수 있습니다(형사소송법 제243조의2 제3항).

- 부당한 신문이 지속되면, 변호사는 중단을 요청하거나 조서를 통해 기록으로 남길 수 있습니다.

■ **신문 종료 후 의견 진술**

- 피의자신문이 종료된 후, 변호사는 조사 과정에서의 문제점이나 피의자의 입장을 반영하여 의견을 진술하거나 조서에 기록할 수 있습니다(형사소송법 제243조의2 제3항).

■ **종료직후 피의자신문조서 열람 및 수정 요청**

- 조사 종료 후, 변호사는 피의자와 함께 작성된 조서를 열람하며, 답변 내용과 불일치하거나 오기된 부분을 발견하면 수정을 요청할 수 있습니다.

■ **피의자신문조서 정보공개청구 및 의견서 작성**

- 변호사사무실에서는 피의자신문조서 정보공개청구를 하여 조서를 확보한 후 이를 검토하여 미비된 답변 등이나 자료를 보충하기 위해서 의견서를 작성하여 제출할 수 있습니다.

■ **법적 대처방안 검토**

변호사는 피의자가 조사에서 진술한 내용을 바탕으로 사건의 전반적인 흐름을 검토하고, 향후 법적 대처방안을 수립합니다.

- 특히, 조사 과정에서의 문제점이나 증거의 적법성을 검토하여 추가적으로 필요한 대응 전략을 마련합니다.

3) 자백사건 조사받는 방법

자백사건 조사받는 방법

① 확실한 목표 의식 3가지와 핵심 방법 3가지를 인식하기
  - 구속을 피하기, 형량을 낮추어 과도한 처벌을 막기, 죄를 확대하지 않기
  - 진지하고 구체적인 반성의 태도, 피해자와의 합의 및 피해 회복 노력, 재
    범 가능성이 없음을 보여주는 객관적 근거 제시입니다.
② 블랙박스 등 객관적 증거의 특수성 인식하기
③ 합의의 중요성 인식 및 주의사항
④ 진술의 신중함과 일관성 유지하기
⑤ 간결하고 정확하게 답변하기
⑥ 피해자 합의 및 적극적인 피해배상 의사 표현하기
⑦ 재범 가능성이 없음을 보여주는 근거 제시하기
⑧ 마지막으로 하고 싶은 말이 있냐는 수사관 질문에 대한 적극적인 진술

■ 확실한 목표 의식 3가지와 핵심 방법 3가지 인식하기

- 자백 사건의 핵심 목표는
    ① 구속을 피하고,
    ② 형량을 낮춰 과도한 처벌을 막으며,
    ③ 사실관계가 확대·왜곡되지 않도록 하는 것입니다.
- 이를 위한 핵심 방법은
    ① 진지하고 구체적인 반성 태도,
    ② 피해자와의 원만한 합의 및 피해 회복 노력,
    ③ 재범 가능성이 없음을 보여주는 객관적 근거 제시입니다.

■ 블랙박스 등 객관적 증거의 특수성 인식하기

- 교통사고 사건은 블랙박스 영상, CCTV, 사고현장 사진, 사고기록장치(EDR) 등
  객관적 증거를 기반으로 사실관계가 신속히 파악되는 경우가 많습니다.
- 영상 및 기록에서 명백히 드러나는 부분은 부인하지 않고 인정하는 것이 불필요
  한 신문을 줄이고 선처 가능성을 높입니다.
- 다만, 영상으로 확인되지 않거나 불분명한 부분에 대해서는 사실에 근거해 신중
  하게 진술해야 합니다.

■ 합의의 중요성 인식 및 주의사항

- 교통사고 사건에서 합의는 양형에 매우 큰 영향을 미치며, 합의 여부가 집행유예·벌금형 등 처분 결정에 직접적으로 작용합니다.
- 따라서 피해자와의 합의 진행 과정에서 감정적인 언행, 책임 회피성 발언, 피해자 감정을 자극하는 행동은 절대 피해야 합니다.
- 피해자에게 "보험으로 처리하면 된다"거나 "크게 다친 것도 아닌데"와 같이 합의를 그르칠 수 있는 말을 해서는 안 됩니다.
- 합의 의사는 수사기관 조사에서도 분명하게 밝히고, 민사배상은 자동차보험사, 형사배상은 변호사를 통해 피해자와의 연락을 공식적으로 진행해야 합니다.
- 운전자보험이 있는 경우에는 보험회사에서 합의금 등을 지급하기 위한 조건으로 교통사고사실확인원 서류를 요청하며, 해당 서류는 사건이 경찰에서 검찰로 송치된 후 발급받을 수 있기 때문에 담당 수사관에게 사건을 빠르게 검찰로 송치해 달라고 요청을 해야 합니다.

■ **진술의 신중함과 일관성 유지하기**
- 자신의 과실 부분은 명확히 인정하되, 과장되거나 사실과 다른 진술은 피해야 합니다.
- 기억이 불분명하거나 모호한 질문에는 "확인되지 않아 말씀드리기 어렵습니다" 또는 "기억이 정확하지 않습니다"라고 답변하여 불필요한 추측 진술을 피합니다.
- 조사 과정에서 실수가 있었다면, 조사 후 변호인을 통해 의견서로 정정·보완할 수 있음을 인식해야 합니다(정정·보완할 수 있으므로 지나치게 긴장할 필요가 없습니다).

■ **간결하고 정확하게 답변하기**
- 수사관의 질문에 필요한 만큼만 짧고 정확하게 답변하고, 감정적으로 장황하게 설명하지 않습니다.
- 예 : "사고 당시 전방주시가 미흡했고, 그로 인해 피해자께 상해를 입힌 점을 깊이 반성합니다. 치료와 회복을 위해 최선을 다하겠습니다."

■ **피해자 합의 및 적극적인 피해배상 의사 표현하기**
- 보험 처리 상황, 합의금 준비, 병문안 시도, 사과 의사 등을 구체적으로 진술합

니다.

- 단순히 "합의할 생각이 있다"에서 그치지 않고, 합의를 위해 어떤 준비를 하고 있는지를 구체적으로 제시하는 것이 중요합니다.
- 예 : "보험사를 통해 치료비가 신속히 지급되도록 조치했고, 별도로 위로금 지급을 위한 합의금도 마련 중입니다. 피해자분의 회복이 최우선이며, 직접 병문안을 가고 싶다는 의사를 변호사를 통해 전달드렸습니다."

▪ 재범 가능성이 없음을 보여주는 근거 제시하기
- 안전교육 이수, 교통안전 프로그램 참여, 운전습관 개선 노력, 차량 안전장치 점검 등을 언급합니다.
- 직업, 가족관계 등 안정적 생활 여건을 설명하여 재범 위험이 낮다는 점을 강조합니다.

▪ 마지막으로 하고 싶은 말이 있냐는 수사관 질문에 대한 적극적인 진술
- 경찰 또는 검찰조사시 수사관은 피의자에게 "마지막으로 하고 싶은 말이 있냐"고 묻습니다. 보통의 피의자는 "없습니다."라고 답하고 넘기는 경우가 많지만, 마지막 진술을 하는 것이 긍정적입니다.
- 피해자에 대한 죄책감과 피해자를 걱정하는 마음의 태도와 심경을 마지막으로 하고 싶은 말에 진심을 담아서 적극적으로 진술을 하시기 바랍니다.
- 만약 하고 싶은 말이 많다면 수사관에게 "손으로 쓰겠다."고 하여 공란의 칸을 넓혀 달라고 하여 자필로 작성하면 되고, 내용이 길지 않다면 수사관에게 말로 진술하면 됩니다.
- 이러한 기록은 추후 담당 검사나 재판부에서도 확인을 합니다.

4) 조사 시 주의사항

자백사건 조사 시 주의사항
① 수사관의 질문에 집중
② 수사관의 질문 속도에 맞춰 진술
③ 유리한 부분은 명확히 해명
④ 불필요하게 죄를 키우는 진술 금지

⑤ 차량 결함 여부·관리 이력 진술

⑥ 합의와 피해회복 노력 진술

⑦ 피해자의 운전자의 진술 열람 가능성 인식

⑧ 증거와 불일치하는 진술 금지

⑨ 도주 우려 없음을 강조

■ 수사관의 질문에 집중

- 질문을 끝까지 듣고, 취지를 이해한 후 답변합니다.
- 이해가 안 되는 경우 "질문을 조금 더 구체적으로 설명해 주시겠습니까?"라고 요청하세요.

■ 수사관의 질문 속도에 맞춰 진술

- 너무 빨리 말하거나 장황하게 설명하면 진술이 왜곡될 수 있습니다.
- 중요한 사항(반성 태도, 재발방지 노력, 피해회복 노력)은 수사관에게 반드시 조서에 기재해 달라고 요청하세요.

■ 유리한 부분은 명확히 해명

- 자신에게 유리한 사실(예: 피해자 구호 조치, 신속한 보험 접수, 병원 동행 등)은 기회를 놓치지 말고 진술하세요.

■ 불필요하게 죄를 키우는 진술 금지

- 교통사고 자백사건이라 하더라도, 수사기관이 알 수 없는 본인의 과실까지 모두 밝힐 필요는 없습니다.
- 예 : 블랙박스, CCTV, 목격자 신술 등으로 드러나지 않는 '폰을 보고 있었다', '전화통화를 하고 있었다', '물을 마시고 있었다' 등의 내용은 굳이 진술하지 않아야 합니다.
- 이는 운전에 집중하지 않았다는 명백한 과실을 스스로 추가하는 것이며, 형량에 불리하게 작용합니다.
- 단, 수사기관이 이미 객관적으로 알 수 있는 상황이거나, 택시콜 확인처럼 업무상 불가피한 경우라면 사실대로 진술해도 무방합니다.

■ 차량 결함 여부 · 관리 이력 진술

- 차량 결함이 사고 원인이 아니라면, 그러한 유발 요인이 없었음을 명확히 진술하세요.
- 평소 차량 정기 점검, 타이어 교체, 브레이크 패드 점검 등 안전관리를 꾸준히 해왔다면 그 내용을 진술하여 참작을 받는 것이 좋습니다.

■ 합의와 피해회복 노력 진술

- 교통사고 사건에서 합의 여부는 양형에 결정적인 영향을 미칩니다.
- 피해자의 감정을 상하게 하거나 합의를 그르칠 수 있는 발언("보험으로 처리하면 된다" 등)은 절대 하지 마세요.
- 조사 시 피해배상 의지를 명확히 하고, 합의 진행 상황이나 준비 중인 사실을 구체적으로 진술하세요.
- 예 : "보험사 접수를 즉시 진행했고, 별도로 위로금 마련을 위해 준비 중입니다. 피해자분 회복이 최우선입니다."

■ 피해자의 운전자의 진술 열람 가능성 인식

- 재판 단계에서 피해자가 운전자의 진술을 확인할 수 있는 경우가 있습니다.
- 피해회복 노력에 대해 거짓 진술을 했다가 피해자에게 발각되면, 피해자가 엄벌 탄원서를 제출할 수 있어 불리합니다.
- 따라서 피해회복 노력 부분은 사실대로 진술하되, 없는 사실을 꾸며내서는 안 됩니다.

■ 증거와 불일치하는 진술 금지

- 블랙박스·CCTV 등 객관적 증거와 모순되는 진술은 신뢰를 해치고 불리하게 작용합니다.

■ 도주 우려 없음을 강조

- 주거와 직업, 가족관계 등 사회적 유대관계를 강조하여 도주 우려가 없음을 명확히 진술하세요.
- 예 : "부산에서 5년째 같은 직장에서 근무하며 가족과 거주 중입니다. 피해자와의 합의를 위해 계속 노력하고 있습니다."

카. 법원 유죄인정 최후진술 준비방법

1) 서설

최후진술은 과실로 교통사고를 발생시킨 한 피고인이 피해자에 대한 진정성과 책임 의식, 그리고 재발 방지를 위한 노력을 재판부에 마지막으로 전달할 수 있는 중요한 기회입니다. 자신의 잘못을 솔직하게 인정하고 재발 방지를 위한 구체적인 계획을 제시하는 것이 핵심입니다. 피해자 및 피해자 가족에게 진심으로 사과하고, 피해 회복을 위해 노력한 점을 강조해야 합니다.

특히, 교통사고가 발생하게 된 경위와 자신의 상황을 구체적이고 진솔하게 설명하면서도, 교통사고를 발생시킨 과실이 결코 정당화될 수 없음을 분명히 해야 합니다. 재발 방지를 위해 차량 처분, 운전 중단 또는 자진 면허 반납, 교통안전 교육 수료 및 학습 자료 준비, 대중교통 이용 습관화, 운전이 필요 없는 직업으로의 변경 또는 업무 조정 등 구체적인 개선 방안을 제시한다면, 재판부가 피고인의 진정성과 개선 가능성을 신뢰하는 데 도움이 될 것입니다.

또한, 만약 피고인이 실형선고로 구속된다면 가족들에게 발생할 경제적, 정서적 불이익에 대해 충분히 설명하는 것도 중요합니다. 가족이 피고인의 경제적 지원을 의존하고 있거나, 부양해야 할 자녀와 노부모가 있는 경우, 이들이 겪을 어려움을 진솔하게 전달하며 가족들이 받게 될 부정적인 영향을 줄이기 위해 어떤 노력을 하고 있는지 언급해야 합니다.

최후진술은 재판부가 피고인의 반성 정도와 재발 방지 노력을 얼마나 진정성 있게 받아들이는지를 판단하는 마지막 절차입니다.

2) 법정 출석시 복장과 주의사항

■ 깔끔하고 단정한 옷차림
- 법정은 엄숙한 분위기의 장소이므로, 지나치게 화려하거나 자유로운 복장은 피해야 합니다.
- 슬리퍼나 조리 등의 신발은 피하시기 바랍니다.
- 경찰, 군복, 종교 복장 등 법정의 중립성을 해칠 수 있는 복장은 피하십시오.
- 탈색한 머리나 진한 화장은 피하시는 것이 좋습니다. 재판부뿐만 아니라, 피해자 측이 법정 방청석에 출석한 경우 외모에서 주는 인상이 부정적으로 작용하여 반성의 진정성을 의심받거나 불필요한 반감을 유발할 수 있습니다.

■ 정중한 태도 유지

- 법정에서는 항상 예의 바르고 겸손한 태도를 유지하세요. 판사, 검찰, 변호사에게도 존칭을 사용하며, 감정적 반응을 삼가야 합니다.
- 판사의 지시나 안내를 집중해서 듣고, 불필요한 행동(예: 몸을 흔들거나 고개를 자주 돌리는 것, 혼잣말을 하는 것)을 삼가야 합니다.
- 법정에서 손을 주머니에 넣거나 팔짱을 끼는 행동은 예의에 어긋납니다. 항상 단정한 자세를 유지하십시오.

■ 휴대폰 및 전자기기

- 법정 입장 전 휴대폰은 꺼두거나 진동 모드로 설정하십시오. 재판 도중 휴대폰 사용은 엄격히 금지됩니다.

■ 판사의 질문에 대한 답변

- 판사가 피고인에게 직접 질문을 하는 경우 정확히 답변하되, 진실을 바탕으로 일관성 있게 진술하는 것이 중요합니다.

■ 재판진행 중 혼잣말 삼가

- 재판진행 중에 간혹 혼잣말을 하는 경우 판사가 재판진행에 방해된다면서 경고하는 경우가 있습니다.

■ 피해자 측이 법정 방청석에 온 경우가 있음(★)

- 피해자 가족 등이 최후변론 때 법정 방청석에 앉아 있는 경우가 간혹 있습니다. 특히 합의가 되지 않은 사안은 주의하여야 합니다. 최후진술이 거짓이나 가식으로 느껴질 때 최후진술의 내용을 들은 직후에 피해자 측에서 엄벌탄원서를 제출하는 경우가 있으므로 이를 주의해야 합니다.
- 반대로 피해자 가족 등이 최후변론 때 법정에 오는 경우가 있으므로 역이용하여 피해자 가족에게 하고 싶은 진실된 마음을 표현하는 좋은 기회가 될 수도 있습니다.

3) 최후진술에 들어가야 하는 내용

■ 반성문과의 연계성
- 반성문과 최후진술은 연결되지만, 반성문의 내용을 그대로 읽는 것은 지양해야 합니다.
- 새로운 내용을 포함해 반성의 깊이를 보여주세요.

■ 진부한 표현 제거
- 다음과 같은 표현들은 진부하고 식상할 수 있습니다 : "죽을죄를 지었습니다.", "뼛속 깊이 반성하고 있습니다.", "다시는 이런 일이 없을 것입니다." 등의 추상적이고 상투적인 표현은 제거하세요.
- 대신, 구체적인 반성행동과 재발 방지에 대한 구체적인 계획에 대해서 판사에게 말로 표현해주세요.

■ 최후진술 핵심 사항 3가지
- 반성의 이유와 구체적인 방법(예 : 자동차 처분, 면허증 반납, 사회봉사 등).
- 재범 방지 계획(강의 수강, 치료, 대중교통 이용 내역 등).
- 피해자와의 관계 회복 노력(자동차보험을 통한 배상, 합의 여부, 공탁 포함).

■ 진심으로 반성하는 모습
- 본인의 잘못을 인정하고 반성하는 내용을 포함하세요.
- 피해자가 있는 경우 피해자를 먼저 사과의 대상으로 삼고, 자신의 가족에 대한 언급은 그 뒤에 하세요.
- 예 : "사고 이후 저는 저의 과실이 얼마나 큰 결과를 초래했는지를 깊이 깨닫고 매일같이 반성하고 있습니다. 피해자님과 그 가족께 큰 고통을 드린 점, 진심으로 사과드립니다. 사고 이후 저의 잘못을 깊이 깨닫고 반성하며, 재발 방지를 위해 자동차를 처분했고 교통법규 준수 프로그램에 참여하고, 시중에서 교통사고 관련 법규와 사례를 정리한 서적을 구입해 자가 학습을 병행하고 있습니다. 이번 사건으로 피해자님과 사회에 큰 잘못을 했다는 점을 뼈저리게 느끼며, 앞으로 절대 같은 실수를 반복하지 않도록 최선을 다하겠습니다."

■ 재범 가능성 제거

- 현재까지의 노력과 앞으로의 계획을 구체적으로 설명하세요.
- 단순히 "다시는 교통사고를 발생시키지 않겠다."는 다짐만으로는 신뢰를 얻기 어렵습니다. 구체적인 노력과 실행 계획을 포함하여 진정성을 전달해야 합니다.
- 과장되거나 비현실적인 계획을 제시하지 말고, 실행 가능한 구체적인 계획을 강조해야 합니다.

■ 시간 배분
- 약 1~2분 분량으로 구성하세요.
- 시간을 재면서 연습해 보세요.

■ 암기 또는 자필 준비
- 암기하여 말하는 것이 가장 좋습니다.
- 암기가 어려울 경우 A4에 자필로 작성하세요.
- A4로 미리 준비한 최후진술서는 최후진술 후 법원에 제출할 수 있습니다.

4) 최후진술준비 예시 - 법정에서 말로 해야 합니다

아래는 최후진술 작성 예시입니다. 예시는 참고용일 뿐이며, 똑같이 작성해서는 안 됩니다. 본인이 직접 경험한 사건과 본인만이 전달할 수 있는 독창적인 내용을 포함하여 작성하시기 바랍니다.

최 후 진 술 서

사건번호 : 부산지방법원 2025고단12345
피 고 인 : 홍○○

존경하는 재판장님,
이번 사고로 인해 피해자분께 심각한 상해를 입히는 결과를 초래하게 된 점, 깊이 사죄드립니다. 운전자에게 요구되는 주의의무를 다하지 못한 저의 부주의와 경솔함으로 인해 피해자분과 그 가족분들께 크나큰 고통을 드리게 되었고, 그에 따른 책임을 통감하며 매일을 반성 속에서 보내고 있습니다.
사고 이후 저는 제가 저지른 잘못이 얼마나 무거운 것인지를 실감하며, 피해

회복과 재발 방지를 위한 노력을 실천에 옮기고자 최선을 다해 왔습니다. 사고 직후 보험 접수를 통해 치료비와 손해배상 절차를 신속히 진행하였고, 경제적으로 어려운 상황 속에서도 피해자와의 형사합의를 이루기 위해 노력하였습니다. 비록 합의가 성사되지 않았더라도, 진심 어린 사과의 뜻을 전하고자 유족분들께 공탁금을 납입하고, 사과 편지를 전달드렸습니다.

저는 이번 사고를 제 인생의 전환점으로 삼아 다시는 같은 실수를 반복하지 않겠다는 결심을 분명히 하였습니다. 사고 이후 차량은 처분하였고, 운전도 완전히 중단한 상태입니다. 현재까지 출퇴근을 포함한 모든 이동을 대중교통으로 하고 있으며, 앞으로도 운전대를 잡지 않겠다는 다짐을 지키고 있습니다. 또한 교통법규에 대한 체계적인 학습을 위해 교통안전 교육을 이수하였고, 관련 서적을 구입해 매일 공부하며 운전자로서의 책임과 법규 준수의 중요성을 다시 새기고 있습니다.

하지만 이번 사고로 인한 결과는 저 혼자만의 고통으로 그치지 않고, 제 가족에게도 크나큰 영향을 미치고 있습니다. 저는 현재 미성년 자녀 두 명과 치매를 앓고 있는 부모님을 부양하고 있는 가장입니다. 만일 제가 장기간 구속된다면 자녀 양육과 부모님의 돌봄은 사실상 중단될 수밖에 없으며, 이는 저희 가족 전체의 생존과 안정을 위협하는 상황으로 이어집니다. 이러한 사정을 절대 변명의 도구로 삼고자 하는 것이 아니라, 제가 얼마나 절박한 심정으로 이 상황을 되돌아보고 있는지를 말씀드리고 싶습니다.

존경하는 재판장님,

이번 사건은 저의 부주의가 얼마나 큰 결과로 이어질 수 있는지를 절실히 깨닫게 해준 사건이었고, 그 교훈을 평생 잊지 않겠습니다. 저의 반성과 실천이 말로만 끝나는 것이 아니라, 실질적인 변화로 이어지고 있다는 점을 헤아려 주신다면, 저에게 다시 한 번 가족과 함께 살아갈 기회를 주시기를 간절히 부탁드립니다. 다시는 이 법정에 서지 않겠다는 다짐을 안고, 더욱 신중하고 책임 있는 삶을 살아가겠습니다.

감사합니다.

2025년 OO월 OO일

피고인 : 홍○○ (자필 서명)

7. 무죄를 주장하는 의뢰인 대응솔루션(구체적 대처방법★)

> 가. 서설
>
> 나. 교통사고가 무죄가 나올 수 있는 유형
>
> 다. 교통사고가 무죄가 나오기 힘든 유형
>
> 라. 사실관계 정리 및 무죄를 입증할 증거자료 확보 및 예시
>
> 마. 본인진술서 작성방법
>
> 바. 경찰이 현장조사를 실시하고 피의자가 참여하는 경우 대응방법
>
> 사. 무죄를 위한 경찰 또는 검찰조사 받는 방법
>
> 아. 진술서 작성하는 방법
>
> 자. 법원단계 무죄 재판준비

가. 서설

교통사고 사건에서 무죄를 주장하는 경우, 사건 초기부터 철저하고 전략적인 준비가 반드시 필요합니다. 교통사고 사건은 일반 형사사건과 달리, 진술보다는 블랙박스 영상, 사고현장 사진, 차량 감정결과, CCTV 등 객관적인 물적 증거가 사건의 핵심을 결정짓는 경우가 많습니다. 따라서 첫 번째 경찰 조사에 임하기 전에는 사고 경위에 대해 침착하고 일관성 있는 진술을 준비하는 것은 물론, 자신의 주장을 뒷받침할 수 있는 물적 증거를 확보하고 제출하는 데 집중해야 합니다.

사건 초기 대응이 미흡하거나 증거 확보가 늦어지면, 사고 당시의 상황을 객관적으로 입증할 기회를 놓칠 수 있으므로 특히 신속한 대응이 중요합니다. 블랙박스 영상은 삭제되거나 덮어쓰기 되는 경우가 많으므로, 사고 직후 바로 확보해두는 것이 필수적이며, 주변 CCTV 영상이나 목격자 확보 역시 가능한 한 빠르게 이루어져야 합니다.

법원 재판 단계로 넘어가게 되면, 교통사고 사건은 증인신문보다는 제출된 물적 증거를 중심으로 사실관계를 심리하는 경향이 강합니다. 증인신문이 이루어지는 경우에도, 증인의 진술 자체보다는 증거자료와 부합 여부가 판단의 핵심이 되므로, 변호인과 함께 물적 증거를 충분히 분석하고 재판에 대비하는 것이 중요합니다.

또한 재판 마지막 단계에서 진행되는 최후진술은 재판부에 피고인의 진정성과 입장을 전달할 수 있는 중요한 기회입니다. 최후진술에서는 단순한 억울함을 호소하는 데 그치지 말고, 확보된 객관적 증거를 근거로 자신의 주장이 논리적이고 설득

력 있게 설명되어야 합니다. 이를 통해 재판부의 신뢰를 얻고 무죄 판결을 이끌어 낼 가능성을 높일 수 있습니다.

자세한 내용은 피의자 등이 위치한 각 단계에 맞추어 아래의 내용을 2~3회 이상 읽어 반드시 숙지하시기 바랍니다.

나. 교통사고가 무죄가 나올 수 있는 사건 유형

교통사고 사건에서도 특정한 경우에는 무죄 판결이 선고될 수 있습니다. 대표적인 경우는 운전자의 주의의무 위반이 인정되지 않거나, 피해자의 과실이 중대하거나, 운전자의 행위와 결과 사이 인과관계가 단절된 경우입니다.

우선, 운전자가 갑작스럽게 저혈당 쇼크, 심근경색, 뇌출혈 등으로 의식을 상실하여 사고가 발생한 경우에는 무죄가 인정될 수 있습니다. 운전자가 사고 이전까지 정상적으로 운전을 하고 있었고, 건강 상태를 관리해왔으며, 의학적으로도 갑작스러운 의식 소실이 예견·회피 불가능한 상황이었다면 과실을 인정하기 어렵습니다.

피해자의 돌발적이고 예외적인 행동으로 사고가 발생한 경우에도 무죄가 선고될 수 있습니다. 예컨대 중앙분리대가 설치된 도로, 고속도로, 차량 전용도로에 피해자가 갑자기 진입하거나 누워 있던 경우입니다. 이때 운전자가 통상적인 주의의무를 다했음에도 사고를 피할 수 없었던 상황이라면 책임을 묻기 어렵습니다. 대법원 역시 통상적으로 예견하기 어려운 이례적 상황에 대해서는 운전자에게 형사책임을 물을 수 없다고 보고 있습니다.

또한 피해자의 중대한 과실이나 전적인 과실로 인해 사고가 발생한 경우에도 무죄가 선고됩니다. 무단횡단, 신호위반, 음주상태에서의 도로 진입 등으로 사고가 발생했고, 운전자가 제한속도를 준수하며 정상적으로 운행했으며 사고를 피할 수 없는 상황이었다면 운전자에게 과실을 인정하기 어렵습니다.

운전자의 주의의무 위반 자체가 인정되지 않는 경우도 있습니다. 야간이나 기상 악화 등으로 가시거리가 극히 제한되었거나, 도로 구조상 피해자의 존재를 사전에 인지하기 어려운 상황에서 사고가 발생한 경우입니다. 이때 블랙박스 영상이나 사고 현장 자료에서 운전자의 반응 속도와 긴급조치가 통상적 수준이었다는 점이 확인되면 주의의무 위반을 부정할 수 있습니다.

물적 증거가 부족하거나 검사의 증명이 불충분한 경우에도 무죄가 선고됩니다. 블랙박스 영상, CCTV, 사고 현장 사진 등 핵심적 물적 증거가 피고인의 과실을 명확히 입증하지 못한다면, 공소사실에 대한 합리적 의심이 해소되지 않은 것으로 보아 무죄가 선고됩니다.

인과관계가 단절된 경우도 무죄 사유가 됩니다. 운전자의 행위와 피해자의 손해 발생 사이에 제3자의 개입이나 다른 중대한 원인이 존재할 경우, 운전자의 책임을 인정할 수 없습니다. 예컨대 사고 직후 제3자의 부적절한 구조 조치나 피해자의 기존 질환이 사고 결과를 확대시킨 경우가 이에 해당합니다.

직접적인 충돌이 없는 비접촉 사고에서도, 운전자의 과실이 인정되지 않고 피해자의 상해가 운전자의 통상 범위 내 운전에 의해 통상 예견 가능한 결과로 보기 어려울 때에는 인과관계가 부정되어 무죄가 선고될 수 있습니다. 예컨대 운전자가 제한속도 준수, 전방주시 유지 등 통상 주의의무를 다했고, 현장에서 경적 사용이 교통안전을 위한 정상적인 범위에 그쳤으며, 급제동 등 위험조작 없이 진행하였는데 보행자가 경적 소리나 차량 접근에 놀라 스스로 넘어져 다친 유형이 이에 해당할 수 있습니다.

그 밖에 차량 자체의 결함이나 불가피한 긴급피난 사유가 인정되는 경우, 또는 사회상규상 용인될 수 있는 행동을 한 경우에도 무죄가 선고될 수 있습니다.

결론적으로, 교통사고에서 무죄를 받기 위해서는 단순히 사고 발생 사실만으로 판단할 것이 아니라, 사고 당시 운전자의 주의의무 이행 여부, 갑작스러운 의식 상실 여부, 피해자의 과실 정도, 물적 증거의 존재와 신빙성, 인과관계의 명확성 등을 종합적으로 따져야 합니다. 특히 저혈당 쇼크 등 불가항력적 상황으로 인한 사고라면, 초기 단계부터 병원 진료 기록, 의학적 소견서, 블랙박스 영상 등 객관적 자료를 확보하고 변호인의 전략적 대응을 통해 사실관계를 명확히 입증하는 것이 무엇보다 중요합니다.

다. 교통사고가 무죄가 나오기 힘든 사건 유형

교통사고 사건에서도 일부 유형은 무죄를 받기가 상당히 어렵습니다. 특히 운전자의 주의의무 위반이 명백하게 인정되는 경우, 사고의 발생 경위가 객관적 증거로 명확히 입증된 경우, 피해자에게 과실이 거의 없는 경우 등이 대표적입니다.

운전자가 안전운전 의무를 명백히 위반한 경우에는 무죄를 주장하기 어렵습니다. 제한속도를 현저히 초과하거나, 신호를 위반하거나, 음주운전·약물운전 등으로 정상적인 차량 운행이 불가능한 상태에서 사고가 발생한 경우에는 운전자에게 과실이 중대한 것으로 인정되어 무죄 주장이 받아들여지기 어렵습니다. 이러한 경우는 사고 자체가 운전자의 불법행위로 인해 초래되었기 때문에, 설령 피해자 측에도 일부 과실이 있더라도 운전자의 책임이 부정되기 힘듭니다.

또한, 피해자의 과실이 거의 없는 경우 역시 무죄 판결을 기대하기 어렵습니다. 예를 들어, 신호에 따라 정상적으로 횡단보도를 건너던 보행자를 운전자가 충격한 경우, 피해자가 도로교통법상 규칙을 준수하고 있었다면 운전자는 보행자를 주의 깊게 살펴야 할 의무를 다하지 않은 것으로 평가됩니다. 이 경우, 설령 주변 상황이 복잡하거나 운전자가 사고를 즉시 피하기 어려운 상황이었다 하더라도, 법원은 운전자에게 엄격한 주의의무를 요구하기 때문에 무죄 판결이 나오기 쉽지 않습니다.

객관적 증거가 운전자의 과실을 뒷받침하는 경우도 무죄가 어렵습니다. 블랙박스 영상, 주변 CCTV, 사고 감정서 등에서 운전자가 위험을 인식할 수 있었음에도 불구하고 적절한 제동이나 회피조치를 취하지 않은 사실이 명백히 드러난다면, 운전자의 주의의무 위반이 인정되어 무죄를 받을 가능성이 낮습니다. 특히, 전방주시 태만이나 핸드폰 사용, 졸음운전 등이 사고와 직접적 인과관계를 가진 경우에는 운전자의 책임이 거의 확정적으로 인정됩니다.

추가로, 교통사고로 인명피해가 중대한 경우(사망, 중상해 등)에도 무죄를 받기가 상당히 어렵습니다. 인명피해가 크면 재판부는 운전자에게 더 높은 수준의 주의의무를 요구하게 되며, 설령 사고 경위에 다툼이 있더라도 결과의 중대성 때문에 무죄를 인정하는 데 소극적 태도를 보이는 경우가 많습니다. 특히, 사망사고에서는 운전자의 과실 여부를 다투더라도 법원이 결과의 중대성 자체를 심각하게 평가하여 책임을 인정하는 경향이 있습니다.

결론적으로, 교통사고 사건에서 무죄를 기대하기 어려운 경우는 운전자의 중대한 과실이 명백하거나, 피해자가 규칙을 준수했으며 과실이 거의 없는 경우, 객관적 증거가 운전자의 부주의를 명확히 입증하는 경우, 또는 인명피해가 중대한 경우입니다. 이러한 유형의 사건에서는 무죄 주장을 펼치더라도 신중하게 접근해야 하며, 과실의 정도를 다투거나 정상참작을 통한 양형 중심 대응으로 전략을 조정할 필요가 있습니다.

라. 사실관계 정리 및 무죄를 입증할 증거자료 확보 및 예시

교통사고 사건에서 무죄를 주장하기 위해서는 <u>사건 초기부터 본인이 직접 경험한 사실관계를 시간 순서에 따라 세부적이고 구체적으로 정리하는 작업이 반드시 필요</u>합니다. 이 정리는 반드시 컴퓨터(PC)로 작성하여 문서화해야 하며, 단순 요약이 아니라 현장의 상황이 머릿속에 선명하게 떠오를 수 있을 정도로 구체적이어야 합니다.

사고 발생 전후의 경위는 가능한 한 빠짐없이 기록해야 합니다. 사고가 발생하기 전 운전 경로, 당시 도로 상황, 주변 차량 흐름, 제한속도 준수 여부, 교통 신호 상태 등을 구체적으로 작성해야 하며, 사고 당시의 날씨(맑음, 비, 안개 등)와 어두움의 정도(가로등 설치 여부, 가시거리 상태), 피해자의 옷차림 및 신발까지 정확히 기재해야 합니다. 특히, 야간 사고인 경우 조도 상태를 상세히 설명하는 것이 매우 중요합니다.

피해자에 대한 사항도 구체적으로 기록해야 합니다. 피해자의 성별, 추정 키, 체격, 착용하고 있던 옷의 색깔과 밝기 등을 가능한 한 정확히 서술해야 합니다. 피해자가 눈에 잘 띄는 복장을 하고 있었는지, 아니면 어두운 색 계열 옷을 입어 식별이 어려웠는지에 대한 부분은 사고 회피 가능성 판단에 큰 영향을 미치기 때문입니다. 사고 발생 경위에 대해서는, 피해자가 어떤 위치에 있었고, 어떤 동작을 했는지(무단횡단, 도로 진입, 차도에 눕거나 앉아 있었는지 등)를 구체적으로 기록해야 하며, 왜 사고가 발생하게 되었는지에 대한 본인의 인식과 경위를 서술해야 합니다. 또한, 사고를 피할 수 없었던 이유 역시 구체적으로 작성해야 합니다. 예를 들어, "앞 차량의 전조등 불빛에 가려 피해자를 인지하지 못했다", "피해자가 차도에 갑자기 뛰어들었다", "당시 가시거리가 짧아 발견 즉시 급제동했지만 충돌을 피할 수 없었다"와 같이 구체적으로 서술해야 합니다.

특히, 사고 발생 시점으로 다시 돌아간다고 하더라도 사고를 피할 수 없었을 것이라는 점을 설명하는 것도 중요합니다. 이를 위해 사고 직후 운전자의 반응시간, 제동거리, 당시 속도, 도로 환경 등을 바탕으로, 회피 가능성이 사실상 없었다는 점을 구체적으로 드러내야 합니다.

추가로, 사고 직후의 상황도 빠짐없이 정리해야 합니다. 사고 이후 본인이 어떤 조치를 했는지(정차 여부, 피해자 구조 시도, 경찰 신고 여부 등)와 사고 당사자 또는 목격자와 주고받은 대화 내용도 하나하나 실제 대사 형태로 구체적으로 작성하는 것이 좋습니다.

사실관계를 정리하는 과정에서는 본인의 주장을 뒷받침할 수 있는 물적 증거를 확보하는 데에도 각별히 신경써야 합니다. 교통사고 사건에서는 특히 블랙박스 영상, 사고현장 CCTV, 사고 당시 사진, 차량 감정서, 운행기록장치 기록, 목격자 신술 등 객관적인 물적 증거가 무죄 입증에 결정적 역할을 합니다. 형사소송은 증거

재판주의를 원칙으로 하므로, 주장을 뒷받침할 수 있는 증거 없이는 무죄를 이끌어
내기 어렵습니다.

따라서 사실관계 정리와 동시에, 사고현장에 남아 있을 수 있는 각종 증거를 최대
한 빠르게 확보하고, 본인 사건에 유리할 수 있는 자료를 적극적으로 수집하는 노
력이 반드시 병행되어야 합니다.

교통사고 사건에서 무죄를 주장하는 데 있어, 구체적이고 진실성 있는 사실관계 정
리와 객관적 물적 증거 확보는 무죄 판결을 이끌어내기 위한 가장 핵심적인 준비
입니다.

무죄를 입증할 증거자료 예시
1. 디지털 증거
□블랙박스 영상 : 피의자 차량의 사고 당시 전방 및 후방 블랙박스 영상은 사고 경위와 회피 가능성 여부를 객관적으로 보여주는 가장 핵심적인 증거입니다.
□주변 CCTV 영상 : 사고지점 인근 상가, 도로 설치 CCTV 등에서 사고 발생 과정을 촬영한 영상.
□차량 운행기록장치(E-DR) : 사고 전후 차량의 속도, 브레이크 조작 여부, 급제동 기록 등을 확인할 수 있는 데이터.
□GPS 기록 : 차량 블랙박스나 내비게이션을 통한 이동 경로 및 사고 지점 확인 자료.
□휴대전화 통화·위치 기록 : 사고 당시 피의자가 전방주시 의무를 다했음을 보조할 수 있는 자료.
2. 물적 증거
□현장 사진 및 사고 도면 : 사고 직후 촬영한 사고 현장 사진, 차량 파손 부위, 피해자 위치, 도로 상태, 가로등 설치 여부, 가시거리 등을 보여주는 자료.
□차량 손상 부위 사진 : 충돌 위치, 손상 양상을 통해 사고 경위를 객관적으로 분석할 수 있는 자료.
□피해자의 복장 : 사고 당시 피해자의 옷 색깔, 밝기 등을 통해 시인성(발견 용이성)을 판단할 수 있음.
□도로 및 조명 상태 : 가로등 설치 여부, 거리 조도 수준 등을 보여주는 자료.

□기상청 기록: 사고 당일 시간대별 날씨 자료(비, 안개, 흐림 등).

3. 증인 관련 증거
□목격자 진술서 : 사고 당시를 목격한 제3자가 작성한 진술서.
□동승자 진술서 : 사고 당시를 목격한 동승자가 작성한 진술서.
□사고 직후 목격자 통화 기록 : 사고 직후 목격자와 나눈 통화 내역이나 증언
  요청 기록.
□피해자의 행동에 대한 증언 : 피해자가 무단횡단, 도로에 누워있던 등 사고를
  유발한 정황을 목격한 진술.

4. 사고 당시 상황을 입증할 추가 정황자료
□피해자의 신체조건 : 피해자의 키, 체격, 복장, 성별, 예상 연령 등을 기재하
  여 발견 가능성 분석에 활용.
□날씨 및 시야 조건 : 사고 당시 어두움의 정도, 가시거리, 비·안개 등 악천후
  여부를 입증하는 자료.
□회피 불가능성 설명 자료 : 사고 당시 운전자가 사고를 피할 수 없었음을 입
  증할 수 있는 자료(제동거리 계산, 반응시간 분석 등).

5. 운전자의 신빙성을 강화할 증거
□일관된 진술서 : 경찰 조사, 검찰 조사, 법정 진술 모두 일관된 내용으로 유
  지된 진술서.
□객관적 자료와 부합하는 진술: 블랙박스 영상, 현장 사진 등과 일치하는 피의
  자 진술 내용.
□사고 직후 자발적 신고 및 구조조치 기록: 사고 직후 경찰 신고, 피해자 응급
  조치 사실 등을 입증하는 자료.

6. 전문가 소견
□교통사고 분석 감정서 : 교통공학 전문가의 사고 경위 분석 및 피의자 과실
  여부에 대한 전문 감정서.
□차량 감정 결과 : 차량 제동장치, 조향장치 등 기계적 결함 여부에 대한 감

정.

□기상 전문가 감정서 : 사고 당시 가시거리, 조도 상태 등에 대한 전문 소견.

7. 시간적·공간적 불가능성을 입증할 자료

□블랙박스 및 GPS 이동경로 분석 : 사고 당시 운전자가 정상적으로 이동 중 이었음을 입증.

□주변 교통흐름 기록 : 사고 당일 도로 정체 상황, 주변 차량 흐름을 나타내는 자료.

□차량 운행 기록부 : 사고 전후 차량의 이동 거리, 시간 기록.

8. 의학적 자료

- 사고 직후 병원 기록

□응급실 진료기록지, 의무기록, 혈액검사 결과(혈당 수치, 심전도 등),

□사고 직후 의사가 작성한 소견: "저혈당 쇼크로 인한 의식 상실 상태로 내원" 등

□응급구조 기록(119 구급대 출동 기록에 '환자 의식 없음' 기재된 경우 매우 유리)

- 과거 병력 및 치료 기록

□당뇨병, 심장질환, 뇌혈관질환 등 기저질환 진단서

□정기적인 내과 진료·약물 처방 기록

□약국 조제 내역(규칙적으로 약을 복용해왔음을 입증)

- 전문의 소견서·자문의견

□내과·심장내과·신경과 전문의 소견서

□"이 환자는 저혈당 쇼크가 갑작스럽게 발생할 수 있는 상태였으며, 운전 당시 이를 예견하거나 회피하기 어려웠다"라는 취지의 자문 의견

- 정기 건강검진 기록

□최근 건강검진에서 특별한 이상이 없었다는 자료

□"사고 전까지 정상 생활을 했음"을 입증

9. 기타 증거

□탄원서 : 운전자의 평소 성실성과 안전운전 습관을 증명하는 가족, 지인들의 탄원서.

□교통이력 기록 : 과거 교통법규 위반 이력 없음(안전운전 경력)을 증명하는 자료.

□보험사 사고 조사보고서 : 사고 경위에 대한 보험사의 객관적 분석 자료(필요 시 활용 가능).

마. 본인진술서 작성방법

1) 필요성

교통사고 사건에서 피의자의 진술은 사고의 원인과 과실 여부를 판단하는 핵심 근거가 됩니다. 특히 비접촉사고, 보행자 사망사고, 운전자의 인식가능성 등이 문제되는 경우에는 현장 블랙박스 영상만으로 판단이 어렵기 때문에, 피의자 본인의 구체적 진술이 수사기관과 법원의 판단에 결정적인 영향을 미칩니다. 이러한 상황에서 피의자가 스스로 작성한 본인진술서를 제출하는 것은 다음과 같은 이유로 매우 중요합니다.

1. 진술의 신빙성 강화 : 변호인이 작성한 의견서와 함께 피의자의 자필 진술서를 제출하면, 사고 당시 운전자의 인식 상황, 반응 시간, 조향·제동 조치 등 구체적인 운전 행태를 직접 설명할 수 있습니다. 이는 "운전자가 사고를 회피할 수 없었던 상황이었다"는 논리를 객관적이고 설득력 있게 전달하여 진술의 신빙성을 높이는 효과가 있습니다.

2. 피해자 또는 목격자 진술에 대한 대응 : 교통사고에서는 피해자 또는 목격자의 진술이 때때로 과장되거나, 실제 물리적 가능성과 어긋나는 경우가 있습니다. 피의자의 진술서는 이와 같은 부분을 조목조목 반박하고, 현장 구조·시야·조명·차량 속도·보행자 움직임 등 객관적 요소를 들어 대응하는 데에 필수적입니다. 예를 들어 "보행자가 인도와 차도를 구분하지 않고 갑자기 진입했다"거나 "우측 가로등이 꺼져 시야 확보가 불가능했다"는 등의 구체적 사실을 기록해야 합니다.

3. 무죄 주장과 억울함의 구체적 전달 : 피의자가 아무리 억울하더라도, 구체적인 사고 상황과 본인의 조치, 당시의 심리상태를 명확히 정리해 제출하지 않으면 수사관이나 재판부가 그 사정을 온전히 이해하기 어렵습니다. 본인진술서를 통해 "당시 최선을 다해 브레이크를 밟았고, 경음기도 울렸으나 사고를 피할 수 없었다"와 같이 운전자가 과실 없이 사고가 발생했음을 직접 전달하면, 무죄 주장에 설득력을 높일 수 있습니다.

2) 작성방식
- 진술서는 컴퓨터로 초안을 작성한 뒤 최종 내용이 완성된 후 A4 용지에 정성스

럽게 자필로 작성하는 것이 좋습니다. 자필은 성의와 진정성을 나타냅니다.

- 다만 상대방이 글자를 알아보기 힘든 경우 또는 악필의 경우 PC로 작성하되, 자필로 쓴 원본을 PC로 쓴 진술서 끝에 원본을 첨부하는 방법과 PC로 작성된 진술서에 서명·날인만 자필로 하는 것도 방법이 될 수 있습니다. 핵심은 자필이 진정성 등을 느끼기에 효과적이라는 점입니다.

- 작성한 진술서를 여러 번 검토하여 오탈자나 불명확한 표현을 수정하고, 필요에 따라 전문가의 조언을 받는 것이 좋습니다.

- A4 용지 맨 위에서 최소 5cm는 띄어서 글을 시작하세요(기록편철시 글자 가림을 방지하기 위함입니다).

3) 진술서 작성의 구체적인 내용

진술서 작성의 구체적인 내용
① 사실관계 중심의 서술
② 피해자(보행자) 또는 목격자와의 거리·상황 묘사
③ 상호 주의의무 이행 여부의 적시
④ 억울함에 대한 논리적 설명
⑤ 구체적인 예시 제시
⑥ 논리적이고 일관된 서술
⑦ 구체적인 증거 제시
⑧ 피해자의 과실도 지적

■ **사실관계 중심의 서술**

- 감정적 표현보다는 사고가 발생하기까지의 구체적인 사실을 시간순으로 명확히 써야 합니다.

- 예 : "사고 당시 제한속도는 시속 50km였고, 저는 약 45km로 직진 중이었습니다. 전방에 보행자가 없었으며, 횡단보도 부근에서 갑자기 왼쪽에서 사람이 뛰어들었습니다." → 주관적 느낌이 아니라, 도로 폭·시야 확보·차량 위치·속도·조명 상태 등 객관적 요소 중심으로 기술합니다.

- 또한, 사고 이후의 피해자의 구체적인 모습, 구호조치 등도 함께 기재합니다.

■ **피해자(보행자) 또는 목격자와의 거리·상황 묘사**

- 피해자 또는 목격자와의 물리적 거리·행동 묘사에 대한 내용을 작성합니다.
- 예 : "보행자는 약 7~8m 거리에서 제 차 앞으로 뛰어들었고, 그 시점에서 이미 제동이 불가능한 거리였습니다." → 언제 처음 인식했는지, 성별도 인식했는지, 나이대를 인식했는지, 제동·조향 반응에 걸린 시간 등'을 구체적으로 씁니다.

■ **상호 주의의무 이행 여부의 적시**
- 피해자 측의 주의의무 위반이나 예상 불가능한 행동을 명시해야 합니다.
- 예 : "보행자는 인도를 두고 차도 중앙을 횡단하였으며, 휴대전화를 보고 있었습니다. 횡단보도 신호는 적색이었습니다." → 피해자의 행태가 사고의 직접 원인임을 사실로서 표현합니다.

■ **억울함에 대한 논리적 설명**
- '나는 과실이 없었고, 사고는 불가피했다'는 결론을 감정이 아닌 논리로 설명합니다.
- 예 : "당시 비가 내려 노면이 미끄러웠고, 시야확보가 어려워 즉시 제동을 하였으나 제동거리 한계상 사고를 피할 수 없었습니다. 이는 도로교통공단 기준 제동거리(시속 45km 기준 약 9m)보다 짧은 거리였습니다." → 물리적 불가능성과 주의의무 이행 사실을 근거로 억울함을 정리합니다.

■ **구체적인 예시 제시**
- 단순히 "주의했다"라고 쓰지 말고, 구체적 행위와 환경조건을 예로 듭니다.
- 예 : "당시 가로등이 고장 나 있었고, 우측 화단의 나무가 가려 보행자 인식이 어려웠습니다. 사고 직전 경음기를 울리고, 좌측으로 핸들을 꺾으며 제동하였습니다." → 실제 운전자가 취한 행위를 구체적으로 적을수록 신빙성이 높습니다.

■ **논리적이고 일관된 서술**
- 사고 당시의 경로, 시야, 차량 속도, 제동 시점 등이 진술서·조서·블랙박스와 일관해야 합니다.
- 예 : 경찰조사에서 "시속 50km"라고 진술했으면, 진술서에서도 동일하게 유지하고 "느낌상 빨랐다" 같은 모호한 표현은 피해야 합니다. → 시간·거리·속도 단위는 항상 일관되게 유지해야 합니다.

■ 구체적인 증거 제시

- 가능한 한 객관적 근거를 함께 명시하십시오.
- 예 : "차량 블랙박스 00:12~00:15 구간에서 보행자가 갑자기 차도로 진입하는 모습이 확인됩니다." 또는 "당시 CCTV 영상(부산시 ○○구청 1번 카메라)에 의하면, 피해자가 차량이 접근하기 전부터 차도에 머물러 있었던 것이 확인됩니다." → 증거번호나 영상 위치를 정확히 특정하면 설득력이 커집니다.

■ 피해자의 과실도 지적

- 교통사고에서는 보행자의 예측 불가능한 행위나 교통법규 위반이 이에 해당합니다.
- 예 : "피해자는 무단횡단을 하였고, 사고 당시 신호등이 적색이었습니다. 또한 우산을 쓰고 고개를 숙이고 있었기 때문에 차량을 주시하지 않았습니다." → 피해자의 주의의무 위반을 객관적으로 서술하여 운전자의 과실이 없음을 강조합니다.

4) 진술서 작성시 주의사항

■ 감정보다 사실 중심으로 써야 합니다

- "너무 억울하다", "억울해서 잠을 못 잔다"는 표현은 진심이라도 법적으로 큰 의미가 없습니다.
- 오히려 "당시 차량의 속도, 거리, 조명 상태, 시야 확보 가능성, 보행자 위치" 등 객관적 사실 중심으로 작성해야 합니다.
- 예 : "당시 제한속도는 시속 50km였고, 제 차량은 약 45km로 주행하였습니다. 전방 우측에서 보행자가 돌발적으로 진입하였습니다." → 감정이 아닌 측정 가능한 사실과 환경을 써야 설득력이 생깁니다.

■ 추측이나 모호한 표현은 피해야 합니다

- "아마 비가 왔던 것 같다", "그때 어두웠던 것 같다" 같은 표현은 신빙성을 떨어뜨립니다. 기억이 명확하지 않다면 "정확히 기억나지 않는다"고 명시하고, 기상청 자료나 현장 사진 등 객관적 근거로 보완해야 합니다.

- 모호한 표현은 수사기관이 불리하게 해석할 여지를 줍니다.

■ 불필요한 자책성 발언을 삼가야 합니다
- 무죄를 주장하는 상황에서, "조금만 더 조심했으면…", "제가 미처 생각을 못 했습니다" 등의 표현은 곧 주의의무 위반을 스스로 인정하는 자백성 진술로 해석될 수 있습니다.
- 진술서는 방어권을 행사하는 문서이므로, '주의의무를 다했다'는 방향으로 명확히 정리해야 합니다.
- 예 : "전방을 주시하고 있었으나, 보행자가 도로 중앙 화단을 넘어 급진입하여 회피가 불가능했습니다."

■ 거리·속도·시야 등은 구체적 수치로 표현해야 합니다
- "그때 멀리서 보였다", "충분히 가까웠다"는 표현 대신, '몇 미터 거리, 몇 초 간격, 시속 몇 km'와 같은 수치로 기재합니다.
- 가능하다면 블랙박스 영상을 근거로 프레임 단위 시간(초 단위)까지 특정하십시오.
- 예 : "보행자가 화면에 처음 포착된 시점은 사고 1.3초 전으로, 당시 차량 속도는 시속 45km였습니다."진술서 작성예시

5) 진술서 작성예시
아래는 진술서 작성 예시입니다. 예시는 참고용일 뿐이며, 똑같이 작성해서는 절대 안 됩니다. 본인이 직접 경험한 당시의 사실관계와 본인만이 전달할 수 있는 독창적인 내용을 가지고 해당 사건에 대한 억울함을 합리적인 이유와 논거를 토대로 표현해야 합니다.

진 술 서

피 의 자(또는 피고인) : 홍길동

(사건 경위)
저는 2025년 1월 10일 20:05경, 부산시 해운대구 ○○로 ○○길의 이면도로를

서→동 방향으로 운전하여 귀가 중이었습니다. 당시 제한속도는 시속 50km였고, 제 차량의 속도는 약 45km였습니다. 노면은 약간 젖어 있었고(비 그친 후 습윤), 우측 노상주차 차량과 화단 수목으로 인해 우측 시야가 부분 가려진 상태였습니다. 가로등 한 기가 소등되어 전체 조도도 낮았습니다.

(사고 발생 상황 및 제 조치)

블랙박스 영상 기준 00:01.3 지점에 우측 화단 쪽에서 보행자가 돌발적으로 차도 중앙 방향으로 진입하는 모습이 최초 포착됩니다. 저는 즉시 경음기를 1회 취명하고, 약 0.3초 내에 제동을 개시하며 좌측으로 경미하게 조향하였습니다. 제동 개시 직전 속도는 약 45km, 제동 개시 후 속도는 급감하였습니다. 비접촉 상태에서 보행자가 스스로 넘어지는 장면이 확인되고, 차량은 보행자와 접촉 없이 약 6~7m 전방에서 정차하였습니다. 정차 직후 비상등을 점등하고 112 및 119에 순차 신고하였으며, 주변 차량에 수신호를 하여 2차 사고를 방지하였습니다.

(보행자 넘어짐 당시의 구체적 위치 관계)

현장 표식과 사진에 의하면, 보행자가 넘어졌을 때 머리 방향은 동측(차량 진행 방향 기준 전방)으로 향했고, 발은 서측(후방)을 향했습니다. 보행자의 슬리퍼는 오른발 슬리퍼가 보행자 넘어짐 지점으로부터 약 3m 우측 전방으로, 왼발 슬리퍼는 약 1.2m 좌측 후방으로 벗겨져 떨어져 있었습니다. 이는 돌발 진입 후 보행자가 스스로 균형을 잃고 전방으로 넘어지면서 신발이 비대칭으로 이탈한 정황으로, 차량과의 직접 접촉 없이 발생한 미끄러짐·실족에 부합하는 흔적이라고 판단됩니다.

(현장 환경과 인식 가능성)

사고 지점 도로 유효폭은 약 5.6m, 우측 주차차량 두 대와 화단 수목으로 우측 시야가 제한되어 보행자 최초 인식 거리가 짧았습니다. 가로등 일부 소등과 습윤 노면, 야간 환경으로 전방 콘트라스트가 낮아 보행자의 의류 색상과 배경이 유사해 인지 난이도가 높았습니다. 그럼에도 저는 전방을 주시하며 제한속도 이내로 주행했고, 돌발 진입 인지 즉시 경음기·제동·회피조치를 취하였습니다.

(가족 진술 및 보행자 기왕증 관련 사정)

사고 후 현장에 도착한 보행자 가족들이 "평소 무릎 관절 수술 이력이 있고, 당뇨 등 지병이 있다"고 말한 사실이 있습니다. 이러한 기왕증은 균형 감각·보행 안정성 및 회복 반응(넘어짐 시 체중 지지) 등에 영향을 줄 수 있어, 비접촉 상태에서의 실족 가능성과 상해 결과의 확대에 관한 중요한 참작 사유라고 생각합니다.

(증거 및 자료)

- 차량 블랙박스 원본 영상 : 보행자 최초 포착 시점(00:01.3), 경음기 취명, 제동등 점등, 접촉 없음, 정차 지점 확인 가능
- 현장 사진 및 도면 : 사고 지점, 보행자 넘어짐 지점, 머리·발 방향 표식, 슬리퍼 이탈 위치(거리·방위 표시)
- 기상자료 : 2025.1.10. 20시 전후 강수 이력 및 노면 습윤 상태 확인 자료
- 가로등 점등 상태 확인서 또는 현장 촬영 사진 : 일부 소등 사실
- 국과수 감정 요청 필요 항목 : 노면 마찰계수, 보행자 신발 밑창 상태, 제동 거리 산출(속도·반응시간 반영) 등

(무죄 주장 및 논거 요지)

본 건은 차량과 보행자 간 물리적 접촉이 없고, 보행자가 돌발적으로 차도에 진입한 직후 스스로 넘어져 상해가 발생한 비접촉 사고입니다. 저는 제한속도 이내로 주행하며 전방주시 의무를 이행하였고, 인지 즉시 경음기·제동·회피조치를 하였습니다. 현장 구조(우측 시야 장애), 야간 저조도, 습윤 노면 등 환경 요인으로 보행자 최초 인식 가능 거리는 매우 제한적이었고, 그 거리·시간 내 회피가 물리적으로 불가능했습니다. 넘어짐 자세와 슬리퍼 이탈 위치의 비대칭, 접촉 흔적의 부재는 이러한 사실을 뒷받침합니다. 아울러 보행자의 기왕증은 실족·상해 확대의 가능성을 설명합니다.

(마무리 진술)

위와 같은 사실관계를 종합하면, 저는 사고 당시 모든 주의의무를 다하였고, 본건 상해 결과는 보행자의 돌발 진입과 실족으로 인한 것으로 판단됩니다. 형사상 책임이 없음을 분명히 밝히며, 수사기관에서 현장도면·사진·블랙박스·기상자료 및 국과수 감정 결과를 종합하여 객관적으로 판단하여 주시기를 요청드립니다.

2025년 OO월 OO일

홍길동 (자필 서명)

[연락처 : 010-XXXX-XXXX]

바. 경찰이 현장조사를 실시하고 피의자가 참여하는 경우 대응방법

1) 현장조사란 무엇인가

- 교통사고 현장조사는 경찰이 사고의 실제 발생 상황을 재현하고 객관적 증거를 확보하기 위해 실시하는 절차입니다. 도로의 구조, 시야 확보 가능성, 노면 상태, 신호기 위치, 가로등 조도, 차량의 이동 경로, 보행자의 동선 등을 직접 확인하여 사고 당시의 물리적 상황과 과실 여부를 판단하기 위한 기초자료로 활용됩니다.

2) 현장조사는 언제 이루어지는가

- 초기 단계 현장조사 : 사고 직후 경찰이 출동하여 1차로 현장 사진을 찍고, 제3자의 진술을 받는 단계입니다.
- 보완 현장조사(재조사) : 사고 경위가 불명확하거나 피의자가 무죄를 주장할 때, 또는 블랙박스 영상만으로 과실비율 판단이 어려울 때 추가로 실시됩니다. 보완 현장조사 실시여부 또는 피의자에게 참여를 권유 여부는 사건마다 다릅니다. 피의자가 현장조사에 참여할지 여부는 자유입니다.
- 검찰 송치 전·후 재현조사 : 변호인이나 피의자 측의 요청으로 사건 송치 전 또는 송치 후 검찰 단계에서 별도의 재현조사를 요청할 수도 있습니다.

3) 현장조사는 어떤 방식으로 진행되는가

- 보통 담당 교통조사계 수사관 2인 이상이 참석하며, 줄자·측정기·노트북·사진기 등을 이용해 다음 사항을 확인합니다.

확인사항
① 차량과 보행자 위치, 이동경로 측정
② 사고 발생지점의 노면 상태, 폭, 경사, 시야 확보 정도
③ 가로등, 조명, 신호등 등 시각적 요소
④ 사고 당시 날씨(비·안개·야간 여부 등)
⑤ 블랙박스 영상 속 지점과 실제 지점의 일치 여부
⑥ 운전자 및 보행자의 가시거리·제동거리
⑦ 주변 CCTV, 목격자 위치 파악

- 이 과정에서 피의자(운전자)나 변호인은 직접 현장에 참석하여 의견을 개진할 수 있습니다.

4) 무죄를 주장하는 피의자의 현장조사 대응방법(참석하는 경우)

■ **사전에 준비할 것**
- 블랙박스 영상 : 프레임 단위로 사고 순간을 정리하고, 영상 속 도로 폭·가로등 위치를 확인해 현장과 비교할 준비합니다.
- 기상자료 : 사고 당시 날씨(강수 여부, 일몰 시간 등)를 기상청에서 발급받아 대비합니다.
- 피해자 의류·신발 등 감정 요청 계획 : 슬리퍼 밑창, 미끄러짐 가능성, 보행자의 주의의무 등 객관화할 포인트를 사전에 정리합니다.
- 운전자의 위치·속도·시야 확보 논리 : 현장 지형에 맞춰 구체적으로 설명할 수 있도록 정리합니다.

■ **현장조사 당일 대응 요령**
- 경찰관이 줄자나 측정기를 들고 조사할 때, "이 위치가 블랙박스 영상의 몇 프레임 지점인지"를 적극적으로 설명하며 참여합니다. 특히, 현장조사의 경우 피의자신문조사에 비하여 경찰관과 소통하는 것이 자유롭기 때문에 적극적으로 의견을 개진하면서 대화를 나누는 자세가 좋습니다.
- 도로 폭이 실제보다 넓거나 좁게 보이는 블랙박스 왜곡을 지적할 수 있습니다(광각 렌즈로 인해 중앙선과 인도의 거리감이 왜곡되는 경우가 많음).
- 사고지점의 노면 상태, 조명 밝기, 표지판 위치 등 실제 운전자가 인식 가능한 정보 중심으로 설명합니다.
- 수사관이 주의의무나 보행자 보호의무를 언급할 때, 객관적 인식 가능 범위를 강조합니다("이 시점에서는 보행자 인식이 물리적으로 불가능했습니다" 등).
- 국과수 감정 요청 : 보행자 신발 밑창, 도로 미끄럼계수, 차량 제동거리 등에 대한 감정 필요성을 명확히 요청합니다(수사관은 감정요청서를 검토 후 송치 시 반영 가능). ※일반적으로 국과수 감정 결과를 회신받기까지 1~2달 정도 소요됩니다.
- 필요 시 현장사진을 직접 촬영해 두는 것도 중요합니다(사후 변호인 의견서 첨

부 가능).

■ **현장조사 이후 조치**

- 경찰 진술조서에 현장조사 시 피의자의 의견이 제대로 반영되었는지 반드시 확인하고 부족한 경우 피의자신문조서를 작성하는 피의자조사시에 진술을 하여 기록에 편철될도록 해야 합니다.
- 경찰이 "조사결과 보행자보호의무 위반 가능성이 있다"고 판단하더라도, 현장조사 내용을 근거로 의견서 제출 가능합니다.
- 현장 사진 및 측정 결과를 근거로 "운전자가 인식할 수 없었던 위치에서 사고가 발생했다"는 취지의 변호인 의견서를 준비합니다.

5) 현장조사 시 주의사항

■ **감정적 발언 자제**

- 수사관에게 반박조로 대응하거나 피해자 과실을 과도하게 강조하면 오히려 반감만 살 수 있습니다.
- 객관적 근거 위주의 태도로 접근해야 합니다.

■ **사고책임을 인정하는 표현 금지**

- "그때 내가 조금만 더 봤으면…"같은 표현은 자백취지 진술로 기록될 수 있음에 유의해야 합니다.

■ **수사관의 질문은 모두 기록으로 남을 수 있음**

- 공식조사가 아니더라도 '참석자 진술메모'로 요약 기재될 가능성이 있습니다.
- 불확실한 사실은 "정확히 기억나지 않는다"고 명확히 선을 긋는 것이 안전합니다.

■ **사진 촬영 및 측정 수치 확인**

- 수사관이 거리 측정 후 노트북에 입력하는 값을 직접 눈으로 확인하고, 필요시 메모해 두세요.
- 나중에 경찰의 '현장조사보고서'에 오기(誤記)가 있어도 정정의 근거로 활용할

수 있습니다.

6) 현장조사가 가지는 실질적 의미
- 블랙박스 영상의 한계 보완 : 영상은 왜곡·조명차이로 실제 거리감을 정확히 반영하지 못하므로, 현장조사를 통해 이를 교정 가능합니다. 실제로 현장조사를 가보면 블랙박스의 영상과 느낌이 다른 경우가 많습니다.
- 수사관의 '사건 이해도' 제고 : 변호인 입장에서 논리적으로 설명하면, 수사관이 피의자 진술의 신빙성을 높게 평가할 수 있습니다.
- 검찰 송치 이후에도 활용 가능 : 검찰 단계에서 현장조사보고서를 증거로 제출할 수 있으며, 재판 시 '물리적 불가능성' 논거로 사용 가능합니다.

사. 무죄를 위한 경찰 또는 검찰조사 받는 방법

1) 소환 연락시의 대처

수사기관에서 소환 연락시의 대처
① 당황하지 않고 침착하게 대응하기
② 연락 내용을 정확히 확인하고 간결하게 통화하기
③ 조사일정 시간적 여유를 두고 협의하기
④ 변호사 상담 받기
⑤ 소환된 일시에 변호사와 출석하기
⑥ 조사 전 입장과 진술을 준비하기
⑦ 상황에 따라 압수를 대비하기

■ **당황하지 않고 침착하게 대응하기**
- 경찰이나 검찰의 연락을 받더라도 당황하지 말고 침착하게 대응하는 것이 중요합니다.
- 수사기관의 연락은 법적 절차의 일부일 뿐, 유죄를 의미하는 것은 아닙니다.
- 정중한 태도로 통화를 마친 후, 즉시 교통사고 전문변호사와 상의하여 대응 방향을 정해야 합니다.

■ **연락 내용을 정확히 확인하고 간결하게 통화하기**
- 연락을 받으면 반드시 소환 이유, 사건 발생일, 피의자 신분 여부, 혐의 내용을 구체적으로 확인합니다.
- 조사 일정은 바로 확정하지 말고 "변호사와 상의 후 일정을 조율하겠습니다."라고 답변하는 것이 안전합니다.
- 경찰은 통화 내용을 수사보고서에 기재할 수 있으므로, 즉석에서 사고 경위나 과실 여부에 대해 말하는 것은 피해야 합니다.
- "출석 후 성실히 조사에 임하겠습니다."라는 식으로 간단히 답변하고 통화를 마무리하십시오.

■ **조사일정 시간적 여유를 두고 협의하기**
- 교통사고 사건의 피의자 조사는 대부분 임의수사로 진행되며, 일정은 협의 가능

합니다.

- 변호사와 상담 후 증거 확보(블랙박스, CCTV, 교통공학 감정자료 등)를 마친 뒤 출석해야 유리합니다.
- "변호사와 일정 조율 후 연락드리겠습니다."라고 정중히 말하면 됩니다.
- 충분한 준비 없이 서둘러 출석하면, 사고 원인을 부정확하게 진술하거나 불리한 조서가 작성될 위험이 있습니다.

■ 변호사 상담 받기
- 경찰 조사 전 반드시 교통사고 전문변호사 또는 형사전문변호사와 상담하여 사고의 핵심 쟁점(신호, 속도, 시야, 회피 가능성 등)을 정리하고 진술 방향을 결정해야 합니다.
- 변호사와 함께 예상 질문과 답변을 미리 연습하면, 불필요한 자백성 진술을 피할 수 있습니다.
- 특히 무죄를 주장하는 경우, 사고의 불가피성·피해자 측 과실·객관적 자료를 중심으로 진술 구조를 세워야 합니다.

■ 소환된 일시에 변호사와 출석하기
- 정당한 사유 없이 출석을 거부하면 체포영장이 발부될 수 있으므로, 출석 요구에는 반드시 응해야 합니다.
- 단, 부득이한 사정이 있다면 경찰에 정중히 양해를 구하고, 변호사의 조언을 받아 일정 변경을 요청하십시오.
- 출석 시 변호사 동석을 요청할 수 있으며, 이는 헌법상 보장된 권리로 수사기관이 이를 제지할 수 없습니다.

■ 조사 전 입장과 진술을 준비하기
- 경찰 조사 전, 본인의 입장(과실 인정 또는 부인)을 명확히 정해야 합니다.
- 무죄를 주장한다면, 블랙박스 영상·CCTV·EDR 자료·목격자 진술 등 객관적 근거에 따라 진술을 구조화해야 하며, 불확실한 부분은 "정확히 기억나지 않습니다."라고 신중히 답변해야 합니다.
- 조사 시 감정적으로 반응하거나 피해자 비난성 발언을 하는 것은 피하고, 사실 중심·객관적 근거 중심의 진술만 유지해야 합니다.

■ **상황에 따라 압수를 대비하기**

- 무죄를 주장하는 사건에서는 경찰이 차량의 블랙박스, 내비게이션, 휴대폰 내 위치기록 등을 확보하려 할 수 있습니다. **일반적으로는 블랙박스 영상 등 자발적인 제출을 요구하여 임의제출 형식으로 제출을 받으나 특수한 사건에 따라서는 압수영장으로 확보할 수도 있습니다**.

- 이는 수사 절차상 통상적인 과정이므로, 변호사와 함께 압수영장 내용을 확인하고 필요한 범위 내에서 협조하여야 합니다.

- 단, 차량 정비기록·보험기록 등 불필요한 자료까지 제출하는 것은 피하고, 증거의 범위와 제출 방법은 반드시 변호사와 상의 후 결정해야 합니다.

2) 피의자조사시 담당 변호사의 역할

피의자조사시 담당 변호사의 역할
① 피의자 답변의 원칙
② 변호사의 동석
③ 의견 진술
④ 이의 제기
⑤ 변호사 접견 요청
⑥ 신문 종료 후 의견 진술
⑦ 종료직후 피의자신문조서 열람 및 수정 요청
⑧ 피의자신문조서 정보공개청구 및 의견서 작성
⑨ 법적 대처방안 검토

■ **피의자 답변의 원칙**

- 담당 변호사는 피의자신문 과정에서 수사관의 질문에 개입하거나 피의자를 대신해 답변할 수 없습니다.

- 피의자에게 직접 조언하거나 질문에 관여하는 경우, 신문 방해로 간주되어 변호사가 퇴장당할 수 있으므로, 모든 답변은 피의자 스스로 해야 합니다. 이 점을 충분히 인식하고 조사에 임해야 합니다.

■ **변호사의 동석**

- 담당 변호사는 수사기관에 출석하여 피의자 옆에 나란히 앉아 동석하며, 피의자

가 조사에 집중할 수 있도록 심리적 지원을 제공합니다.

■ 의견 진술
- 변호사는 수사관의 질문이 불명확하거나 모호한 경우, 질문의 의미를 명확히 설명하도록 요구할 수 있습니다.
- 이는 피의자가 오해 없이 신문에 응할 수 있도록 돕기 위한 제한적인 개입입니다.

■ 이의 제기
- 변호사는 신문 과정에서 자백 강요, 진술 유도, 반말, 모욕, 위압적 태도 등 부당한 신문 방법이 있을 경우 이를 바로잡기 위해 이의를 제기할 수 있습니다(형사소송법 제243조의2 제3항).
- 부당한 신문이 지속되면, 변호사는 중단을 요청하거나 조서를 통해 기록으로 남길 수 있습니다.

■ 변호사 접견 요청
- 피의자는 조사 중 불리한 상황이 발생하거나 변호사의 조언이 필요하다고 판단되면, 휴식 요청, 화장실 방문 등의 이유로 일시적으로 조사를 중단할 수 있습니다.
- 또한, 변호사와 직접 면담(접견)을 요청하여 조력을 받을 권리가 있습니다.

■ 신문 종료 후 의견 진술
- 피의자신문이 종료된 후, 변호사는 조사 과정에서의 문제점이나 피의자의 입장을 반영하여 의견을 진술하거나 조서에 기록할 수 있습니다(형사소송법 제243조의2 제3항).

■ 종료직후 피의자신문조서 열람 및 수정 요청
- 조사 종료 후, 변호사는 피의자와 함께 작성된 조서를 꼼꼼히 열람하며, 답변 내용과 불일치하거나 오기된 부분을 발견하면 수정을 요청할 수 있습니다.

■ 피의자신문조서 정보공개청구 및 의견서 작성

- 변호사사무실에서는 피의자신문조서 정보공개청구를 하여 조서를 확보한 후 이를 검토하여 미비된 답변 등이나 자료를 보충하기 위해서 의견서 작성하여 제출할 수 있습니다.

■ 법적 대처방안 검토
- 변호사는 피의자가 조사에서 진술한 내용을 바탕으로 사건의 전반적인 흐름을 검토하고, 향후 법적 대처방안을 수립합니다.
- 특히, 조사 과정에서의 문제점이나 증거의 적법성을 검토하여 추가적으로 필요한 대응 전략을 마련합니다.

3) 부인사건 조사받는 방법

부인사건 조사받는 방법
① 메모장을 활용한 조사 준비
② 친절한 수사관의 경계와 적대적인 태도 금지
③ 진술의 사소한 실수가 있어도 정정·보충할 수 있음을 인식
④ 사실에 근거한 진술 및 진술의 신중함 유지
⑤ 일관성 있는 진술하기
⑥ 유리한 사항을 그림을 그리거나 행동으로 설명
⑦ 수사관의 질문에 끌려다니지 말 것
⑧ 마지막으로 하고 싶은 말에 대한 적극적인 진술
⑨ 조서 열람 및 수정요청

■ 메모장을 활용한 조사 준비
- 경찰 조사 시 수사관이 제공하는 '자기변호노트' 또는 개인 메모장을 적극 활용해 질문과 답변 요점을 간단히 기록하세요.
- 조사 중 수사관이 여러 번 유사한 질문을 하거나 표현을 바꿔 물을 수 있으므로, 메모를 통해 진술 일관성을 유지하고 불필요한 혼동을 방지할 수 있습니다.

■ 친절한 수사관의 경계와 적대적 태도 금지
- 교통사고 사건의 수사관은 친절하게 "보험으로 처리되면 괜찮다.", "이 정도면

벌금일 것"등 말을 하기도 하지만, 이는 방심을 유도하는 경우가 있으므로 항상 경계심을 유지해야 합니다.

- 수사관에게 적대적 태도를 보이면 오히려 불리하게 작용할 수 있으므로, "사고 상황을 공정하게 판단해 주시길 바랍니다."와 같은 정중하고 냉정한 태도를 유지하세요.

■ **진술의 사소한 실수가 있어도 정정·보충 가능함을 인식**

- 조사 중 진술 실수가 있더라도, 이후 변호사를 통해 의견서나 보충 진술서 제출로 충분히 정정할 수 있습니다.
- 블랙박스나 CCTV, 감정결과가 추후 확보되면 변호인이 이를 근거로 추가 소명 가능하므로, 조사 중 사소한 표현 실수로 불필요하게 위축될 필요는 없습니다.
- 다만 거짓 진술은 이후 영상 증거로 쉽게 반박되므로 절대 피해야 합니다.

■ **사실에 근거한 진술 및 신중함 유지**

- 과실이 없다고 판단되는 부분은 명확히 부인하되, 기억에 없는 내용을 억지로 추정하거나 단정하지 말아야 합니다.
- 블랙박스나 CCTV 등 객관자료가 있는 교통사고는 뻔히 드러날 거짓진술을 하는 순간 전체 진술 신뢰를 잃게 됩니다.
- "정확히 기억나지 않습니다.", "영상으로 확인 가능할 것입니다." 등의 신중한 표현을 사용하는 것이 좋습니다.

■ **일관성 있는 진술하기**

- 첫 조사부터 법정 진술까지 같은 사실관계를 유지해야 합니다.
- 속도, 신호, 피해자 인식거리, 회피 가능성 등 핵심 사항은 사고경위서로 사전에 정리해 두어야 하며, 진술이 바뀌면 수사기관은 피의자를 불신하게 됩니다.

■ **유리한 사항을 그림이나 행동으로 설명하기**

- 사고 현장 구조나 차량·보행자 이동 경로 등은 그림을 그려서 수사관에게 설명하는 것이 효과적입니다.
- "세 차량은 이 방향에서 진행했고, 피해사는 좌측에서 갑자기 진입했습니다."와 같이 구체적으로 묘사하면 수사관이 상황을 명확히 이해할 수 있습니다.

■ 수사관의 질문에 끌려다니지 말 것

- 수사관의 질문은 주로 과실을 인정하게 만드는 방향으로 이어집니다.
- "그럼 신호를 잘못 보신 건가요?", "조금만 더 천천히 갔으면 피했을 수도 있지 않나요?" 등의 질문에 휩쓸리지 말고, "당시 신호는 녹색이었고, 영상으로 확인 가능합니다."처럼 사실 중심으로 단호하게 답변해야 합니다.

■ 마지막으로 하고 싶은 말에 대한 적극적 진술

- 조사 마지막에 수사관이 "마지막으로 하고 싶은 말이 있습니까?"라고 물을 때, "저는 신호를 준수했고, 피해자분이 갑자기 진입하여 피할 수 없었던 사고입니다. 공정한 판단을 부탁드립니다."처럼 결백과 공정한 수사를 요청하는 진술을 남기는 것이 좋습니다.
- 이 마지막 진술은 검사와 재판부가 조서를 검토할 때도 함께 확인하므로 결백 의사 표명의 마지막 기회입니다.

■ 조서 열람 및 수정 요청

- 조사가 끝난 후, 변호인과 함께 조서를 꼼꼼히 열람해야 합니다.
- 진술의 의미가 왜곡되거나 문장이 다르게 기재된 경우 즉시 수정 요청하고, "조서의 내용이 사실과 다릅니다."라는 취지로 메모를 남겨야 합니다.
- 경찰이나 검찰은 블랙박스 영상과 조서를 함께 비교하기 때문에, 조서 오류는 곧 진술 신빙성 문제로 이어질 수 있습니다.

4) 조사 시 주의사항

부인사건 조사 시 주의사항
① 유도신문에 유의
② 수사관의 질문에 집중
③ 수사관의 질문 속도에 맞춰 진술
④ 사실에 근거한 신중한 진술
⑤ 증거와 불일치하는 진술 금지
⑥ 증거인멸 오해 방지

⑦ 도주 우려 방지

⑧ 체력 관리와 휴식 요청

■ 유도신문에 유의 ★

- 담당 수사관은 운전자가 보행자 보호의무를 위반하거나 도로교통법 준수의무를 위반한 것에 대하여 집중적으로 추궁합니다. 이러한 추궁을 하면서 단도직입적으로 묻기도 하지만, 유도신문을 통하여 의도적으로 특정 답변을 끌어내기 위한 질문도 합니다.
- 유도신문에 넘어가 죄를 인정하는 진술을 하지 않도록 주의해야 합니다.
- 경찰은 결국 운전자의 과실을 유도합니다.

교통사고 형사사건에서 유도신문의 유형과 예시

1. 사실관계를 확정시키는 질문

- 목적 : 피의자로 하여금 특정 과실이나 위법행위를 스스로 인정하도록 유도.
- 예시 질문 : "신호가 바뀌는 걸 보셨는데도 그대로 진행하신 거죠?"
- 올바른 답변 예시 : "제가 진입할 당시에는 분명히 녹색 신호였습니다. 블랙박스 영상을 확인하시면 알 수 있습니다."
- 부적절한 답변 예시 : "신호가 바뀌는 걸 본 것 같긴 한데, 그냥 지나갔습니다." → 신호위반으로 자백으로 간주될 수 있음.

2. 감정을 자극하는 질문

- 목적 : 피의자의 죄책감이나 동정심을 자극하여 불리한 진술을 유도.
- 예시 질문 : "피해자가 이렇게 크게 다쳤는데, 그래도 당신이 잘못한 건 인정해야 하지 않겠습니까?"
- 올바른 답변 예시: "피해자의 부상은 매우 안타깝지만, 당시 저는 제한속도 내에서 정상적으로 운전하고 있었고, 피할 수 없는 상황이었습니다."
- 부적절한 답변 예시: "그렇게까지 다칠 줄은 몰랐습니다. 제 잘못이 클 수도 있습니다." → 과실을 인정하는 진술로 불리하게 작용.

3. 구체적인 세부사항을 묻는 질문

- 목적 : 세부적인 진술을 반복해 피의자의 진술 모순점을 찾아내거나 과실을

입증하려는 시도.

- 예시 질문 : "그때 브레이크를 밟은 시점이 정확히 몇 미터 전이었습니까?"

- 올바른 답변 예시 : "정확한 거리는 기억나지 않지만, 전방 위험을 인지하자마자 제동을 시작했습니다. 블랙박스 영상으로 확인될 것입니다."

- 부적절한 답변 예시 : "30미터쯤이었을 겁니다." → 수사기관이 실제 제동거리와 다르다고 판단하면 진술 신빙성을 의심받을 수 있음.

4. 대답을 유도하는 질문

- 목적 : "네" 또는 "아니요"로만 답하게 하여 피의자 진술을 단순화하고 불리하게 해석.

- 예시 질문 : "결국 피해자가 보이는데도 멈추지 않으신 거네요?"

- 올바른 답변 예시 : "당시 피해자가 차량 사각지대에 있었고, 인지하자마자 즉시 제동했으나 회피가 불가능했습니다."

- 부적절한 답변 예시 : "네, 그때는 그냥 지나갔습니다." → 불필요한 과실 자인으로 판단될 수 있음.

5. 논리적 모순을 강조하는 질문

- 목적 : 피해자 진술과 피의자 진술이 상충되도록 유도해 피의자의 신빙성을 흔들기 위함.

- 예시 질문 : "피해자는 당신 차량이 과속 상태였다고 진술했습니다. 그 진술은 틀린 건가요?"

- 올바른 답변 예시 : "제 차량 속도는 제한속도 내였습니다. 블랙박스와 EDR 기록을 보면 과속이 아니었다는 점이 확인됩니다."

- 부적절한 답변 예시 : "조금 빠르게 간 건 맞지만 사고와는 상관없습니다." → 과속 사실을 인정한 것으로 해석될 수 있음.

6. 추측을 유도하는 질문

- 목적 : 피의자로 하여금 명확한 사실이 아닌 '가능성'을 말하게 하여 자백성 진술을 이끌어내려는 시도.

- 예시 질문 : "혹시 전방을 잠시 못 본 건 아닌가요?"

- 올바른 답변 예시 : "전방은 계속 주시하고 있었습니다. 블랙박스 영상에서도 전방주시 상태가 확인됩니다."
- 부적절한 답변 예시 : "그랬을 수도 있습니다." → 전방주시 태만으로 해석될 수 있음.

7. 심리적 압박을 가하는 질문
- 목적 : 불안감이나 죄책감을 자극해 불리한 진술을 유도.
- 예시 질문 : "지금이라도 솔직히 인정하면 형량이 훨씬 줄어듭니다."
- 올바른 답변 예시 : "저는 이미 사실대로 말씀드렸습니다. 사고 당시 제 과실은 없었으며, 블랙박스 영상으로 확인하실 수 있습니다."
- 부적절한 답변 예시 : "형량이 줄어든다면 인정하겠습니다." → 자백으로 간주될 가능성이 큼.

8. 모호한 대답을 유도하는 질문
- 목적 : 피의자가 명확히 부인하지 않고 모호한 답변을 하게 만들어 진술을 자의적으로 해석하려는 시도.
- 예시 질문 : "당시 교차로 상황이 복잡했으니까, 신호를 잘못 봤을 수도 있죠?"
- 올바른 답변 예시 : "신호를 명확히 확인하고 진입했습니다. 사고 당시 영상으로도 확인됩니다."
- 부적절한 답변 예시 : "그럴 수도 있겠네요." → 신호위반 가능성을 인정한 것으로 오해받을 수 있음.

9. 가상의 증거를 암시하여 자백을 유도하는 질문
- 목적 : 실제로 증거가 미약하거나 존재하지 않음에도, 증거가 있는 것처럼 말해 자백을 유도.
- 예시 질문 : "CCTV를 확인했는데, 당신이 신호를 위반한 장면이 명확하게 나옵니다. 이제 인정하시죠?"
- 올바른 답변 예시 : "제가 확인하지 않은 영상 내용을 단정하기 어렵습니다. 변호사와 함께 증거를 검토한 후 설명드리겠습니다."

- 부적절한 답변 예시 : "그렇다면 제 잘못 같습니다." → 실제 증거 여부와 상관없이 자백으로 간주될 수 있음.

10. 거짓말을 유도하는 질문
- 목적 : 이미 확보된 블랙박스·CCTV 증거를 제시하지 않고 피의자로 하여금 거짓진술을 하게 만든 뒤 신뢰를 무너뜨림.
- 예시 질문 : "피해자가 도로 한가운데 서 있었는데, 당신이 그냥 돌진했다고 합니다. 그런 일 없죠?"
- 올바른 답변 예시 : "당시 피해자는 차로 밖 보도 가장자리에 있었고, 갑자기 차도로 뛰어든 장면이 영상에 남아 있습니다."
- 부적절한 답변 예시 : "그런 사람은 없었습니다." → 이후 영상에서 피해자 존재가 확인되면 피의자 진술 전체의 신빙성이 무너짐.

★결론
교통사고 조사에서 수사관의 유도신문은 피의자가 과실을 인정하거나 불리한 진술을 하게 만드는 전략적 질문인 경우가 많습니다. 따라서 조사 시에는,
① 모든 답변을 객관적 증거(블랙박스·CCTV·EDR·감정자료)에 근거해 말하고,
② "그럴 수도 있다" "기억이 잘 안 난다" 같은 모호한 표현을 피하며,
③ 불리한 감정 유도나 심리적 압박에 흔들리지 않고,
④ 변호사와 함께 일관된 진술 방향을 유지해야 합니다.

■ 수사관의 질문에 집중
- 조사가 진행되는 동안 수사관의 질문을 끝까지 경청하고, 질문의 취지를 명확히 이해한 후 답변합니다.
- 질문이 모호하거나 이해되지 않을 경우, "질문을 조금 더 자세히 설명해 주시겠습니까?"라고 요청하여 정확히 이해하고 답변해야 합니다.

■ 수사관의 질문 속도에 맞춰 진술
- 너무 빠르게 진술하거나 한 번에 많은 내용을 전달하면, 수사관이 받아 적으면서 왜곡될 가능성이 있습니다.
- 수사관의 타이핑 속도에 맞춰 천천히, 정확히 진술합니다.

■ 사실에 근거한 신중한 진술
- 구분해서 말합니다 : ① 직접 경험한 사실 ② 전해 들은 사실 ③ 추측·의견.
- 모르면 "정확히 기억나지 않습니다. 영상·기록 확인 후 말씀드리겠습니다."라고 답합니다. 억지 추정·단정 금지.

■ 증거와 불일치하는 진술 금지
- 블랙박스·CCTV·EDR·신호운영기록과 모순되는 말은 진술 전체의 신뢰를 무너뜨립니다.
- 잘못된 예 : "그 교차로엔 가지 않았습니다."(영상·GPS로 방문 확인)
- 바른 예 : "해당 교차로를 통과했고, 당시 녹색 신호였습니다. 영상으로 확인 가능합니다."

■ 증거인멸 오해 방지
- 블랙박스 SD카드 교체, 파일 삭제, 휴대폰 초기화 등은 강한 의심을 부릅니다. 불가피했다면 시점·사유·영수증 등으로 합리적으로 설명하고, 원본보전 조치를 즉시 안내합니다.

■ 도주 우려 해소
- 주거·직장·가족관계 등 생활기반을 제시해 사전 구속영장 청구 명분을 차단합니다.
- 예 : "부산 거주, 동일 직장 근속, 가족 부양 중으로 출석 요구에 성실히 응하겠습니다."

■ 체력 관리와 휴식 요청
- 집중력 저하 시 "잠시 휴식을 요청합니다."라고 명확히 말하고, 조서 열람 때 재확인합니다.
- 다만 일반적인 교통사고 사건의 조사시간은 비교적 짧은 편입니다(1시간 이내).

5) 조사 단계에서 무죄를 받을 수 있는 추가요소

부인사건 조사 시 주의사항
① 불가항력 상황의 입증
② 피해자 과실이 전적으로 큰 경우
③ 수사기관이 의심하는 포인트와 대응
④ 굳이 할 필요 없는 불필요한 진술 자제
⑤ 설득력 있는 무죄 주장의 구체화

■ 불가항력 상황의 입증

- 운전자가 사고 당시 주의의무를 다했음에도 회피가 불가능했다는 점을 명확히 보여야 합니다.

- 예컨대, 운전자가 갑작스럽게 의식을 잃거나, 시야가 차단되었거나, 차량이 갑자기 미끄러진 경우라면, 사고 이후 병원 진료기록, 응급실 소견, 혈당 수치, 심전도, MRI 등 의학적 자료를 확보해 제출해야 합니다.

- 또한 차량 자체의 이상이 없었음을 보여주는 정비기록·검사내역도 필수적이며, 목격자가 "운전자가 갑자기 쓰러졌다", "운전자가 브레이크를 밟지 못했다"고 진술한다면 이는 운전자가 조작 불가능 상태에 있었다는 강력한 근거가 됩니다.

■ 피해자 과실이 전적으로 큰 경우

- 피해자 측의 잘못이 명백하고 중대한 경우, 즉 피해자가 음주 상태에서 어두운 차도에 누워 있었거나, 무단횡단·급진입·신호위반을 한 경우 등은 형사책임이 성립하지 않을 가능성이 높습니다.

- 이런 경우 피의자는 수사기관 조사에서 "사고 당시 조명 상태, 피해자의 옷 색상, 인지거리, 차량 속도, 제동거리, 도로의 구조" 등 물리적으로 피할 수 없었던 이유를 구체적으로 진술해야 합니다.

- 예시 진술 : "당시 가로등이 거의 없었고, 피해자가 검은 옷을 입은 채 차도 한 가운데 누워 있었습니다. 차량 전조등으로는 15m 전방까지밖에 식별되지 않아, 피해자를 인식하자마자 제동했으나 제동거리(약 20m)상 피할 수 없었습니다."

- 예시 진술 : "사고 당시 제한속도 60km 구간에서 약 55km 정도로 주행하였습니다. 가로등이 없고 어두운 도로였으며, 피해자는 검은색 옷을 입은 채 차도 한가운데 누워 있었습니다. 전조등으로는 약 15m 전방까지밖에 식별이 불가능했고, 인식 직후 즉시 제동했으나 제동거리가 약 20m로 계산되어 물리적으로

피할 수 없는 상황이었습니다."

- 이처럼 사고 당시 환경·거리·속도·조도·반응시간 등 객관적 물리 요소를 세밀히 제시하면 수사관은 '운전자가 과실 없이도 피할 수 없었던 상황이었다'는 점을 쉽게 인식하게 됩니다.

- 진술 내용 전반에 피해자 과실(음주 후 도로 누움)을 분명히 언급하면서도 피해자에 대한 공격적 표현을 피하면서 피해자 과실을 객관적으로 현출하는 경우 설득력이 높아질 수 있습니다.

- 또한 블랙박스 영상, 현장 사진, CCTV, 교통공학 감정서 등을 증거로 함께 제출하면 운전자가 합리적으로 가능한 모든 조치를 취했음에도 불가피하게 발생한 사고였음을 설득할 수 있습니다.

■ 수사기관이 의심하는 포인트와 대응
- "사전에 위험을 예측할 수 있었던 것 아니냐?" → 평소 병원 진료·복약 관리, 차량 점검 등으로 위험을 예방하려 노력했음을 제시.

- "몸 상태가 안 좋은데도 운전한 것 아니냐?" → 당일 운전 전까지 아무런 이상 증세가 없었음을 진술하고, 사고 직후 병원기록으로 입증.

- "피해자를 피할 수 있었던 것 아니냐?" → 블랙박스 프레임 분석, 제동거리·반응시간 계산 등을 통해 회피 불가능한 거리였음을 객관적으로 설명.

■ 굳이 할 필요 없는 불필요한 진술 자제
- 조사 시에는 결코 자신의 잘못을 과장하거나 불필요한 부주의를 언급해서는 안 됩니다.

- 예 : "시야가 조금 흐렸는데 그냥 운전했습니다.", "피곤해서 집중이 안 됐습니다." → 모두 과실 인정으로 해석.

- 기억이 불분명할 경우에는 "정확한 사실은 영상 확인 후 말씀드리겠습니다."라고 신중히 답변해야 합니다.

- 또한 수사기관이 알 수 없는 불리한 사정(휴대폰 사용, 졸음 등)은 묻지 않으면 말하지 않는 것이 원칙입니다.

- 모든 진술은 블랙박스·CCTV 등 객관적 증거와 일관되게 유지해야 합니다.

■ 설득력 있는 무죄 주장의 구체화

- 피해자 측 과실이 전적으로 크거나, 불가항력적 상황에서 사고가 발생한 경우, 피의자는 단순히 "피할 수 없었다"고 말하기보다 왜 피할 수 없었는지를 ①조명, ②거리, ③속도, ④도로 구조, ⑤반응시간, ⑥시야 확보 거리 등 여러 요소로 구체화해야 합니다.
- 예시 진술 : "사고 당시 시속 55km로 주행 중이었고, 전조등 조사 범위는 약 15m였습니다. 피해자는 검은 옷을 입고 차도에 엎드려 있었고, 인식 직후 제동을 걸었으나 차량의 제동거리는 22m로 측정되어 회피가 불가능했습니다. 피해자의 돌발적인 상태로 인해 예견이나 회피는 현실적으로 불가능했습니다." 이와 같은 물리적 근거와 논리적 설명이 결합된 진술은, 수사기관이 사고를 "운전자의 과실로 인한 결과"가 아닌 "피해자의 중대한 과실로 발생한 불가항력적 사고"로 판단하는 데 결정적인 영향을 미칩니다.

아. 법원단계 무죄 재판준비

1) 변호인의 증인신문 보조
가) 서설

교통사고 형사사건에서 의뢰인이 변호사의 증인신문을 보조해야 하는 이유는, 사건의 구체적 사실관계와 현장 정황을 가장 잘 알고 있는 당사자로서 변호사가 재판 전략을 세우는 데 필요한 핵심 정보를 제공할 수 있기 때문입니다. 의뢰인이 사고 당시의 도로 구조, 시야 확보, 차량 속도, 피해자의 위치나 행동 등을 상세히 설명하면, 변호사는 이를 근거로 재판부에 '피할 수 없는 불가항력적 사고'였음을 강조할 수 있는 질문 방향을 설계할 수 있습니다.

다만, 교통사고 사건의 특성상 무죄를 주장하더라도 형사합의를 마친 상태에서 재판이 진행되는 경우가 많습니다. 이러한 경우 피해자를 법정 증인으로 부르는 것은 사실상 매우 큰 부담이 따릅니다. 이미 합의가 끝난 피해자를 다시 법정에 세우는 것은 피해자에게 불필요한 정신적 고통을 줄 뿐 아니라, 피해자 측이 합의 의사를 철회하거나 감정적으로 대응할 위험이 존재합니다. 따라서 교통사고 사건에서 변호인은 피해자에 대한 증인신문을 신중하게 판단해야 하며, 대부분의 경우 피해자 신문을 생략하는 것이 전략적으로 현명한 선택이 됩니다.

또한, 피해자가 사망했거나 중상을 입어 병원 치료 중인 경우에는 증인신문 자체가 사실상 불가능하거나 인도적·윤리적으로 큰 부담으로 작용할 수 있습니다. 이런 경우에는 피해자 대신 사고를 직접 목격한 제3자나, 현장에 출동한 경찰관, 교통조사계 담당자 등을 증인으로 신청하는 것이 실익이 큽니다.

목격자나 경찰관의 증언은 객관적 사실관계 확인 및 운전자의 주의의무 이행 여부를 입증하는 데 도움이 되며, 특히 사고의 물리적 환경(조도, 시야, 피해자의 위치 등)을 구체적으로 증명할 수 있습니다.

그렇다고 해서 모든 사건에서 증인신문이 반드시 필요한 것은 아닙니다.

교통사고 사건의 경우 대부분 블랙박스·CCTV·교통공학 감정서 등 객관적인 증거가 존재하므로, 이 자료들만으로도 충분히 재판부를 설득할 수 있다면 **증인신문을 제한적이고 예외적으로만 진행하는 것이 바람직**합니다.

변호사는 의뢰인과 함께 증인신문의 필요성을 사전에 충분히 검토하여, **①사건의 수요 쟁점이 객관승거로 명확히 입증 가능한지, ②증인신분이 오히려 합의관계나 재판 분위기에 부정적 영향을 미치지 않는지를 따져봐야** 합니다.

의뢰인이 이러한 판단 과정에서 변호사에게 현장 상황, 사고의 원인, 목격자 신원 등 실질적 정보를 제공하면, 변호사는 이를 토대로 증인신문 여부를 결정하고, 필요시 효율적인 질문 전략을 설계할 수 있습니다.

결국 교통사고 사건에서의 증인신문은 '많이 하는 것'보다 '정확히 선택하는 것'이 더 중요합니다. 피해자 신문은 가능한 한 피하고, 필요한 경우에만 객관적인 제3자 증언을 통해 사고의 불가항력성과 운전자의 무과실을 입증하는 것이 교통사고 무죄 재판의 가장 효과적인 전략인 경우가 많습니다.

나) 증인신문 보조 구체적 내용

■ 증거기록상 목격자·경찰관 진술의 모순 탐지 및 전달

- 도움 내용 : 증거기록을 검토하면서 목격자나 현장출동 경찰관 등의 진술이 블랙박스 영상, 현장사진, 감정서 등 객관적 자료와 모순되는 부분을 찾아 변호인에게 알려야 합니다.
- 예시 : "증거기록 3번 12p에 목격자는 제가 제한속도를 초과했다고 진술했지만, 증거기록 10번 45p의 교통공학 감정서에는 당시 속도가 시속 55km로 제한속도 이내인 것으로 분석되어 있습니다."

■ 증거기록상 피해자 진술의 불합리한 부분 정리

- 도움 내용 : 피해자 진술이 사고현장의 물리적 조건이나 영상과 맞지 않다면, 그 모순점을 구체적으로 정리해 변호인에게 제공합니다.
- 예시 : "증거기록 5번 27p에 피해자는 도로 오른쪽 가장자리를 보행 중이었다고 진술했지만, 블랙박스 영상에는 차로 중앙에 누워 있는 모습이 명확히 보입니다." → 이러한 정보는 변호사가 증인신문 시 피해자의 과실 및 회피불가 상황을 강조할 근거가 됩니다.

■ 피해자 또는 증인의 배경 정보 및 진술 신빙성 관련 정보 제공

- 도움 내용 : 피해자의 음주 여부, 사고 당시 행동, 목격자의 관찰 위치 등 진술 신빙성을 판단할 수 있는 배경 정보를 변호인에게 전달해야 합니다.
- 예시 : "피해자는 사건 당일 음주 상태였고, 블랙박스 영상에도 몸을 가누지 못한 모습이 보입니다. 또한 목격자는 약 100m 거리에서 사건을 봤다고 진술했는데, 그 거리에서는 야간에 식별이 불가능했을 가능성이 높습니다."

■ 증인신문을 통해 얻고자 하는 결과 명확히 전달

- 도움 내 용: 변호인에게 증인신문을 통해 입증하고자 하는 핵심 쟁점을 명확히 알려야 합니다.
- 예시 : "출동한 교통조사계 경찰관에게, 사고현장 조도와 제동거리 계산 결과상 회피가 불가능했다는 점을 확인받고 싶습니다." → 이러한 목적이 명확해야 변호사는 불필요한 질문을 줄이고 핵심 입증 포인트에 집중할 수 있습니다.

■ 증인의 예상 답변 및 증언 태도 전달

- 도움 내용 : 목격자나 경찰관이 어떤 성향으로 진술할 가능성이 있는지를 사전에 변호사에게 알려줍니다.
- 예시 : "해당 목격자는 제 차량이 지나간 뒤에 피해자를 봤다고 진술했으므로, 사고 순간을 직접 목격한 것이 아닙니다.", "출동 경찰관은 초동 조사에서 '운전자가 정상적으로 주행 중이었다'고 언급했는데, 법정에서는 말을 바꿀 수도 있습니다. 이 부분을 확인하는 질문이 필요합니다." → 이는 변호사가 *예상 답변에 따른 보조 질문(추가 반박 질문)을 미리 준비할 수 있게 해 줍니다.

■ 피해자 증인신문의 전략적 생략 고려

- 주의사항 : 교통사고 사건은 무죄를 주장하더라도 형사합의를 마친 경우가 많습니다. 이미 합의가 완료된 피해자를 법정 증인으로 소환하는 것은 불필요한 갈등을 유발하고, 합의 의사 철회라는 역효과를 초래할 수 있습니다.
- 또한 피해자가 사망했거나 중상을 입어 병원 치료 중인 경우에는 윤리적·실질적으로 증인신문이 불가능하거나 큰 부담이 됩니다.
- 띠리서 교통시고 시건에시는 피해자 신문은 원칙적으로 생략하고, 대신 ①목격자, ② 장 출동 경찰관, ③교통사고 조사 담당자, ④감정인(교통공학 전문가) 등을 증인으로 활용하는 것이 실익이 있습니다. → 이런 증인들은 감정적 이해관계 없이 객관적인 사실을 진술하기 때문에, 재판부 설득력 측면에서 오히려 유리하게 작용할 수 있습니다.

■ 증인신문의 범위는 제한적으로 설정

- 주의사항 : 교통사고 사건은 대부분 블랙박스 영상, 감정서, 사고현장사진 등 객

관증거만으로 입증이 가능한 경우가 많습니다.

- 따라서 증인신문은 사건의 쟁점을 명확히 하기 위한 보조적·예외적 절차로만 진행하는 것이 바람직합니다.
- 증인의 진술 일관성만 강화시키는 질문은 오히려 불리하게 작용할 수 있으므로, 의뢰인은 변호사와 함께 핵심 질문 중심으로 신문 전략을 조율해야 합니다.
- 또한, **이미 합의에 성공한 피해자 증인을 법정에 부르는 경우 합의철회 의사를 내비칠 수 있고, 아직 합의가 되지 않은 피해자 증인을 법정에 불러 증인신문을 하는 경우 합의가능성을 낮추는 독이 된다는 것도 염두하여야** 합니다.

다) 증인신문 보조 주의사항

■ **지인(동승자, 가족, 직장 동료 등)이 증인인 경우의 유의점**

- 교통사고 형사사건에서 피고인이 신청한 증인이 피고인의 가족, 친구, 직장 동료 등 지인인 경우, 검찰은 통상 다음과 같은 방식으로 증언의 신빙성을 공격합니다.
- 검찰의 예상 질문 : "증인은 이번 재판 전에 피고인으로부터 '이렇게 말해 달라'는 부탁을 받은 적이 있습니까?" → 이 질문은 증인의 진술이 피고인에게 영향받은 진술인지 확인하려는 의도로, 지인 증인의 진술 신빙성을 낮추기 위한 전형적인 전략입니다. 따라서 피고인은 증인에게 진술을 구체적으로 지시하거나, 외워서 말하도록 요구하는 행위를 절대 해서는 안 됩니다.
- 증인은 법정에서 선서 후 진술을 하게 되며, 거짓말을 할 경우 위증죄(형법 제152조, 5년 이하의 징역 또는 1천만 원 이하의 벌금)로 처벌될 수 있습니다. 이로 인해 증인은 피고인의 기대와 달리 위증에 대한 부담 때문에 사실과 다른 말을 피하고, 오히려 피고인이 자신에게 어떤 부탁을 했는지를 법정에서 그대로 말할 수도 있습니다.
- 증인이 피고인과 나눈 대화에 대해 법정에서 "피고인이 사실대로만 말해 달라고 했다"고 답할 수 있도록 항상 진실 중심의 태도를 유지해야 합니다.

■ **목격자 · 경찰관 증인에 대한 협조 방식**

- 교통사고 사건에서는 피해자보다는 목격자, 동승자, 현장 출동 경찰관 등의 증언이 핵심적인 역할을 합니다.
- 그러나 이들 역시 독립된 증인이므로, 피고인이 직접 접촉하거나 진술 방향을

제시하는 것은 매우 위험합니다.

- 증인에게는 "법정에서 본 그대로, 알고 있는 사실만 말해 달라"고 요청하는 정
도로 그쳐야 합니다.

2) 법원 무죄주장 최후진술 준비방법

가) 서설

교통사고 형사사건에서 무죄를 주장하는 피고인의 최후진술은 재판부에 운전자의 진정성과 사건의 실질적 진실을 직접 전달할 수 있는 마지막 기회입니다. 최후진술은 단순히 억울함을 호소하는 자리가 아니라, 사고 당시의 구체적인 상황과 운전자가 주의의무를 다했음에도 사고를 피할 수 없었던 불가항력적 사정을 차분하고 논리적으로 설명해야 하는 중요한 절차입니다.

교통사고 사건은 대부분 블랙박스 영상, 교통공학 감정서 등 객관적 증거가 존재하지만, 그럼에도 불구하고 재판부는 피고인의 진술 태도, 반성의 자세, 피해자에 대한 인간적 배려를 종합적으로 평가합니다. 따라서 최후진술에서는 법리적 논리보다 사실 중심의 설명과 진심 어린 태도가 중요합니다.

예를 들어, 피해자가 음주 상태에서 어두운 차도에 누워 있었거나, 무단횡단·돌발진입 등으로 사고가 발생한 경우라면 "운전자가 이를 예견하거나 회피할 수 없었다"는 점을 도로 조명, 시야거리, 속도, 반응시간 등 구체적 근거와 함께 명확히 진술해야 합니다. 이처럼 현실적으로 사고를 피할 수 없었다는 사실을 객관적·합리적으로 설명하면, 재판부는 피고인의 주장을 신뢰할 가능성이 높아집니다.

또한 피해자가 사망하거나 중상을 입은 경우, 무죄를 주장하더라도 피해자와 유가족의 고통에 대한 인도적 유감과 안타까움을 함께 표현하는 태도가 필요합니다.

이는 법원이 피고인을 판단할 때 "책임 회피형 피고인"이 아닌, 진심으로 사고를 안타까워하며 사실관계를 바로잡으려는 사람으로 인식하게 만드는 중요한 요소입니다. 결국 교통사고 사건의 최후진술은 법적 논리보다 ①사실 중심의 불가항력 상황 설명, ②피해자에 대한 진심 어린 배려, ③일관되고 침착한 태도로 구성되어야 합니다. 이는 재판부가 피고인의 말을 신뢰하게 만드는 결정적 기회이며, 무죄 판단을 이끌어내는 마지막이자 가장 중요한 절차입니다.

나) 법정 출석시 복장과 주의사항

■ 깔끔하고 단정한 옷차림

- 법정은 엄숙한 분위기의 장소이므로, 지나치게 화려하거나 자유로운 복장은 피해야 합니다.

- 슬리퍼나 조리 등의 신발은 피하시기 바랍니다.
- 경찰, 군복, 종교 복장 등 법정의 중립성을 해칠 수 있는 복장은 피하십시오.
- 탈색한 머리나 진한 화장은 피하시는 것이 좋습니다. 재판부뿐만 아니라, 피해자 측이 법정 방청석에 출석한 경우 외모에서 주는 인상이 부정적으로 작용하여 반성의 진정성을 의심받거나 불필요한 반감을 유발할 수 있습니다.

■ **정중한 태도 유지**
- 법정에서는 항상 예의 바르고 겸손한 태도를 유지하세요. 판사, 검찰, 변호사에게도 존칭을 사용하며, 감정적 반응을 삼가야 합니다.
- 판사의 지시나 안내를 집중해서 듣고, 불필요한 행동(예: 몸을 흔들거나 고개를 자주 돌리는 것, 혼잣말을 하는 것)을 삼가야 합니다.
- 법정에서 손을 주머니에 넣거나 팔짱을 끼는 행동은 예의에 어긋납니다. 항상 단정한 자세를 유지하십시오.

■ **휴대폰 및 전자기기**
- 법정 입장 전 휴대폰은 꺼두거나 진동 모드로 설정하십시오. 재판 도중 휴대폰 사용은 엄격히 금지됩니다.

■ **판사의 질문에 대한 답변**
- 판사가 피고인에게 직접 질문을 하는 경우 정확히 답변하되, 진실을 바탕으로 일관성 있게 진술하는 것이 중요합니다.

■ **재판진행 중 혼잣말 삼가**
- 재판진행 중에 간혹 혼잣말을 하는 경우 판사가 재판진행에 방해된다면서 경고하는 경우가 있습니다.

■ **피해자 측이 법정 방청석에 온 경우가 있음(★)**
- 피해자 가족 등이 최후변론 때 법정 방청석에 앉아 있는 경우가 간혹 있습니다. 특히 합의가 되지 않은 사안은 주의하여야 합니다. 최후진술이 거짓이나 가식으로 느껴질 때 최후진술의 내용을 들은 직후에 피해자 측에서 엄벌탄원서를 세술하는 경우가 있으므로 이를 주의해야 합니다.

- 반대로 피해자 가족 등이 최후변론 때 법정에 오는 경우가 있으므로 역이용하여 피해자 가족에게 하고 싶은 진실된 마음을 표현하는 좋은 기회가 될 수도 있습니다.

다) 최후진술에 들어가야 하는 내용

■ **사건의 핵심 논점 파악**
- 재판에서 쟁점이 된 부분(운전자의 과실 여부, 피해자의 행동, 회피 가능성 등)을 명확히 정리합니다.
- 예 : "사고 당시 제한속도를 준수했고, 피해자는 술에 취한 상태로 어두운 차도 중앙에 누워 있었기 때문에 인식 자체가 불가능했습니다. 저는 사고 직전까지 주의의무를 다했습니다."

■ **진정성 강조**
- 단순한 억울함을 호소하기보다는, 사고의 진실을 바로잡고자 하는 의지와 책임감 있는 태도를 보여야 합니다.
- 예 : "저는 사람을 다치게 하려는 의도는 전혀 없었습니다. 운전자로서 할 수 있는 모든 조치를 다했지만, 도저히 피할 수 없는 사고였습니다."

■ **감정 조절**
- 피해자가 사망하거나 중상을 입은 사건에서는, 무죄를 주장하더라도 피해자와 유가족에 대한 안타까움과 유감을 반드시 표현해야 합니다.
- 예 : "이런 사고로 피해자와 가족분들이 큰 고통을 겪게 된 점은 너무나 안타깝게 생각합니다. 다만 이 사고가 제 부주의가 아니라, 예측할 수 없는 불가항력적인 상황이었다는 점을 이해해 주시길 바랍니다."

■ **반복적인 주장 피하기**
- 이미 증거와 변론을 통해 충분히 입증된 내용을 반복하기보다는, 사고 당시 운전자의 상황을 핵심 위주로 요약해야 합니다.
- 예 : "모든 영상과 감정 결과에서 확인되듯이, 사고 당시 속도와 시야거리상 회피는 물리적으로 불가능했습니다."

- **운전자의 평소 태도와 성실성 강조**
- 자신의 평소 운전 습관, 교통법규 준수 태도, 사회적 성실함 등을 간단히 언급합니다.
- 예 : "저는 평소에도 교통법규를 엄격히 지키며 운전해 왔습니다. 이런 사고를 당하게 되어 스스로도 충격이 크지만, 진실을 바로잡고자 이 자리에 섰습니다."

- **구체적 결론으로 마무리**
- 최후진술은 "사고의 불가피성"과 "운전자의 성실한 주의의무 이행"을 강조하며 마무리해야 합니다.
- 예 : "재판부께서 이 사건이 운전자의 과실이 아닌, 도저히 피할 수 없었던 불가항력적 사고였음을 판단해 주시길 간절히 바랍니다."

- **시간 배분**
- 1~2분 내외로 구성하되, 사실·태도·결론이 자연스럽게 이어지도록 합니다.
- 사고 당시 상황 설명에 40초, 진정성·유감 표현에 40초, 결론에 30초 정도를 배분하는 것이 적절합니다.

- **암기 또는 자필 준비**
- 가장 바람직한 방법은 직접 암기하여 재판부를 바라보며 진술하는 것입니다.
- 암기가 어렵다면 A4 1장 분량으로 자필로 정리해 읽어도 무방하며, 진술 후 해당 문서를 법원에 서면으로 제출하면 됩니다.

라) 최후진술에서 해서는 안 되는 말

- **피해자나 유족을 비난하는 발언**
- 피해자 또는 유족의 행동을 직접적으로 공격하거나 감정적으로 비난하는 태도는 절대 피해야 합니다.
- 무죄를 주장하더라도 피해자 측은 이미 큰 상처를 입은 상태이므로, "피해자가 어두운 도로에 누워 있었으니 스스로 사고를 불렀다."와 같은 표현은 재판부에 비인도적 인상을 남깁니다.

- 예시(부적절한 발언) : "피해자가 술을 마시고 차도에 누워 있었으니 제 잘못이 아닙니다."
- 바람직한 방향 : "피해자가 도로에 계신 사실을 인식하기 어려운 환경이었고, 저는 제한속도를 지키며 정상적으로 운전하던 중이었습니다."

■ 감정적으로 격앙된 표현
- 억울하더라도 지나치게 격한 어조나 분노 섞인 발언은 재판부의 신뢰를 떨어뜨립니다.
- 교통사고 사건의 최후진술은 침착함·진정성·논리성이 핵심입니다.
- 예시(부적절한 발언) : "제가 왜 이런 일로 재판을 받아야 합니까? 너무 억울합니다!"
- 바람직한 방향 : "사고가 난 상황 자체가 너무 안타깝습니다. 다만 저는 운전자로서 할 수 있는 모든 주의 의무를 다했습니다."

■ 재판부에 대한 도전적 태도
- 재판부의 판단을 예단하거나 비판하는 말은 금물입니다.
- 최후진술은 설득의 시간이지, 항의의 자리가 아닙니다.
- 예시(부적절한 발언) : "결국 유죄로 몰고 가실 거잖아요."
- 바람직한 방향 : "재판부께서 객관적인 증거와 사실관계를 신중히 검토해 주실 것을 믿습니다."

■ 과도한 책임 회피나 변명
- 사고를 '남의 탓'으로 돌리거나 본질과 무관한 핑계를 대는 태도는 신뢰를 잃습니다.
- 예시(부적절한 발언) : "도로가 너무 어두워서, 피해자가 거기 있을 줄 몰랐습니다." → 이런 말은 '주의의무 소홀'로 해석될 수 있습니다.
- 바람직한 방향 : "도로의 조명상태와 시야 거리상, 당시 상황은 누구라도 회피가 불가능한 조건이었습니다." → 불가항력적 상황임을 객관적으로 표현해야 합니다.

■ 무의미한 감정적 호소

- "억울하다", "제발 믿어 달라"는 감정적 호소만으로는 재판부를 설득할 수 없습니다.
- 구체적 근거와 사고 당시의 사실관계에 기반한 설명이 필요합니다.
- 예시(부적절한 발언) : "저는 잘못한 게 없습니다. 그냥 믿어주십시오."
- 바람직한 방향 : "블랙박스 영상과 감정 결과에서도 확인되듯이, 피해자를 인식한 시점부터 즉시 제동했지만 제동거리상 회피가 불가능했습니다."

마) 최후진술에서 하면 좋은 말

■ 자신의 진실과 억울함을 차분히 설명
- 감정적으로 억울함을 호소하기보다는, 사실관계에 근거한 진실과 불가항력적 상황을 차분히 설명해야 합니다.
- 예 : "저는 사고 당시 제한속도를 준수하며 정상적으로 운전하고 있었습니다. 피해자가 갑자기 차도로 뛰어들어 회피할 수 없었던 불가피한 사고였습니다. 재판부께서 객관적으로 판단해 주시길 간절히 바랍니다."

■ 증거와 논리 기반의 무죄 호소
- 제출된 블랙박스 영상, 교통공학 감정서, 목격자 진술 등 객관적 자료를 근거로, 운전자가 주의의무를 다했음에도 사고가 불가피했음을 논리적으로 강조합니다.
- 예 : "블랙박스 영상과 감정 결과에서도 확인되듯이, 피해자를 인식한 즉시 제동을 걸었지만 제동거리상 회피는 물리적으로 불가능했습니다."

■ 피해자에 대한 유감과 인도적 태도 표현
- 무죄를 주장하더라도 피해자와 유가족이 입은 고통에 대해 진심 어린 유감과 안타까움을 표현하는 것이 중요합니다.
- 예 : "이 사고로 피해자와 가족분들이 겪으신 아픔에 깊은 위로의 말씀을 드립니다. 저 역시 이 사고를 평생 잊지 못할 것이며, 인간적으로 너무나 안타깝게 생각합니다."

■ 자신의 평소 운진 태도와 성실함 강조
- 평소 교통법규를 준수하고 책임감 있게 살아왔다는 점을 간단히 언급하면, 재판

부가 피고인을 신뢰할 가능성이 높아집니다.
- 예 : "저는 평소에도 법규를 지키며 신중하게 운전해왔습니다. 이번 사고 역시 제 부주의가 아닌, 예견할 수 없는 돌발 상황이었음을 이해해 주시길 바랍니다."

■ **재판부에 대한 존중과 공정한 판단 요청**
- 재판부의 판단에 대한 존중과 신뢰를 표현하는 태도는 매우 긍정적인 인상을 줍니다.
- 예 : "재판부께서 객관적인 증거와 사실을 바탕으로 제 진심을 이해해 주시고, 공정한 결정을 내려주시리라 믿습니다."

바) 최후진술준비 예시 - 법정에서 말로 해야 합니다.

아래는 최후진술준비 예시입니다. 예시는 참고용일 뿐이며, 똑같이 작성해서는 안 됩니다. 본인이 직접 경험한 사건과 본인만이 전달할 수 있는 독창적인 내용을 포함하여 작성하시기 바랍니다.

최 후 진 술 서

사건번호 : 부산지방법원 2025고단12345
피 고 인 : 김○○

존경하는 재판장님,
이번 사고로 피해자분이 큰 부상을 입으신 점에 대해 진심으로 안타깝게 생각합니다. 저는 사람을 다치게 할 의도는 전혀 없었으며, 사고 이후 지금까지도 매일 그날의 일을 떠올리며 죄책감과 불안 속에서 살고 있습니다.
사고 당시 저는 제한속도 60km 구간에서 약 55km로 정상 주행 중이었고,
전방주시를 유지하고 있었습니다. 그러나 피해자분은 술에 취한 상태로 가로등이 없는 어두운 도로 한가운데 누워 있었고, 전조등으로는 약 15m 앞까지만 식별이 가능한 상황이었습니다. 피해자를 인식하자마자 즉시 브레이크를 밟았지만, 제동거리상 회피는 물리적으로 불가능했습니다. 이 사실은 블랙박스 영상에서도 명확히 확인됩니다.

저는 사고 직후 즉시 119에 신고하고 피해자분의 구조를 도왔으며, 피해자분의 치료가 지체되지 않도록 보험 접수를 신속히 진행했습니다. 또한 가능한 범위에서 성의껏 합의를 마쳤습니다. 이 모든 조치는 제 과실을 인정해서가 아니라, 사람으로서 피해자의 회복을 진심으로 바라는 마음에서 한 행동이었습니다.

존경하는 재판장님,

저는 이 사고 이후 심한 트라우마와 불면증, 불안장애를 겪고 있습니다. 사고 장면이 계속 떠올라 밤마다 악몽을 꾸고, 차에만 타도 심장이 뛰어 정상적으로 운전을 하지 못하고 있습니다. 현재까지도 정신건강의학과에서 치료와 상담을 받고 있으며, 의사로부터 외상후 스트레스장애(PTSD) 진단을 받았습니다.

이 사고는 저에게도 평생 지울 수 없는 상처로 남았고, 제 인생을 송두리째 바꿔 놓았습니다.

저는 평소 교통법규를 철저히 지키며 안전운전을 생활 원칙으로 삼고 있었습니다. 그날 역시 주의의무를 다했고, 시속과 시야 조건, 반응시간 등을 고려하더라도 누구라도 피할 수 없는 불가항력적인 사고였습니다. 저는 이 사건을 통해 운전자가 아무리 주의해도 피할 수 없는 상황이 존재할 수 있다는 사실을 절감했습니다. 저는 지금까지 단 한 번도 진술을 바꾼 적이 없으며, 경찰과 검찰, 법정에서 일관되게 사실 그대로를 말씀드렸습니다.

수사기관이 확보한 블랙박스 영상, 감정 결과 등 모든 객관적 증거 또한 제가 말씀드린 내용과 정확히 일치합니다. 그만큼 제 진술은 진실이며, 저는 결코 부주의하거나 책임을 회피하려는 운전자가 아닙니다.

존경하는 재판상님,

저는 피해자분의 빠른 회복을 진심으로 기원드리며, 다시는 이런 사고가 발생하지 않도록 앞으로도 평생 교통안전의 중요성을 가슴 깊이 새기며 살아가겠습니다. 다만 이번 사고가 제 부주의가 아닌, 누구도 피할 수 없었던 불가항력적인 사고였음을 객관적인 증거와 사실관계를 바탕으로 공정하게 판단해 주시길 간절히 바랍니다. 감사합니다.

2025년 OO월 OO일

피고인 : 김OO (자필 서명)

8. 자주 묻는 질문(Q&A)

가. 피해자에 대한 대처 궁금증

1) 교통사고 피해자의 연락처를 알고 싶은데, 어떻게 확인할 수 있나요?

피해자 연락처를 알아야 하는 정당한 이유가 있을 경우에는 다음 2가지 방법이 실무상 활용됩니다.

① 자동차보험 담당자를 통한 확인 : 사고를 접수한 보험사 담당자(대인 담당)가 피해자와 직접 연락을 취하고 있으므로, 가해자가 피해자에게 사과 의사를 전하고 싶다고 하면 보험사 직원이 대신 의사를 전달할 수 있습니다. 보험 담당자에게 "피해자에게 직접 연락하지 않고도 사과 의사를 전달하고 싶다"는 점을 명확히 하세요. 이때 보험 담당자가 피해자에게 연락처 공개 의사를 묻고, 피해자가 동의한 경우에만 연락처를 받을 수 있습니다.

② 수사기관(경찰)에 공식 요청 : 경찰 단계에서 피해자와의 합의나 사과 의사를 밝히기 위해 연락이 필요하다는 사유를 제시하면, 담당 교통조사관이 피해자의 의사를 확인하여 "피해자가 원할 경우" 연락할 수 있도록 중재하는 경우가 있습니다. 다만 경찰은 직접적으로 피해자의 연락처를 알려주지 않으며, 피해자에게 연락처 공개 의사를 '전달'을 해주는 방식으로 조율합니다.

2) 피해자에 대한 사과는 언제가 적절한가요?

교통사고 형사사건에서 피해자에게 사과하거나 안부를 전하는 시점은 빠를수록 좋습니다. 사고 직후 피해자가 병원 치료를 받는 동안, 가해자의 진심 어린 사과나 안부 인사가 전달되면 피해자의 감정이 누그러지고 이후 합의에도 긍정적인 영향을 줍니다. 실제로 재판에서 "가해자가 단 한 번도 사과하지 않았다"는 피해자의 진술은 재판부가 형을 정할 때 불리하게 작용하는 경우가 많습니다.

3) 사고 직후 피해자에게 바로 합의를 이야기해도 되나요?

사고 직후 바로 연락하여 합의를 이야기하는 것은 좋지 않습니다. 피해자가 아직 충격 상태에 있을 수 있고, 피의자의 전화가 2차 피해로 받아들여질 수 있기 때문입니다. 대신 자동차보험을 신속히 접수하여 치료가 원활히 이루어지도록 조치한 뒤, 보험 담당 직원을 통해 피해자 의사를 확인한 후 연락 여부를 결정하는 것이 안전하며, 초기에 연락을 하는 경우에도 인도적 차원의 대화를 하셔야 합니다.

4) 피해자가 입원했는데 병문안을 가는 게 도움이 되나요?

네. 피해자가 허락한다면 병문안은 매우 좋은 인상으로 작용합니다. 다만 병원과 병실을 모를 경우 보험 담당자에게 "가해자가 병문안 의사를 가지고 있다"는 점을 피해자에게 전해달라고 요청만 해도 충분한 의미가 있습니다. 병문안이 거절되더라도 '진심 어린 사죄 의사 표시'로 인정될 수 있습니다.

5) 합의를 꼭 해야만 처벌을 피할 수 있나요?

교통사고는 합의가 필수입니다. 교통사고처리특례법 제3조 제2항에 따라, 중과실이 없는 일반 교통사고의 경우 피해자와 합의가 이루어지면 공소권이 없습니다(즉, 불기소 처리 가능). 그러나 12대 중과실 사고의 경우 합의가 있더라도 처벌은 가능합니다. 다만 형량 감경 사유로 크게 작용합니다.

6) 피해자에게 합의를 이유로 직접 접촉해도 되나요?

합의를 위해서 직접 접촉은 원칙적으로 피해야 합니다. 우선 피해자는 합의절차에서 가해운전자를 대면하는 것에 대한 큰 부담이 있고, 피해자에게 합의를 종용하거나 반복적으로 접근하는 행위는 상대방이 '협박·회유'로 느껴 수사·재판에서 오히려 불리하게 작용할 수 있으며, 실무적으로도 변호사 등을 통해 '간접 전달' 방식으로 합의 의사를 전달하는 것이 일반적인 모습입니다.

7) 피해자가 자동차보험사 합의만 하고 형사합의를 거절하면 어떻게 되나요?

자동차보험에서의 합의는 민사적 손해배상 해결일 뿐, 형사상 '처벌불원 의사표시'와는 다릅니다. 형사합의는 별도로 진행되어야 하며, 피해자가 처벌을 원하지 않는다는 의사표시(처벌불원서)가 있어야 불기소 또는 선처에 영향을 줍니다. 다만 자동차보험회사의 합의서는 형사재판에서 간접적으로 긍정적인 영향을 줄 수 있습니다.

8) 사과문이나 편지를 보내도 될까요?

가능합니다. 다만 "사과문"은 내용과 표현이 중요합니다. 감정적 표현(ㅠㅠ 등)이나 과도한 변명은 피해야 하며, 책임 인식과 진심 어린 사죄를 담되 짧고 진중하게 작성해야 합니다. 특히 피해자의 부상이 크거나 사망사고의 경우 진심 어린 사과편지 등을 작성하여 전달하는 것이 좋습니다.

나. 운전자보험에 대한 궁금증

1) 운전자보험이란 무엇인가요?

운전자보험은 교통사고로 인해 형사처벌을 받을 상황에 대비해, 형사합의금·변호사비용·벌금 등을 보장해주는 보험입니다. 자동차보험이 피해자의 손해를 보상한다면, 운전자보험은 운전자 본인의 법적 방어를 위한 보험입니다.

2) 자동차보험이 있는데 운전자보험이 또 필요한가요?

네. 자동차보험은 피해자의 손해배상을 위한 보험이므로, 운전자가 형사처벌을 받을 때 필요한 합의금이나 변호사비용, 벌금은 보장하지 않습니다. 즉, 자동차보험은 자동차를 기준으로 피해자의 민사 손해배상을 처리하고, 운전자보험은 운전자를 기준으로 운전자의 형사처벌을 처리합니다.

3) 운전자보험에서 형사합의금은 어떤 경우에 지급되나요?

12대 중과실, 사망사고, 중상해사고 등 형사처벌 대상이 되는 사고일 경우 약관 한도 내에서 지급됩니다. 음주운전·무면허·도주운전은 약관상 보장 제외 항목입니다.

4) 변호사 비용도 운전자보험에서 지원되나요?

네. 변호사 선임비용은 대부분 보장 항목에 포함되어 있습니다. 상품에 따라 500만~5,000만 원 정도까지 지원됩니다. 보험금 청구 시에는 변호사 수임계약서와 세금계산서 등 증빙이 필요합니다.

5) 벌금형을 받으면 벌금도 보장되나요?

예. 과실로 인한 벌금은 보통 2,000만~3,000만 원까지 보장됩니다.
고의범(음주·도주 등)은 제외되며, 업무상과실치사상죄와 같은 과실범만 보장됩니다. 판결문과 납부영수증을 제출하면 지급됩니다.

6) 교통사고처리특례법 위반으로 기소되어도 운전자보험에서 지원받을 수 있나요?

네. 교특법 위반이나 형법 제268조(업무상과실치사상죄) 위반 사건이 운전자보험의 대표적 보장대상입니다. 즉, 일반적인 과실 교통사고의 형사사건이라면 대부분 해당됩니다.

7) 보험금은 언제, 어떻게 청구하나요?

최근 운전자보험의 경우 경찰 수사 단계에서부터 보장되는 상품이 있습니다. 해당 내용은 보험상품을 확인하여야 합니다. 피의자신문통지서나 사건접수증, 형사합의서, 수임계 등을 제출하면 각 항목별 보험금이 지급됩니다. 보통 합의금, 변호사비, 벌금은 각각 청구서류가 다르므로 보험사 지침에 맞게 순차 제출해야 합니다.

8) 보험금 지급 절차는 보험회사마다 동일한가요?

아닙니다. 보험사마다 지급 절차와 심사 속도, 서류 요구 수준에 차이가 있습니다. 일부 보험사는 필요한 서류만 확인하면 1~2주 내 지급하지만, 어떤 보험사는 불필요한 추가 서류를 요구하거나, 형사합의서를 여러 차례 보완 요청하는 등 절차가 까다롭습니다. 즉, 약관의 내용은 비슷해도 보험금 지급 실무는 회사별로 상이하므로, 미리 담당 변호사를 통해 절차를 확인하는 것이 좋습니다.

9) 보험회사마다 보험금 지급 태도나 신속성에 차이가 있나요?

네, 실제로 있습니다. 일부 보험사는 형사합의금이나 변호사비용 지급에 비교적 적극적이지만, 다른 보험사는 지급 심사가 까다롭고 소극적인 경우가 많습니다. 보험금 심사 담당자의 해석 차이로 인한 지급 지연 사례도 빈번합니다. 따라서 운전자보험 가입 시 보험금 지급에 인색한 회사인지, 실제 지급이 원활한 회사인지를 확인하는 것이 중요합니다.

변호사나 보험전문가들은 통상 신속 지급 실적이 많은 보험사를 선호하며, 실제 사건에서도 보험사 간의 지급 태도 차이는 뚜렷합니다.

10) 보험에 가입한 후 바로 사고가 나면 보장이 되나요?

일반적으로 가입 다음 날 0시부터 효력이 발생합니다. 사고 후 가입은 수급 보장이 불가능하며, 사고 사실을 숨기고 청구하면 보험사기죄로 처벌받을 수 있습니다.

11) 피해자와 합의가 이루어졌는데도 운전자보험금이 지급되나요?

네. 합의가 성립되면 약관 한도 내에서 형사합의금이 지급됩니다. 다만 보험약관의 확인 없이 임의로 합의금을 지급한 경우 지급이 거절될 수 있으므로, 반드시 보험사의 약관을 확인 후 진행을 해야 합니다.

12) 운전자보험으로 합의금이나 변호사비를 최대한도로 사용하면 불이익이 있나요?

없습니다. 운전자보험은 자동차보험처럼 '사고 건수에 따른 할증제도'가 없습니다. 즉, 보험금을 한도까지 사용해도 향후 보험료가 오르거나 재가입이 제한되지 않습니다. 운전자보험은 일회성 보장 성격이므로, 사용했다고 해서 피보험자에게 어떤 경제적 불이익도 없습니다.

13) 운전자보험의 합의금은 피해자에게 지급되지만 결국 운전자의 '몸값'이라 생각해야 한다는 말이 무슨 뜻인가요?

운전자보험에서 지급되는 합의금은 단순한 금전 보상이 아니라, 운전자의 반성과 책임을 상징하는 법적 방패입니다. 즉, 피해자에게 전달되는 돈이지만, 그것은 결국 운전자의 형사책임을 줄여주는 운전자의 사회적 신용과 법적 보호 가치, 즉 '몸값'이라 볼 수 있습니다.

14) 합의금은 운전자보험의 한도 내에서만 지급하면 되나요? 더 많이 할 필요는 없나요?

실무상 운전자보험 한도 금액을 기준으로 합의금을 지급하는 것이 관행입니다. 대부분의 피해자 측도 보험금 한도를 알고 있기 때문에, 그 범위 내에서 합의를 요구합니다. 예외적으로 개인 사비를 보태어 합의금을 요구하는 피해자도 있으나 예외적인 케이스입니다.

또한 합의금이 클수록 재판에서의 선처 가능성이 높고, 불기소·집행유예 등의 결과로 이어질 가능성도 큽니다. 따라서 합의금은 아낄 필요가 없으며, 운전자보험의 한도 내에서 최대한도로 사용하는 것이 가장 현명한 선택입니다.

15) 운전자보험금이 실제 형량이나 판결에 영향을 줍니까?

네. 직접적인 법적 구속력은 없지만, 피해자와의 형사합의가 이루어진 경우 집행유예 등으로 감형되는 사례가 많습니다. 재판부는 '성의 있는 피해회복 노력'을 높게 평가합니다.

16) 이미 사고가 났는데 운전자보험에 새로 가입하면 보장받을 수 있나요?

아니요. 보험은 사고 전의 위험을 대비하는 제도이므로, 사고 발생 이후에는 가입해도 보장이 불가능합니다. 이를 숨기고 청구하면 보험사기죄로 처벌될 수 있습니다.

17) 여러 건의 사고가 발생하면 한 번만 보장되나요?

아닙니다. 서로 다른 사고라면 각각의 사고에 대해 약관 한도 내에서 별도로 지급됩니다. 즉 사고 이후 또 다시 교통사고가 발생한 경우에도 운전자보험의 한도로 보장됩니다. 다만 '동일한' 사고에서의 중복 항목(벌금·합의금 등)은 한도 내에서만 지급됩니다.

다. 경찰단계 궁금증
1) 경찰 조사는 언제 받게 되나요?
사고가 발생하면 보통 1~2주 내에 담당 교통조사관으로부터 출석요구를 받습니다. 피해자 조사가 먼저 진행된 후 피의자 조사가 이루어지는 것이 일반적입니다. 출석요구 시 반드시 변호사와 일정을 상의해 대응해야 합니다.

2) 경찰 조사 때 모든 사실을 다 말해야 하나요?
피의자의 진술은 향후 검찰과 재판 단계에서 결정적 증거가 되므로 신중해야 합니다. 특히 수사기관이 알 수 없는 본인 과실(예: 운전 중 휴대폰 확인, 물 마심 등)은 굳이 자백할 필요가 없고, 오해를 불러일으킬 수 있는 말은 굳이 먼저할 필요가 없습니다. 다만 수사기록상 명확히 드러나는 사정은 솔직히 인정하는 편이 좋습니다.

3) 경찰 조사 전에 어떤 자료를 준비해야 하나요?
자동차보험 접수증, 피해자 치료비 지급 내역, 반성문, 피해 회복 노력 자료(문자, 송금 내역 등)를 준비하면 좋습니다(변호사가 있는 경우에는 변호사에게 전달을 하면 됩니다). 또한 블랙박스 영상, 사고 직후 상황 사진 등을 확보하면 과실 정도를 정확히 판단받는 데 도움이 됩니다.

4) 경찰이 사건을 불송치할 수도 있나요?
교통사고처리특례법상 12대 중과실이 없는 사고이고 피해자의 부상이 경미하며 합의가 완료된 경우, 경찰은 불송치 결정을 할 수 있습니다. 이때 합의서 원본과 피해자의 처벌불원서가 반드시 필요합니다.

5) 변호사 없이 조사 받아도 되나요?
가능하지만 권장되지 않습니다. 단순 진술 실수나 불리한 서면작성으로 인해 향후 검찰 단계에서 불리한 판단을 받을 수 있습니다. 변호사 참여는 조사 내용이 왜곡되지 않도록 방어권을 행사하는 핵심 절차입니다.

6) 교통사고 형사사건에서 변호사를 선임하면 수사관에게 나쁘게 보이지는 않을까요?

그렇지 않습니다. 변호사를 선임했다고 해서 수사관이 피의자를 부정적으로 보거나 불이익을 주는 일은 없습니다. 교통사고 형사사건에서는 변호사 선임이 매우 일반적인 절차입니다.

실제 수사기관도 이러한 점을 잘 알고 있습니다. 교통사고 사건은 대부분 운전자보험으로 변호사비용이 지급된다는 사실을 수사관들도 알고 있으며, 피해자 측 또한 변호사를 선임해 합의 절차를 진행하는 경우가 많습니다. 따라서 피의자가 변호사를 선임하는 것은 오히려 합의와 절차를 원활하게 진행하기 위한 필수적이고 정상적인 조치로 인식됩니다.

7) 교통사고 형사사건의 경찰조사는 얼마나 시간이 걸리나요?

교통사고 사건의 경찰조사 시간은 사고의 경위, 피해 정도, 피의자 진술의 준비 여부 등에 따라 달라집니다. 일반적으로 1회 조사에는 약 1시간에서 2시간 정도가 소요됩니다(다른 형사사건에 비하여 교통사고는 비교적 짧은 조사시간입니다).

다만 사고의 책임 비율이나 과실 정도를 다투는 경우, 피해자 진술 내용이 방대하거나 피의자가 충분히 진술을 준비하지 못한 경우에는 3시간 이상 길어질 수도 있습니다.

특히 블랙박스 영상, 현장사진, 보험처리 내역 등 객관적 자료가 많을수록 조사 내용이 세밀해지기 때문에 시간이 더 걸릴 수 있습니다.

8) 교통사고 형사사건에서 경찰조사는 몇 번이나 받게 되나요?

교통사고 형사사건의 경찰조사 횟수는 사건의 성격과 진행 상황에 따라 달라지지만, 일반적으로 1회에 그치는 경우가 많습니다. 피의자가 과실을 부인하거나 블랙박스 영상 등 객관적 자료가 불충분한 경우, 또는 피해자 진술과 상반되는 부분이 있을 때에는 2~3회 이상 추가 조사가 진행될 수 있습니다.

9) 교통사고 형사사건에서 경찰이 수사한 사건은 모두 검찰로 송치되나요?

교통사고 사건은 일반 형사사건과 달리, 무죄를 주장하더라도 대부분 검찰로 송치되는 경우가 많습니다.

이는 교통사고가 단순한 '말 대 말'의 진술 문제를 넘어, 블랙박스 영상·현장사진·차량감정서·진단서 등 객관적 자료가 수반되는 사건이기 때문입니다. 경찰이 수사 과정에서 과실 여부를 명확히 단정하기 어렵다고 판단하면, 최종 판단을 검찰에 넘기는 것이 원칙적인 절차로 운영됩니다.

즉, 피의자가 "사고 책임이 없다"고 주장하더라도, 경찰은 "판단은 검찰에서 하라"는 입장으로 송치 결정을 내리는 경우가 대부분입니다.

라. 검찰단계 궁금증

1) 교통사고 사건이 검찰로 송치되면 검찰 조사도 꼭 받아야 하나요?

교통사고 사건의 경우, 검찰 단계에서 피의자를 추가로 직접 조사하는 경우는 매우 드뭅니다. 대부분은 경찰에서 이미 진술조사가 충분히 이루어졌기 때문에, 검사는 경찰 수사기록과 증거자료를 검토한 뒤 서면으로 판단을 내립니다.

특히 피의자가 과실을 인정하고 피해자와의 합의나 피해회복 노력을 이미 진행한 경우, 검찰에서 별도로 출석을 요구하는 일은 거의 없습니다.

즉, 대부분의 교통사고 사건은 경찰조사 1회로 사실상 조사가 마무리되며, 이후 검찰은 서류 검토만으로 '불기소', '기소유예', '약식기소' 등의 처분을 결정합니다.

결론적으로, 교통사고 사건은 일반 형사사건과 달리 검찰에서 다시 불려가는 경우는 거의 없으며, 피의자가 죄를 인정하고 성실히 협조했다면 경찰조사 한 번으로 사건 절차가 대부분 마무리됩니다.

2) 교통사고 사건이 검찰로 송치되면 반드시 기소되나요?

그렇지는 않습니다. 다만 교통사고 사건은 송치된 이후 실제 기소로 이어지는 비율이 높은 편입니다.

그 이유는 교통사고가 객관적 증거(블랙박스 영상, 사고현장 감정서, 진단서 등)를 중심으로 판단되기 때문에, 검찰이 '혐의 없음'으로 종결하기보다는 법원의 판단을 받게 하는 방향으로 기소하는 경우가 많기 때문입니다.

3) 기소 여부는 언제 결정되나요?

검찰은 사건이 송치된 후 통상 1개월에서 3개월 이내에 기소 여부를 결정합니다.

교통사고 사건은 사실관계가 비교적 명확하고 증거(블랙박스, 진단서 등)가 이미 확보되어 있는 경우가 많아, 다른 형사사건보다 처리 속도가 빠른 편입니다.

실무상 피해자 진술과 합의 여부가 모두 확인된 사건이라면, 송치 후 일주일 내에 약식기소나 정식기소 결정이 내려지는 사례도 있었습니다.

마. 재판단계 궁금증

1) 약식명령이란 무엇인가요?

검사가 벌금형으로 충분하다고 판단하면 법원에 '약식명령'을 청구합니다. 법원은 서면 심사만으로 벌금형을 선고하고, 피고인이 이의신청하지 않으면 확정됩니다.

2) 약식기소가 되면 바로 벌금이 확정되나요?

아닙니다. 검찰이 약식기소를 한 후 법원에서 약식명령을 발부를 해야 하고, 피고인은 약식명령 송달일로부터 7일 이내에 이의신청을 할 수 있습니다. 7일 동안 이의신청이 없는 경우 약식명령이 송달된 지 7일 후에 약식명령은 자동으로 확정됩니다. 약식명령 확정 후에는 정식 재판을 청구할 수 없으며 결정된 처분(벌금 등)을 따라야 합니다. 약식명령의 불복기간(7일)은 '송달일'부터 계산되며, 이와 달리 정식재판 후 선고되는 판결에 대해서는 '선고가 된 날'부터 불복기간(7일)이 계산됩니다.

3) 약식명령에 이의하면 어떻게 되나요?

피고인이 이의신청을 하면 약식명령은 효력을 잃고, 사건은 정식 재판으로 전환됩니다. 정식 재판에서는 벌금형을 포함한 처벌이 더 무거워질 가능성도 있지만, 피고인의 방어권이 더욱 폭넓게 보장됩니다. 따라서 무죄를 받고 싶은 피고인은 적극 고려할 필요가 있습니다.

4) 공판기일에 출석하지 않으면 어떻게 되나요?

피고인이 정당한 사유 없이 공판기일에 출석하지 않으면 재판이 진행되지 못하고 기일이 연기될 수 있습니다. 특히, 형사재판에서는 피고인의 출석이 의무이므로, 반복적인 불출석은 법원의 불이익한 판단으로 이어질 수 있으며, 경우에 따라 구속영장이 발부될 위험도 있습니다. 만약 건강상 문제나 긴급한 사유가 있다면 사전에 증빙 자료를 제출하고 재판부의 기일변경 허가를 받아야 불이익을 피할 수 있습니다.

5) 첫 재판 날에 선고까지 되나요?

아니오. 일반적으로 첫 재판 날에는 선고가 이루어지지 않습니다. 형사재판은 공판기일과 선고기일이 나뉘며, 첫 공판기일 이후 선고기일은 통상적으로 3~4주 뒤에 별도로 잡힙니다. 피고인은 일반적으로 최소 두 차례 법정에 출석해야 하며(약식명령 사건은 재판이 열리지 않습니다. 만약 약식명령 사건에 정식재판 청구를 한 경우에는 공판기일에는 참석해야 하나 선고기일에는 참석하지 않아도 됩니다), 재판이 끝난 후 판사가 판결문을 작성할 시간을 가지기 때문입니다. 재판부마다 선고기일이 잡히는 기간은 다소 차이가 있을 수 있습니다.

6) 법원에 몇 번 가야 하나요?

형사재판에서는 최소 2번 이상 법원에 출석해야 함이 원칙입니다. 첫 번째는 공판기일에 참석하여야 하고, 두 번째로는 선고기일에 참석하여야 합니다.

자백 사건의 경우, 첫 공판기일에서 심리가 종료되면 선고기일이 잡힙니다. 다만, 합의가 되지 않아 양형조사 절차를 밟아야 하는 경우 또는 변호인을 통한 합의를 할 시간이 더 필요한 경우 합의를 하기 위한 추가 공판기일이 열릴 수 있습니다.

반면, 무죄를 주장하는 부인 사건의 경우, 증인신문 등 심리가 필요한 경우 여러 차례 공판기일에 출석해야 할 가능성이 높습니다. 사건의 복잡성과 진행 상황에 따라 출석 횟수는 달라질 수 있습니다.

7) 재판시간은 어떻게 되나요?

첫 재판은 비교적 짧게 진행되며, 증인신문이 있는 재판은 시간이 더 소요됩니다.

첫 재판은 재판부가 피고인의 입장을 확인하는 자리로, 죄를 인정할지 부인할지 등을 확인하며 통상 5~10분 안에 종료됩니다. 변호인이 미리 의견서를 제출해 재판 준비가 완료된 경우 더욱 간결하게 진행됩니다. 이후 증인신문이 있는 재판은 증인 1인당 약 1시간 정도 소요될 수 있어 시간이 더 길어질 수 있습니다.

일반적으로 자백(인정) 사건의 경우 서류 중심으로 재판이 이루어지므로 공판기일의 재판 자체의 시간은 매우 짧고, 부인(무죄) 사건의 경우 증인신문 등이 재판이 이루어지는 경우 2시간 이상 재판이 소요되는 경우가 있습니다.

8) 재판에서 무죄 주장은 가능한가요?

가능하지만, 사고 원인에 대한 객관적 자료(블랙박스, CCTV 등)로 과실이 명확한 경우엔 무죄가 어렵습니다. 다만 차량 결함, 타인의 돌발행동, 불가항력적 상황이 입증되면 무죄 또는 감경이 가능합니다.

9) 최후진술 때 무엇을 말해야 하나요?

진심 어린 반성과 피해 회복 노력을 강조해야 합니다. 변명이나 책임 회피보다는 "이 사건 이후 운전을 하지 못하고 있고, 피해자에게 진심으로 사죄드린다"는 내용이 좋습니다. 재판부는 '진정성'을 가장 중시합니다.

10) 과거 교통전과가 현재 사건에 얼마나 영향을 미칠까요?

과거 교통전과(음주, 무면허, 도주치상, 12대 중과실 교통사고 등)는 현재 사건의 처벌 수위와 형량에 상당한 영향을 미칩니다. 법원은 재범 가능성과 피고인의 교화 가능성을 판단하기 위해 과거 동종전과를 중요한 양형 요소로 고려합니다. 동종전과가 있을 경우, 재범 우려가 높다고 평가되어 형량이 가중될 가능성이 큽니다. 특히, 동일한 범죄를 반복한 경우, 법원은 더 엄격한 처벌을 통해 재범 방지와 사회적 경각심을 강조하려는 경향이 있습니다. 그러나 반성, 피해 회복, 재범 방지 노력을 입증하면 형량이 다소 완화될 여지가 있으므로, 이를 적극적으로 준비하는 것이 중요합니다.

11) 검찰의 구형은 언제 결정되나요?

검찰의 구형은 공판 절차가 모두 마무리된 후, 최종 공판기일에 결정됩니다. 자백 사건의 경우 보통 첫 재판에 구형이 결정됩니다.

검사는 재판에서 제시된 증거와 피고인의 진술, 법적 쟁점을 종합적으로 검토한 후, 피고인에게 적합하다고 판단되는 형량을 재판부에 요청합니다. 구형은 최후변론과 피고인의 최후진술 직전에 이루어지며, 재판부의 판결에 영향을 미치는 중요한 요소로 작용합니다.

12) 법원 마지막 재판이 끝나고 선고기일이 잡힌 경우에도 양형자료를 제출할 수 있나요?

형사재판에서 선고기일 전에는 (증거자료와 달리) 양형자료를 제출할 수 있습니다. 선고기일은 판결이 선고되는 시점이므로, 그 전에 제출되는 모든 자료는 피고인의 형량 결정에 중요한 역할을 합니다. 만약 반드시 내고 싶은 양형자료가 있고 시간이 촉박하다면 선고기일 연기신청서를 제출하면서 선고기일을 연기하려는 소명사유와 소명자료를 첨부하여 선고기일을 연기하는 방법도 하나의 방법입니다.

13) 재판단계에서 피해자의 인적사항을 모르는 상황에서 형사공탁을 할 수 있는지 여부

네. 재판단계에서 피해자의 인적사항을 모르더라도 형사공탁이 가능합니다. 피해자의 인적사항을 알 수 없는 경우에도 형사공탁의 특례에 따라 공탁을 진행할 수 있습니다.

14) 형사공탁을 한 경우 피해자가 형사공탁금을 찾지 않은 경우에 형사공탁금을 회수할 수 있나요?

아니오. 형사공탁을 통해 피해자에게 금전을 공탁한 경우, 피해자가 이를 수령하지 않더라도 피공탁자의 동의 없이 공탁금을 회수하는 것은 일반적으로 불가능합니다. 기본적으로 공탁금은 소진되는 돈입니다.

15) 선고기일에 혼자 출석하나요?

네, 선고기일에는 피의자 등이 혼자 출석하는 것이 원칙입니다. 선고기일은 판사가 이미 결정된 판결문을 읽는 자리로, 변호사의 변론이나 발언권이 없습니다. 만약 구속 가능성이 있는 경우, 대중교통을 이용하거나 가까운 지인과 함께 출석하는 것이 좋습니다. 선고는 피고인석에 일어서서 내용을 듣는 방식으로 진행되며, 원칙적으로 피고인에게 별도의 발언권은 주어지지 않습니다. 변호사는 선고기일에 출석하지 않지만, 선고 후 형사판결문 열람 청구와 항소장 접수 등의 후속 업무를 지원합니다.

16) 선고기일에 꼭 참석해야 하나요?

선고기일에는 피고인이 반드시 출석해야 합니다. 선고는 재판부가 판결문을 읽는 자리로, 피고인이 직접 판결을 듣고 이를 확인해야 하기 때문에 출석이 의무입니다. 만약 정당한 이유 없이 선고기일에 불출석할 경우, 구속영장이 발부될 수 있습니다. 다만 예외적으로 약식기소된 사건에 피고인이 정식재판을 청구하여 진행된 재판의 선고기일은 피고인이 출석하지 않아도 됩니다.

17) 선고기일이 변경되었는데 왜 그런가요?

형사재판의 신고기일은 여러 사유로 변경될 수 있습니다.
첫 번째로, 재판부의 사정으로 인해 변경되는 경우가 있습니다. 예를 들어, 판사의 사임, 휴가, 건강 문제 등 재판부 내부적인 이유로 일정 조정이 필요할 수 있습니다. 또한, 사건이 복잡하여 판결문 작성에 추가 시간이 필요한 경우나, 동일 재판부에서 진행 중인 다른 사건 일정과의 충돌로 선고기일이 조정될 수 있습니다.

두 번째로, 선고 직전에 새로운 증거가 제출되거나 추가 심리가 필요한 경우에도 변경될 수 있습니다. 검찰이나 변호인이 선고기일 직전에 재판부에 추가적인 의견서나 자료를 제출하면, 재판부는 이를 검토하고 추가적인 시간이 필요하다고 판단할 수 있습니다.

세 번째로, 피고인의 개인적인 사정으로 선고기일이 변경되는 경우도 있습니다. 피고인이 건강상의 이유나 긴급한 개인 사정으로 선고기일에 출석할 수 없음을 사전에 소명하면 재판부는 일정을 변경할 수 있습니다.

변경된 선고기일은 재판부가 피고인이나 변호인에게 사전에 통보합니다.

선고기일이 변경되었다고 하여 피고인에게 불리하게 작용하는 것이 아닙니다.

18) 집행유예를 받으면 바로 석방되나요?

네. 법정구속이 되지 않은 상태에서 집행유예 선고를 받으면 실형은 집행되지 않습니다. 다만 집행유예 기간(보통 2~3년) 동안 다시 범죄를 저지르면 유예가 취소되고 실형이 집행됩니다.

19) 교통사고 사건에서 집행유예를 받으면 사회봉사 명령도 함께 받을 수 있나요?

네, 가능합니다. 교통사고 형사사건에서 집행유예를 선고받을 때 법원이 사회봉사명령 등을 부가하는 경우가 증가하는 추세입니다. 사회봉사명령은 통상 80시간에서 200시간 내외로 부과되며, 법무부 산하 보호관찰소의 지시에 따라 지정된 기관(지자체, 복지시설 등)에서 봉사를 수행해야 합니다.

결론적으로, 집행유예는 형의 집행만 유예될 뿐이고, 사회봉사명령은 그 조건 중 하나로 병과될 수 있습니다.

20) 교통사고 사건에서 벌금형을 선고받을 때도 사회봉사명령이나 수강명령이 함께 내려질 수 있나요?

원칙적으로 벌금형에는 사회봉사명령이나 수강명령이 함께 부과되지 않습니다.

사회봉사명령(형법 제62조의2)과 수강명령은 집행유예가 선고된 경우에만 부가할 수 있는 보조적 처분이기 때문입니다. 따라서 교통사고 사건에서 단순 과실사고나 경미한 중과실사고로 벌금형만 선고된 경우, 벌금만 납부하면 형사절차는 완전히 종결됩니다.

21) 교통사고로 실형을 받을 수도 있나요?

중과실로 인해 피해자가 사망하거나 중상해를 입은 경우, 실형 가능성이 있습니다. 특히 신호위반, 중앙선 침범, 과속 등 12대 중과실이 명백하고 피해자의 부상이 매우 크거나 사망을 한 경우 실형 선고율이 높습니다.

22) 실형이 선고되면 즉시 구속되나요?

불구속 상태에서 재판을 받았더라도, 선고 당일 실형이 선고되면 원칙적으로 법정에서 구속됩니다. 다만, 집행유예가 선고된 경우에는 구속되지 않습니다. 다만 실형 선고라고 하더라도 피해자와의 합의 가능성이나 사건의 중대성을 고려하여 실형을 선고하더라도 불구속을 하는 경우가 있습니다.

23) 형사판결문은 피해자도 받을 수 있나요?

형사판결문은 피해자에게 자동으로 송달되지 않으며, 피해자가 판결문을 원할 경우 법원에 신청하여 발급받아야 합니다. 다만, 피해자는 검찰을 통해 사건 결과를 문자메시지로 통보받는 경우가 있으며, 필요 시 검찰청에서도 사건 진행 결과를 확인할 수 있습니다.

24) 형사판결이 선고되면 재판 절차가 끝이 나는 것인가요?

형사판결이 선고되었다고 해서 아직 모든 절차가 끝난 것은 아닙니다. 피고인 또는 검사가 판결에 불복하는 경우, 판결 선고일로부터 7일 이내에 항소장을 제출하여 항소를 제기할 수 있습니다. 판결선고 후 7일 안에 검사 및 피고인 모두가 항소를 하지 않은 경우에 형사판결이 확정이 되고 비로소 모든 절차가 끝이 납니다. 특히, 무죄가 선고되거나 형량이 지나치게 낮게 나온 경우에는 검사가 항소할 가능성이 높아집니다.

25) 변호사의 업무는 언제 종료되나요?

변호사의 업무 기간은 선임 계약의 내용에 따라 다르지만, 일반적으로 판결 선고 시까지입니다. 즉, 변호사의 임무는 선고기일에 종료되는 것이 원칙입니다. 심급

대리 원칙에 따라 1심, 2심, 3심은 각각 별개의 절차로 간주되며, 1심 판결 선고 후에는 변호사의 임무도 종료됩니다. 피의자 등은 1심 판결에 불만이 있거나 상황에 따라 2심에서 변호사를 교체할 수 있으며, 심급이 달라지면 재판부의 판사와 공판 검사도 모두 새롭게 구성됩니다. 이는 각 심급에서 독립적인 재판이 이루어짐을 반영한 절차입니다.

26) 형사판결문은 언제, 어떻게 받을 수 있나요?

형사사건의 판결문은 자동으로 송달되지 않으므로, 직접 신청하여 수령하셔야 합니다. 형사 판결등본은 판결 확정 전과 판결 확정 후로 나누어 신청 방법이 달라집니다. 판결 확정 전(선고일로부터 7일 이내)에는 해당 사건이 진행된 법원에 열람 신청할 수 있습니다. 판결 확정 후(선고일로부터 7일 이후 또는 3심 확정 후)에는 사건 기록이 검찰청으로 이관되므로, 가까운 검찰청을 방문해 판결등본을 신청해야 합니다. 판결문 작성에는 약 2~3일이 소요되므로, 선고 당일 바로 수령이 어려울 수 있습니다. 또한 형사사건의 항소 기한은 판결 선고일로부터 7일 이내이므로, 신속히 판결문을 수령해 대응해야 합니다. 변호인이 있는 경우 변호인사무실에서 판결문 열람업무를 진행합니다.

27) 형사판결에 불복하려면 어떻게 해야 하나요?

형사판결에 불복하려면 항소 또는 상고 절차를 통해 상급 법원에 재판을 요청할 수 있습니다. 항소는 1심 판결에 불복하여 2심 법원에 재판을 청구하는 것이며, 상고는 2심 판결에 불복하여 대법원에 법률적 판단을 요청하는 절차입니다. 항소는 선고일로부터 7일 이내에 항소장을 제출해야 하며, 항소이유서는 소송기록접수통지서를 받은 날로부터 20일 이내에 제출해야 합니다. 이 기간 내에 항소이유서를 제출하지 않으면, 법원은 항소를 기각합니다. 정해진 기간을 반드시 지켜야 하므로 주의가 필요합니다.

바. 집행단계 궁금증

1) 실형을 선고받았을 경우 구속은 언제 되나요?

법정에서 바로 구속될 수도 있고, 판결 확정 후 구속영장이 발부되어 교도소에 수감될 수도 있습니다. 초범이며 도주 우려가 없고 피해자와 합의가 이루어진 경우 실형선고가 될 가능성은 낮습니다.

2) 실형이 확정되어 구속된 경우 보석으로 나올 수 있나요?

아니오. 형사 판결이 확정되어 구속 수감된 경우, 보석 제도를 통해 석방되는 것은 불가능합니다. 보석은 재판이 진행 중인 피고인에 대해 구속의 집행을 일시적으로 정지시키는 제도로, 판결 확정 전까지 적용될 수 있습니다. 따라서, 판결이 확정되어 형이 집행 중인 경우에는 보석을 신청할 수 없습니다.

3) 실형이 확정되어 구속된 경우 부모 장례식 등이 있는 경우 형집행정지를 할 수 있나요?

네. 특별한 사정이 있는 경우, 형집행정지를 고려할 수 있습니다. 형집행정지는 형의 집행 중에 일정한 사유가 있을 때 형의 집행을 일시적으로 정지하는 제도로, 주로 건강상의 이유나 직계가족 또는 배우자의 직계존속이 사망한 때 등이 있을 때 검토됩니다. 형집행정지를 신청하려면 관할 검찰청에 관련 사유를 소명하는 자료를 첨부하여 신청서를 제출해야 하며, 검찰의 심사를 거쳐 승인 여부가 결정됩니다.

4) 만약 선고기일에 실형으로 법정구속이 되어 형이 확정된 경우 더 이상 방법이 없나요?

아닙니다. 가석방 제도가 있습니다. 형기의 1/3 이상을 마쳤다면 가석방 제도를 통하여 조기에 출소가 가능할 수 있습니다. 예를 들어, 3년형을 선고받은 경우 1년 (3년 × 1/3) 이상 복역 후 가석방 신청이 가능합니다. 단 가석방 신청을 하여 심사를 받아야 합니다. 교통사고는 과실범이므로 가석방 심사에서 긍정적으로 평가받을 가능성이 높은 편입니다.

5) 형 확정 후 항소가 가능한가요?

형 확정이 된 후에는 항소가 불가능합니다. 판결 선고 후 판결 확정 전까지만 항소가 가능합니다. 1심 판결 선고기일부터 7일 이내에 항소할 수 있습니다. 양형부당(형이 무겁다)이나 사실오인(사실판단 오류)을 이유로 항소하면, 2심에서 감형받을 가능성도 있습니다.

6) 언제부터 언제까지 벌과금 납부 가능한가요?

법원에서 벌과금 선고를 받아 검찰청에서 가납부 지로를 발송한 때부터(벌과금 선고일로부터 최소 5~7일 이후, 가납의 경우 고지서 발송일로부터 +15일 납부기한) 납부 가능합니다. 늦어도 벌과금이 확정된 이후, 지로에 기재된 본납부 기한(30일) 내에는 반드시 납부해야 합니다.

7) 신용카드로 벌과금 납부 가능한가요?

벌과금이 확정된 후 가능(가납부 단계에서는 신용카드 불가)하며, 카드할부결제도 가능하나, 카드결제수수료 및 할부수수료는 납부자 부담입니다.

8) 운전자보험에 가입되어 있는데, 교통사고로 벌금형을 받으면 보험금으로 벌금을 지급받을 수 있나요?

네, 가능합니다. 운전자보험에는 대부분 '벌금 지원금' 보장 항목이 포함되어 있으며, 교통사고로 업무상과실치사상죄 또는 교통사고처리특례법 위반죄로 벌금형을 선고받은 경우, 약관상 한도 내에서 보험금으로 벌금을 대신 지급받을 수 있습니다. 대부분의 운전자보험의 경우 피보험자가 스스로 벌금을 선납 후 후불로 보험금을 지급받는 방식입니다.

교통사고변호사의

억울하거나
과한 처벌
막는 법

초판 1쇄 발행 2025. 11. 26.

지은이 김현태
펴낸이 김병호
펴낸곳 주식회사 바른북스

책임편집 주식회사 바른북스 편집부

등록 2019년 4월 3일 제2019-000040호
주소 서울시 성동구 연무장5길 9-16, 606호 (성수동2가, 블루스톤타워)
대표전화 070-7857-9719 | **경영지원** 02-3409-9719 | **팩스** 070-7610-9820

•바른북스는 여러분의 다양한 아이디어와 원고 투고를 설레는 마음으로 기다리고 있습니다.

이메일 barunbooks21@naver.com | **원고투고** barunbooks21@naver.com
홈페이지 www.barunbooks.com | **공식 블로그** blog.naver.com/barunbooks7
공식 포스트 post.naver.com/barunbooks7 | **페이스북** facebook.com/barunbooks7

ⓒ 김현태, 2025
ISBN 979-11-7263-677-7 03360